基于工作过程系统化课程

财 务 管 理
（Financial Management）

主　编　刘正兵　施永霞
副主编　王　丽　葛海翔

东南大学出版社
·南京·

图书在版编目(CIP)数据

财务管理/刘正兵,施永霞主编. —南京:东南
大学出版社,2011.8
ISBN 978-7-5641-2862-3

Ⅰ.①财… Ⅱ.①刘… Ⅲ.①财务管理—高等学校—
教材 Ⅳ.①F275

中国版本图书馆 CIP 数据核字(2011)第 119952 号

财务管理

出版发行	东南大学出版社	
出 版 人	江建中	
社　　址	南京市四牌楼 2 号	
邮　　编	210096	
经　　销	全国各地新华书店	
印　　刷	溧阳市晨明印刷有限公司	
开　　本	787 mm×1092 mm　1/16	
印　　张	17.25	
字　　数	410 千字	
版　　次	2011 年 8 月第 1 版　2011 年 8 月第 1 次印刷	
书　　号	ISBN 978-7-5641-2862-3	
定　　价	36.00 元	

* 凡因印装质量问题,可直接向读者服务部调换。电话:025—83792328。

序

　　我国的高等职业教育经过近十几年来蓬勃发展,取得了巨大成就。截止2009年底,我国独立设置的高职院校已达1 207所,占到高等院校总数的52.6%,在校生达900多万人。形成一类"以服务社会为宗旨,以就业为导向,走工学结合、产学研结合之路"的新型高等院校,培养出一大批实用的高技能人才,得到市场与社会的广泛认可。

　　我们说职业教育培养的对象是什么?高职姓什么?只有弄清楚这两者的内涵,才能准确地把握职业教育的定位。首先,职业教育培养的学生应当具有良好的职业道德和职业素质、熟练的职业技能、系统的专业应用知识和走上职业岗位之后具备可持续发展的能力。通俗地讲,就是培养能下得去、用得上、留得住、德才兼备的高技能实用性人才。对于高职学生而言,"德"就是职业道德,"才"就是会干活、干好活。其次,高职姓什么?高职和中职都姓职,这是我们赖以生存的基础。我们的培养目标,我们的课程,我们的评价体系不能跟着普通本科院校走,因为别人可以取代我们,只有我们的课程、我们的评价标准,体现出人家不能取代的东西,我们才得以生存。所以,强调高职姓职是职业教育的生存权。高职与普通本科的教育定位不同,高职和中职培养学生的层次也不同,"高"和"中"就是在于知识上、理论上,学历教育就是我们的理论高度、广度、深度高于中职,所以我们是高职。也许这仅是一个结果,但这绝对不是我们的初衷。也就是说不能本末倒置。高职究竟高在何处?我认为高职和中职的区别体现在操作技能层面和技术应用层面。中职培养操作技能型人才,高职培养技术应用型人才,技术是对技能的系统化和结构化。我想说明的是高职未来的发展空间绝对不是就知识而论道、就理论而论道,而是就技术而论道,很可能是高职未来发展的广阔空间。因为市场经济下高科技的发展以及办学工作过程复杂程度的增加,需要更多的高技术层面的人才。一个国家的工业现代化分为两步:从劳动密集走向技术密集是第一次工业化;以低端和中端的制造业为主,从技术密集走向知识密集实现第二次工业化。目前中国只是处在第一次工业化的初期,装备制造业依然是中国积累财富的一个主要因素。在这样的大背景下,我们需要大量操作技能型人才,因此中职在我们中国依然成为很主要的一个领域。回望2008年金融危机对我国低端外向型经济的影响,我们感叹随着CPI的居高不下、劳动力成本的增加,再加上金融危机的阴影,长三角和珠三角,劳动密集遇到了黑色时期,大量企业倒闭,劳动密集不行了,很可能仅依靠操作技能人才行不通了。随着中央科技兴国的发展战略深入人心,当高端装备制造、新一代信息技术、新能源、新材料、生物制药等七大新兴战略产业写入十二五规划纲要时,新经济必将引领后金融危机时代中国转变经济增长方式并自信地走出中国独有的可持续发展道路。以上战略规划无不需要大量高技术型人才,而高技术型人才的培养就依赖高职教育。

　　高职教育培养的毕业生应当是"高技术人才",并不满足于仅在第一线充当一个有技术的劳动力。从工作领域看,我们的学生主要从事技术、营销、生产、管理、服务等领域的工作,而不是从事科学研究和专业领域的开发、设计工作。严格来讲,我们培养的人才类型是

1

技术应用型、技术技能型或操作型的高技能人才，而不是研究、设计型的人才。基于这样的培养目标和人才定位把高职与普通高校区别开来，又把高职与中职区别开来。

职业教育培养的是面向市场的高技术和高技能的职业人，不是面向考场的博学的读书人。"能力"是由知识、技能以及根据标准有效地从事某项工作或职业的能力，可视为完成一项工作任务可以观察到的、可度量的活动或行为，常常被称作专项能力(Task)(引自原国家教委中加高中后职业教育项目CBE专家考察组《CBE理论与实践》)。尽管提出了"态度"这一概念，但是内容过于抽象和空洞；没有建立能力之间的联系，缺乏对职业的整体认识；强调培训，不强调教育性目标。但我国对"职业能力"没有共同的理解，不同能力观导致了人们对职业教育培养目标、课程、教学和评价等的不同理解；对同一概念的不同理解，常常导致人们在讨论问题时根本不知道大家谈的不是同一码事，造成很多无谓的争论。目前我国尚未建立起自己的理论。

当前，高等职业教育最迫切的问题就是高职课程缺少与其培养目标配套的教材。因为我们的培养目标与别人(理科、工科高校)不一样，没有人为我们写教材。"职业教育要为地方经济服务"的特点决定了职业教育教材不可能是"全国统一"的，决定了职业教育的教师必须参与课程开发，必须参与自己课程的教材建设过程。真正适用的教材只能靠自己在教学实践中创造。但眼前没有适用教材怎么上课？只有我们老师自己进行课程设计！为什么呢？

因为要教"课"，不要教"书"；要课程教学设计，不要照本宣科；要应用，不要单纯知识；要能力，不要单纯理论；要一精多能，不要泛泛应付；要认定原则，不要单一模式，不固执坚守某种具体的模式和方法，已成为广大高职学生课堂学习普遍的呼声！

为此，这本基于工作过程设计的教材，试图在如何打破学科化课程体例方面进行了有益的探索和尝试。其主要的特点如下：

1. 基于工作过程系统化的课改开发模式初现雏形。即：基于工作过程系统化的理念，在与行业企业专家共同对课程典型工作任务分析的基础上，充分吸收项目化课程的精髓，将来源于生产经营管理一线的工作任务或项目，按高职教育的特点和规律，重新构造课程教学内容，并整合为课程开发方案，同时形成了一定的理论。

2. 重在提升老师的课程开发能力，重在思想上的变革。即能创设一种学习情境，把来源于职场的工作任务或项目，根据学生的认知规律，按照职场工作过程进行课程教学内容的重新设计和安排，以提升学生实践能力为目标，设计教学和组织教学。

3. 打破原有"本科理论压缩性"课程体系，创建具有"高职实践应用型"特色的课程体系和课程模式。本书系统地按照基于工作过程系统化的思想，将源于职业活动的具体工作任务或项目转化为课程的教学内容，将原有教材内容按照学习单元形式，并在内容上进行重新编排和设计，重塑工学结合新课程，再造教师职教新能力。

4. 注重技能培养，趋同行业考试。为了进一步深入推进会计行业的科学发展，加快实现行业人才培养和选拔，本书对提升学生的胜任能力要求进行提升，我们把职业资格培训的最新成果引入教材，以提升学生解决应试问题的能力。

值得说明的是，当前传统大学课程教学以学科为导向、以知识为目标、以教师为主体、以应试为基础、以逻辑为载体、可以开设理论和实践分离的课程。但职业教育不同。职业教育必须以职业活动为导向、以能力为目标、以学生为主体、以素质为基础、以项目为载体，开设知识、理论和实践一体化的课程。

而该教材编写中突出了设计学习单元课程内容的引入、驱动、示范、归纳、展开、讨论、解决、提高、实训等过程。要求教师要学会使用行动引导教学法。所谓行动引导教学是指针对具体的工作任务展开;教学设计的指导思想是情境教学;学习过程在教学中占据核心地位;专业能力和跨专业的能力同时得到发展;为学生提供解决问题和"设计"的空间;教师是学习过程的组织者、主持人和伴随者;学习成果可以在一定程度上得到保证;学生有自我评价的机会。具体讲课时可从直观实例开始,按照初学者的认知规律,引导学生兴趣,提高学生能力,在有限时间内,尽可能增加信息量,选择合适的台阶,小步快进,力争提高课堂效率。老师要懂得教学规律,知道知识的学习和领会过程,要会站在初学者的立场上对待学生,不能以自己掌握的水平要求学生。初学者掌握一个概念应当是从具体到抽象,从定性到定量,从感性到理性逐步深化。课程不能从概念出发,要打破过去"先学后做"的习惯,采取高效的"边做边学"或"先做后学"的方式。老师要努力改变课堂上信息单向传递、教师单向控制的局面,实现真正的互动。所谓互动,不是让学生起立答题,而是给学生真正的任务,让学生在完成任务的过程中锻炼能力、探索知识、总结经验,从而形成抽象概念。

　　我个人认为,高职教师可以少讲知识,但一定要带领学生做事。在做事过程中,学生自己探索到了知识,这是真正的"好课",精彩的课堂,不是教师"讲"得如何好,而是学生"学"得如何好。在高职院校所有的课程教学过程中,必须把培养学生的"自我学习能力"放在突出的位置上,以保证学生走上社会之后的持续发展能力。正如孙子所说,"不战而屈人之兵"是高级统帅的标志。

　　职业教育是什么?是一块没有开采的憧憬地,是一片希望的原野,是一轮冉冉升起的朝阳,是一艘驶向胜利彼岸的航船。哪怕前面还会有风雨,还会有暗礁,但我们拥有距离胜利彼岸并不遥远的信念。我相信这本基于工作过程设计的《财务管理》教材的问世,在百花齐放的高职教改丛书中,又开出了一支鲜艳的奇葩。书中基于工作过程的教学设计能力与实施能力(设计是设计课程,实施是实施教学)的经验一定会值得高职院校的广大教师的进一步深人研究、广泛实践,也必将从中受益!

　　事实证明,当高职教改从微观转向中观,就可以把课程单元设计、整体设计中的先进观念,从一次课、一门课进一步扩展到一个专业的所有课程——专业课程体系中去。再继续向前走,就有希望创造出具有中国特色的、与工学结合全面接轨的崭新人才培养的模式。

陈桂宏

2011 年 7 月于南京

前　言

　　课程改革是高职教育的一个永恒主题,是创建有中国特色高职教育体系的迫切需要,也是落实科学发展观的需要。为此,我们要进一步学习国内外先进的课程开发理念和模式,不断改进现有的课程开发模式和框架,继续探索既能突破学科化课程限制,又能体现商贸与现代服务业门类课程特点,具有高职特色的课程开发模式,使这种新型的课程开发模式,既要体现"工学结合"的特点,又能满足多样化的要求。

　　为此,本书试图在如何打破学科化课程体例方面进行了有益的探索和尝试,财务管理教学团队在系统地学习了工作过程系统化课程开发理论和项目化课程开发方法的基础上,独立构建了基于工程过程系统化的新型"工学结合"课程开发方案。同时也为各职业院校师资队伍建设中财务管理专业梯队的老师能更好的适应高职教育的职业要求,实现自身的全面可持续发展,进行专业能力提升的重要举措。该教材特点:

　　(1)基于工作过程系统化的课改开发模式初现雏形。即基于工作过程系统化的理念,在与行业企业专家共同对课程典型工作任务分析的基础上,充分吸收项目化课程的精髓,将来源于生产经营管理一线的工作任务或项目,按高职教育的特点和规律,重新构造课程教学内容,并整合为课程开发方案,同时形成了一定的理论。

　　(2)重在提升老师的课程开发能力,重在思想上的变革。即要能创设一种学习情境,把来源于职场的工作任务或项目,根据学生的认知规律,按照职场工作过程进行课程教学内容的重新设计和安排,以提升学生能力为目标,设计和组织教学任务。

　　(3)打破原有"本科压缩性"课程体系与课程,创建具有"高职应用型"特色的课程体系和课程模式。本书系统地按照基于工作过程系统化的思想,将源于职业活动的具体工作任务或项目转化为课程的教学内容,对每一学习单元形式和内容上进行重新的编排和设计,重塑工学结合新课程,重构人才培养新方案,再造教师职教新能力。

　　(4)注重技能培养,趋同行业考试。为了进一步深入推进会计行业的科学发展,加快实现行业人才培养和选拔,本书对提升学生的胜任能力要求进行提升,我们把职业资格培训的最新成果引入教材,以提升学生解决实际问题的能力。

　　本书共设九个学习单元,学习单元一财务管理的认知(施永霞编写),学习单元二风险与报酬的认知和衡量(夏成娟编写),学习单元三资金时间价值及证券评价(王丽编写),学习单元四预算管理(周紫犀编写),学习单元五筹资管理(王丽、葛海翔编写),学习单元六项

1

目投资决策（葛海翔编写），学习单元七营运资本管理（杨盈盈编写），学习单元八收益分配的管理（张娟、刘正兵编写），学习单元九财务报表分析（杨志莲、刘正兵编写）。

本书可作为高职高专院校财务管理专业、会计专业、会计与审计（注册税务师方向）、审计专业以及商贸管理专业、金融专业等其他经济管理类专业的"学习领域"课程或核心课程或参考书，也可作为各类工商企业培训和职业院校的用书。由于时间和能力有限，书中难免出现一些纰漏，敬请广大师生和专家学者批评指正。

另外，本书在编写的过程中，参考了大量的文献、书籍资料，吸收了国内外众多学者的研究成果和实践经验，在此一并向这些作者、专家及学者表示感谢，特别要感谢江苏经贸职业技术学院院党委院行政领导的正确指导，才得以编成此书。

刘正兵

2011 年 4 月于南京

目　录

财务管理的认知

学习单元名称:财务管理的认知	课时安排:5

1-1 典型工作任务

哪些因素影响财务的管理? → 财务管理的目标是什么? → 什么是财务管理?

1-2 学习单元目标

通过本学习单元的学习,使学生能够掌握财务管理的基本内容,并熟悉财务管理基本理论和基本流程,增强对财务管理的感性认知,提高对财务管理工作的兴趣和热情,为学习财务管理以后各学习单元打下基础。与此同时,培养学生能够善于收集和处理财务信息,并从中发现问题,进而达到解决问题的能力。

1-3 学习单元整体设计

主题学习单元	拟实现的能力目标	须掌握的知识内容	建议学时
1.1 什么是财务管理?	能够描述财务管理主要工作内容	(1) 财务管理的概念 (2) 企业的财务活动 (3) 企业的财务关系 (4) 财务管理的工作环节	1
1.2 财务管理的目标是什么?	能够结合具体的公司案例确定和评价公司的财务目标;能够协调不同利益主体在财务管理目标上的矛盾,妥善处理财务关系	(1) 利润最大化目标 (2) 股东财富最大化目标 (3) 企业价值最大化目标 (4) 相关者利益最大化目标 (5) 不同利益主体目标的协调	2
1.3 哪些因素影响财务的管理?	能够结合具体的企业,正确地分析公司的财务环境	(1) 经济环境 (2) 金融环境	1
工作任务/技能训练	自选一家公司,对其财务关系、财务目标和财务环境进行综合分析		1

☞ 【案例引入】

过去20多年来,威廉姆·本尼特先生一直执掌着杂技马戏团集团公司。最初,正是本尼特及其合伙人威廉姆·本宁顿凭着他们敏锐的洞察力发掘了这一市场。他们相信,低成本的巡回演出和小额赌博游戏必定能为博彩业带来巨大的发展前景。但1994年7月8日,迫于股东的压力,本尼特不得不辞去了董事会主席的职务。此次逼宫的主要原因是,6

1

个月来,马戏集团公司的股票价格下跌了近60%。股东们认为,股票价格下跌完全是因为本尼特把公司看做其自己的私人财产在管理,根本没有考虑股东利益最大化问题。而几乎是出自同种原因,砂琪 & 砂琦公司(Saatchi & Saatchi PLC)的总裁兼创始人之一的莫里斯·砂琦也于1994年10月被迫辞职。该公司是一家世界知名的广告代理公司,在其旗下的知名客户众多,包括宝洁和惠普等。不久后,也就是1998年6月,阳光公司——一家小型器具制造公司的CEO"链锯A1"Dunlap也惨遭解雇。发生经营困难时,Dunlap的应对策略很简单,就是出售低效率的部门外加大规模的裁员,因而,以此著称的Dunlap被戏称为"链锯"。可惜的是,这种方法似乎没有能使阳光公司起死回生。就在Dunlap遭解雇前,阳光公司的股票价格已经跌至每股14美元,比起其1997年的最高股价每股51美元,下跌了近73%。阳光公司的一大股东眼睁睁看着他最初10亿美元的投资缩水至3亿美元。股东们认为Dunlap没有重视股东利益最大化问题,否则,公司的股票价格不会如此惨跌。从以上几例中可看出,今天的公司股东们无时无刻不在向管理层传达着这样一个信息:股东才是公司的真正所有者,管理层应该尽力将股东利益最大化作为他们的首要目标。

当管理层目标(如,工作保障、高额薪酬等)和股东目标(价值增值)发生冲突时,管理层应该从"公司和股东"的角度去思考问题。为减少两者之间的冲突,确保股东利益,现在很多公司都要求其高级管理层持有公司股票。例如,柯达、施乐、联合碳化等公司都有明确的政策要求其高级管理人员持有公司股票。而管理人员一旦也成为公司的股东,管理层和股东之间的利益关系就会更协调。当然,这种看法不是空穴来风,那些管理人员持股的公司的经营业绩不错。

因而,请同学们不妨带着下面的几个问题去学习本学习单元:公司股东希望公司以什么为目标? 高级管理人员应当在多大程度上以其个人目标影响公司的整体决策? 如果你是一外部公司,如果管理层持有公司股票,你是不是觉得有了更大的安全感? 在试图提高公司股票价格的时候,管理层应该考虑哪些因素?

(资料来源:(美)斯科特·贝斯利.财务管理精要.北京:机械工业出版社,2003)

主题学习单元1.1 什么是财务管理?

【任务1-1】 财务管理的工作内容和财务管理的中心分别是什么?

顾名思义,财务管理是指对财务的管理。说到财务,人们往往想到的是"钱",然而财务的本质往往不是"钱"所能包容的。要认识财务,让我们首先从企业的经济活动谈起。

一、企业的经济活动

企业的经济活动是指企业的生产经营活动,它主要包括资金的投入、投放和退出活动,以及企业组织的供应、生产和销售三个过程的活动。在资金的投入、投放和退出活动中,资金的投入指资金的筹措,资金的投放指资金的投资和使用(营运),资金退出指各项税款的上缴和向股东分配利润等。上述供应、生产、销售三个过程中,供应过程主要是将货币资金转化为储备资金,如原材料;生产过程主要将储备资金、部分货币资金和固定资产的价值转化成生产资金,当在产品加工完成后验收入库,生产资金转化为成品资金;销售过程是成品资金随着销售过程转化为货币资金,这时收到的货款扣除发生的成本后形成了企业的利润,利润的一部分以所得税等形式上缴国家,净利润的一部分分配给投资者,上述分析的结果可用图1-1表示。从图1-1中可以看出:企业的资金随着供、产、销活动不断地改变它的形态,即从货币资金进入开始,依次转化成储备资金、生产资金、成品资金和货币资金的退出,这样不断地循环,称为资金周转。在财务管理活动中,需要对各种资金形态的增减变化加强监督和管理,以发挥资金的使用效果,为最终提供企业的经济效益服务。

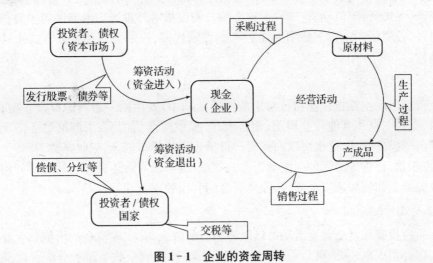

图1-1　企业的资金周转

二、财务活动

通过上述分析可知,企业的财务活动就是企业再生产过程中的资金运动,是指资金的筹资、投放、使用、收回和分配等一系列行为,主要包括:筹资活动、投资活动、资金营运活动和利润分配活动。

(一)筹资活动

筹资,是指企业为了满足投资和资金营运的需要,筹集所需资金的行为。对于大家来讲,可以借助资产负债表来理解,表的右边表示负债和所有者权益,这就体现企业资金来源的两个渠道,负债(如发行债券、支付利息等)有哪些筹资活动内容,所有者权益(如发行股票、吸收直接投资等)包括哪些活动内容,这就造成企业的筹资活动。在筹资过程中,一方面,企业需要根据企业战略发展的需要和投资计划来确定各个时期企业总体的筹资规模,以保证投资所需的资金;另一方面,要通过筹资渠道、筹资方式或工具的选择,合理确定筹资结构,降低筹资成本和风险,提高企业价值。具体可参见图1-2。

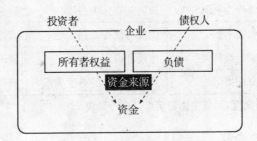

图1-2　筹资活动

（二）投资活动

投资,是指企业根据项目资金需要投出资金的行为。这个可以围绕资产负债表的左半部分,左半部分体现的是资产的在用,从广义上来讲都是属于资产的投放(投资)范畴。企业投资具体可分为广义的投资和狭义的投资两种。广义的投资指对外投资(如投资购买其他公司股票、债券,或与其他企业联营,或投资于外部项目)和内部使用资金(如购置项目投资固定资产、无形资产、流动资产等)。狭义的投资仅指对外投资。本书讲的主要指狭义的投资。另外,投资活动内容上特别要注意考虑投资规模、投资方向和投资方式来确定合适的投资结构。

（三）资金营运活动

资金营运活动主要指企业在日常生产经营活动中,发生的一系列的资金收付行为(如采购材料、支付工资和其他营业费用、销售商品、提供商业信用)而引起的财务活动。也就是短期资金的投放活动,这也可以回到资产负债表下的货币资金、应收账款、存货。对货币资金、应收账款、存货等的管理叫流动资金的管理,也可以叫营运资金的管理。如何管理好营运资金关键是如何加速资金周转,提高资金的利用效率。

（四）利润分配活动

企业通过投资和资金营运活动可以取得相应的收入,并实现资金的增值。企业取得的各种收入在补偿成本、缴纳税金后,还应依据有关法律对剩余收益进行分配。广义的分配是指对企业各种收入进行分割和分派的行为;而狭义的分配仅指对企业净利润的分配。而这里讲的主要是对股东的分配。给股东分配多少,企业留存多少,这就是利润分配的范畴。上述四个财务活动是相互联系、相互依存的,是构成财务管理工作的核心内容。

三、财务关系

由于企业资金的周转主要集中在投资、资金营运、筹资和资金分配等四项财务活动过程中。因此从财务活动过程中来认识,企业各方面存在着广泛的财务关系,如与政府、投资者(股东)、债权人、职工等。这些财务关系主要可以用表1-1来表示。

表1-1　企业与各利益主体财务关系一览表

利益主体	财务关系	性质及特征	对应的财务活动
(1)政府	税收关系	强制和无偿	分配活动
(2)投资者(股东)	按资分配报酬	投资—报酬对等关系	筹资活动、狭义的分配活动
(3)债权人	按时支付本息	债务与债权关系	筹资活动、广义的分配活动
(4)受资者	参与管理与利润分配	投资与受资关系	狭义的投资活动
(5)债务人	到期收回本息	债权与债务关系	营运活动、狭义的投资活动
(6)内部各单位	内部资金结算关系	体现各自利益关系	营运活动
(7)职工	按劳分配报酬	劳动成果上的分配关系	营运活动

【速记要点】　站在企业角度,利益主体记忆可以由外到内。

四、财务、财务管理的含义

企业财务,是指企业在生产经营过程中客观存在的资金运动及其所体现的经济利益关系。前者称为财务活动,后者称为财务关系。

而财务管理是企业组织财务活动、处理财务关系的一项综合性的经济管理工作,是企业管理的重要组成部分。特别强调三点:① 财务管理是人所做的一项工作,具有综合性,是企业管理工作的核心;② 财务管理工作区别于其他经济管理工作主要在于,财务管理工作是对企业资金运动的管理;③ 财务管理工作的一项重要内容就是组织财务活动。

作为现代企业而言,企业管理的核心是财务管理,而财务管理的中心是资金管理。企业财务管理者的重要使命就是要保证企业资金运动的顺利进行,保持资金在资金量、资金结构和资金时间上的平衡。

对资金运动、财务关系和财务管理等几个概念之间的关系,可以用图 1-3 来表示。

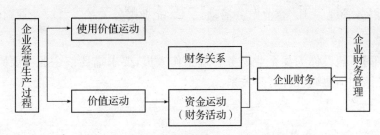

图 1-3　财务、财务管理和企业财务的关系

五、财务管理的环节

财务管理的环节就是企业财务管理的工作步骤与一般工作程序。一般而言,企业财务管理包括五个环节:(1) 规划和预测;(2) 财务决策;(3) 财务预算;(4) 财务控制;(5) 财务分析与业绩评价。其中,财务规划和预测是以全局为观念,根据企业整体战略目标和规划,结合对未来宏观、微观形势的预测,来建立企业财务的战略目标和规划;财务决策是财务管理的核心,财务预测是为财务决策服务的,决策的成功是否直接关系到企业的兴衰成败;财务预算就是企业财务战略规划的具体规划,是控制财务活动的依据;财务控制是指利用有关信息和特定手段,对企业的财务活动施加影响或调节,以便实现计划所规定的财务目标和预算执行的过程;财务分析既是对已完成的财务活动的总结,也是财务预测的前提,在财务管理循环中起到承上启下的作用,业绩评价的有效性又是企业目标实现的动力和保证。上述几个环节的财务管理工作相互联系、相互依存,它们的关系可用图 1-4 来表示。

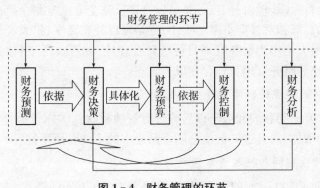

图 1-4　财务管理的环节

◆ **练习 1.1.1**

【单项选择题】 假定甲公司向乙公司赊销产品,并持有丙公司债券和丁公司的股票,且向戊公司支付公司债利息。假定不考虑其他条件,从甲公司的角度看,下列各项中属于本企业与债权人之间财务关系的是(　　　　)。

A. 甲公司与乙公司之间的关系　　　　B. 甲公司与丙公司之间的关系
C. 甲公司与丁公司之间的关系　　　　D. 甲公司与戊公司之间的关系

◆ **练习 1.1.2**

【单项选择题】 根据财务管理理论,企业在生产经营活动过程中客观存在的资金运动及其所体现的经济利益关系被称为(　　　　)。

A. 企业财务管理　　B. 企业财务活动　　C. 企业财务关系　　D. 企业财务

◆ **练习 1.1.3**

【任务训练】 假设你为某企业财务管理工作人员,要求描述该企业主要财务活动,并说明该企业应该如何协调各种财务关系。

主题学习单元 1.2　财务管理的目标是什么?

【任务 1-2】 假如你作为企业的负责人,你希望企业的财务管理目标是什么?

一、财务管理的目标

财务管理的目标是企业通过组织财务活动、处理与各方面财务关系所要达到的目的。根据现代企业财务管理的理论和实践,最具代表性的财务管理目标主要有以下几种:

（一）利润最大化

（注意:这里的利润不是我们会计上所讲的利润总额、净利润,这里的利润是指支付利息、支付所得税之前的利润,是息税前利润的概念,简称 EBIT。）

利润最大化就是假定企业财务管理代表性指标以实现利润最大为目标。以利润最大化作为财务管理的目标,其理由有三:一是可以直接反映企业创造剩余产品的多少;二是可以反映经济效益的高低和对社会贡献的大小;三是可以补充资本、扩大经营规模的源泉。

因此,以利润最大化作为财务管理目标有其合理性。但是,由于利润指标自身的局限性,以利润最大化作为财务管理目标存在以下缺点:

1. 没有考虑利润实现的时间和资金的时间价值

例如,今年 50 万元的利润和 5 年以后同等数量的利润其实际价值是不一样的,5 年间还会有时间价值的增加,而且这一数值会随着贴现率的不同有所不同。

2. 没有考虑所获利润和投入资本额的关系

例如 A 企业投入 500 万元的资本,B 企业投入 1 000 万元的资本,A、B 两企业本年获利均为 200 万元,很显然 A、B 两企业的经营效果不相同。

3. 没有考虑获取利润所承担风险的大小

例如 A、B 两个企业均投入 500 万元的资本,本年获利均为 150 万元,但 A 企业的获利已全部转化为现金,而 B 企业则全部是应收账款。如果在分析时认为这两个企业都获利 150 万元,得出经营效果相同的结论欠妥善。很显然得出这种结论的原因是没有考虑利润的获得和所承担风险的大小。

4. 片面追求利润最大化可能导致企业短期行为

在我国利润表上没有息税前利润,利润是会计上的利润,故受到会计分期的影响,最长的利润是某一年的利润,则仅仅考虑一种短期的利润,没有考虑中长期的公司未来发展收益能力。片面强调利润最大化容易导致短期行为,如不提或少提折旧,当固定资产更新时,会造成很大的资金缺口。

【活动题 1 - 1】　你能想出短期利润的增加是以长期利润的损失为代价的情况吗?

公司的经理人员可以通过以下方法降低其经营费用:

减少研究和开发费用;

减少用于员工培训和发展的支出;

购买廉价的低质材料;

取消质量控制机制。

上述政策均会对短期利润带来有利的影响,但是会削弱公司的长期竞争力和经营业绩。

(二)股东财富最大化

股东财富最大化是指企业财务管理以实现股东财富最大为目标。对上市公司而言,衡量的代表性指标是股价。当股东所持有的股票数量一定时,股票价格达到最高时,股东财富也就达到了最大。

与利润最大化相比,股东财富最大化的主要优点是:

(1)考虑了风险因素,因为股价通常会对风险做出较敏感的反应。

(2)能避免企业的短期行为,因为公司不管是现在的利润还是未来的利润都会对股价产生重要影响。

(3)对上市公司而言,容易量化,便于考核和奖惩。

主要缺点是:(1)对于非上市公司难以应用,因为无法随时获得股价。(2)股价受众多因素影响,甚至是非正常因素,例如有的上市公司处于破产的边缘,但其股票价格可能还在走高。(3)对其他相关者利益重视不够,如债权人、客户、员工等的利益。

知识拓展 1.1

公司使命——判断公司目标的好方法

公司常常以使命式措辞来表述其最终目标,这些措辞被广泛登载在各类刊物上,而且总是出现在公司的年报和网站里。公司使命一般使用简洁的措辞来传达其核心理念,也常常通过使命来公布其实现股东财富最大化的承诺。例如 lynx Group 股份公司是一家软件提供商,公司所陈述的使命为:公司将努力发展成为一家面向金融产业部门的软件、系统和服务的主要提供商,以此来实现股东价值最大化。

（资料来源：威廉·R拉舍.财务管理实务（第3版）.北京：机械工业出版社，2004）

（三）企业价值最大化

企业价值是企业财务管理行为以实现企业的价值最大为目标。企业价值可以理解为企业所有者权益的市场价值，也可以用企业所能创造的预计未来现金流量的现值来衡量，它反映了企业潜在的或预期的获利能力和成长能力。未来现金流量的现值这一概念，包含了资金的时间价值和风险价值两个方面的因素。因为未来现金流量的预测包含了不确定性和风险因素，而现金流量的现值是以资金的时间价值为基础对现金流量进行折现计算得出的。

以企业价值最大化作为财务管理目标的优点主要表现在以下方面：

（1）考虑了取得报酬的时间，将未来值折成现值，实际上考虑了资金的时间价值。

（2）考虑了风险和报酬的关系。折合现值时，会涉及折现率（现在价值与未来价值的换算比率），一般来讲折现率是投资者要求的最低回报率，而该报酬率由无风险报酬率与风险报酬率组成。所以折现时所用的折现率是充分考虑了未来风险的。

（3）克服了利润上的短期行为，将企业长期、稳定的发展和持续的获利能力放在首位。

（4）用价值代替价格，克服了过多受外界市场因素的干扰。对一般企业的价值的计量是一件困难的事情。对上市公司而言，假设资本市场是非常有效的，企业的价值，也就是股票的价值可用股票的价格来衡量。但一定要注意：前提条件是资本市场是非常有效的。所以在资本市场是非常有效的前提下，追求企业价值最大化应该追求每股价格最大化。而影响股价的因素很多：

从自身角度，主要是经营业绩——每股利润 { 越大——越看好——股价越高 ／ 体现了投入产出的关系

缺点主要表现在：

（1）企业价值过于理论化，不易操作。尽管对于上市公司，股票价格的变动在一定程度上揭示了企业价值的变化，但由于多种因素的影响，特别在资本市场效率很低的情况下，股价很难反映企业的价值。

（2）对于非上市公司而言，是需要专门的评估机构来确定企业的价值。而在评判企业的资产时，受评估标准和评估方式的影响，所以评估时很难做到客观和准确。

（四）相关者利益最大化

【活动题 1－2】 你能说出"利益主体"都是些什么人吗？

让我们先看下面的案例：

假设有一家生产公司的员工向管理层提出要求，他们想让公司在工厂工地上建造一座运动综合楼，这样员工就能在工作前后和午饭期间运动一下。他们认为虽然这个工程将耗费资金，但能使员工们工作之余娱乐，愉快心情，可以提高工作效率。

管理层认为愉快的工人是好工人，但也要了解一下员工以损害其工作为代价在体育馆里消磨时间的可能性或者了解一下员工在锻炼后出现筋疲力尽的可能性，所以他们不能肯定这个体育设施是有助于还是有害于生产力的提高。总而言之，管理层感觉这两方面的影响相互抵消了。

这种情况反映了在员工和股东这两个利益相关群体之间的平衡是很重要的。如果建造运动设施，那么就要从属于股东的利润中掏钱。因此，使员工愉快些，必须使股东贫困些

或可能少愉快些。在本例中管理层可以说是仲裁人,必须做出有利于一类利益相关群体或另一类利益相关群体的决策。

在市场经济中,企业的理财主体更加细化和多元化,不仅股东在企业中承担着最大的权利、义务、风险和报酬,而且债权人、员工、企业经营者、客户、供应商和政府也为企业承担着风险。因此,在确定企业财务管理的目标时,不能忽视这些相关利益群体的利益。正如上述案例中描述的一样,员工的要求可能说是奢侈了,所以管理层决策不能带有大量的感情色彩。但如果工厂的工作条件实际上很恶劣而且员工们要求管理层给他们创造一个清新、安全的工作环境,那么管理层又该怎样做决策?利益冲突始终存在,但我们很有可能以感情或道德为基础偏袒员工。本书认为,相关者利益最大化是企业财务管理最理想的目标。

相关者利益最大化目标的具体内容主要包括如下方面:

(1)强调风险和报酬的均衡,将风险限制在企业可以承受的范围内;

(2)强调股东的首要地位,并强调企业与股东之间的协调关系;

(3)强调对代理人(即经营者)的监督与控制,建立有效的激励机制以便企业战略目标的顺利实施;

(4)关心本企业普通职工的利益,创造优美和谐的工作环境和提供合理恰当的福利待遇,培养职工长期努力为企业工作;

(5)不断加强与债权人的关系,培养可靠的资金供应者;

(6)关心客户的长期利益,以便保持销售收入的长期稳定增长;

(7)加强与供应商的协作,共同面对市场竞争,并注重企业形象的宣传,遵守承诺,讲究信誉;保持与政府部门的良好关系。

相关者利益最大化目标的优点有:

(1)有利于企业长期稳定发展。这个目标注重站在企业的角度上进行投资研究,避免了只从股东的角度进行投资可能导致的一系列问题;

(2)体现了合作共赢的价值理念,实现企业经济效益和社会效益的统一;

(3)较好地兼顾了各利益主体的利益。在企业利益、股东利益达到最大化时,也使其他利益相关者利益达到最大化;

(4)体现了前瞻性和现实性的统一。既考虑了公司未来的发展,又兼顾了各利益群体的利益,互惠互利,相互协调,从而保证相关者利益最大化。

要点提示

(1)企业价值既不是总资产的账面价值,也不是净资产(总资产-负债)的账面价值,而是企业的市场价值(反映企业潜在或预期获利能力和成长能力),是企业所能创造的预计未来现金流的现值,而企业未来现金流的现值具有相对的稳定性。尽管企业价值在衡量上存在着不经常性和实际操作的困难性,但它在理论上考虑了时间价值和风险价值。对上市公司,在股票数量一定时,股票价格代表股东财富的大小。本书认为相关者利益最大化是财务管理最理想的目标。

(2)在多边契约关系的现代企业中,股东作为所有者在企业中承担着最大的义务和风险,债权人、职工、客户、供应商和政府也因为企业而承担了相当的风险。因此,在确定企业的财务管理目标时,不能忽视这些相关利益群体的利益。企业价值最大化目标,就是在权衡企业相关者利益的约束下实现所有者或股东权益的最大化。这一目标的基本思想就是在保证企业长期稳定发展的基础上,强调在企业价值增值中满足以股东为首的各利益群体的利益(即企业价值最大化的首要任务就是协调相关利益群体的关系)。

知识拓展 1.2

伦理与伦理投资

　　投资者购买股票和债券以期获得比支出更多的回报。这就是所谓的在投资上赚得收益。人们一般对收益的规模和与之相关的风险感兴趣,但这就是他们应当关心的全部问题吗?假设这些资产用于非伦理或不道德的某些项目或商业方面,那是否意味着投资者在间接地参与不道德的活动呢?投资者是否应对此关心?他们是否应该拒绝投资于那些被认为有不道德活动的公司呢?

　　先让我们准确地了解不道德的含义。不道德活动通常至少涉及两类群体的人。典型的一类拥有控制他人的权利并凭借这个权力通过损害他人利益来获取利益。需要注意的是不要将道德和合法混为一谈。多数不合法的活动也是不道德的,所以毫无疑问我们不应该参与这些活动。当一项活动道义上错误而在法律上合法时,伦理问题便摆在我们面前。

　　烟草行业就是一个很好的佐证。人们选择吸烟,而且香烟的生产和销售是合法的活动。但医务界告诫我们,吸烟导致每年有 435 000 人死亡而且会造成每年两千多亿美元的经济损失(Simon,Harvey B. 战胜心脏病. New York:little brown,1994),另外媒体报道,烟草公司为保持销售增长,通过广告而非法地把目标瞄向了儿童,并且操纵尼古丁含量促使人们上瘾。

　　有些人认为烟草产品的制造和销售是合法的但是不道德的商业行为。按照这个观点,获益的群体是烟草公司的高待遇的管理层和获得高利润的股东。受害的群体则是患病者和可能死亡的吸烟者。获益群体的力量被认为来自广告宣传和烟瘾。

　　另一方面,一些人认为吸烟者意识到了烟草对健康的危害仍然吸烟是个人决定的,因此向那些想要吸烟的人提供产品并没有什么不道德的。

　　问题在于是否应该使那些从道义上谴责烟草行业的投资者不再为追逐财务报酬而购买烟草股票,或者金融市场是否应当像一条帷幕合法地而且道德地把投资者与所投资资金的最终用途分离开?

　　道德投资是一个不断发展的事物,人们关心自身和他们所购证券的公司,而且投资者了解道德投资一般采取回避购买那些被认为从事有问题活动公司的证券。道德问题很难分析,投资者经常担负着情感并涉及很难辨认的成本和利益。

　　(资料来源:威廉·R拉舍.财务管理实务(第 3 版).北京:机械工业出版社,2004)

二、财务管理目标的协调

　　【任务 1-3】 公司经营者与所有者、所有者与债权人的理财目标会一致吗?应该如何协调?

　　将相关者利益最大化作为企业财务管理最理想的目标,其首要任务就是协调相关者的利益关系。协调相关利益群体的利益冲突,要把握的原则是:力求企业相关利益者的利益分配均衡,也就是减少因各相关利益群体之间的利益冲突所导致的企业总体收益和价值的下降,使利益分配在数量上和时间上达到动态的协调平衡。

（一）所有者与经营者的矛盾与协调

经营者和所有者的主要矛盾，就是经营者希望在提高财富最大化的同时，能更多地增加享受成本；而所有者（股东）则希望以较小的享受成本支出带来更高的财富。即享受成本与财富最大化之间的矛盾。

为了协调所有者与经营者之间的矛盾，主要采用的方法有：

1. 解聘

这是一种通过所有者约束经营者的办法。如果经营者绩效不佳，就解聘经营者；经营者为了不被解聘就需要努力工作，为实现财务管理目标服务。通常所有者向企业派遣财务总监目的，可以理解为对经营者予以监督，为解聘提供依据。

2. 接收

这是通过市场来约束经营者的办法，如果经营者经营不力，绩效不佳，那么该企业就可能被其他企业强行接收或吞并，经营者也会被解聘。

3. 激励

它是将经营者的报酬与其绩效直接挂钩，使经营者自觉采取能提高所有者财富的措施。实施起来面临着实际操作难度大并且成本高昂的问题。通常采取两种方式：（1）股票期权。它是允许经营者以约定的价格购买一定数量的本企业的股票，股票的市场价格高于约定价格的部分就是经营者所得的报酬。经营者为了获得更大的股票涨价益处，就必然主动采用能够提高股价的行动，从而增加所有者财富。（2）绩效股。它是运用如每股收益（净利润/股数的加权平均数）、资产收益率（净利润/平均净资产）等指标评价经营者的绩效，并根据绩效的大小给予经营者数量不等的股票作为报酬。如果未能达到规定目标，经营者将丧失原先持有的部分绩效股。

【活动题 1-3】　请考虑一下上面所讲的这种激励方案会带来哪些问题？

一个可能的问题就是公司股票价格的市场走势可能不受经理人的控制。经理人往往无法影响市场的整体走势（上升或下降）。而市场的整体走势却会影响公司股票的价值以及经理人的报酬。另一个问题就是这种激励形式会刺激经理人投资高风险的项目。如前所述，风险越高，期望收益也越高，但是，股东也许并不愿意承担公司改变经营业务所带来的风险。

（二）所有者与债权人的矛盾与协调

所有者的财务目标可能与债权人期望实现的目标发生矛盾，主要原因在于：一是所有者改变资金用途，投资于风险更高的项目，造成债权人风险和收益的不对称；二是未经债权人同意，发行新债或再借新债，使原有债权的价值降低。

为了协调所有者与债权人矛盾，采用的主要方法有：（1）附限制性条款的借款如限定借款用途、规定借款的信用条件和要求提供借债担保等；（2）收回借款或停止借款。

◆ 练习 1.2.1

【单项选择题】　某公司董事会召开公司战略发展讨论会，拟将企业价值最大化作为财务管理目标，下列理由中，难以成立的是（　　　）。

A. 有利于规避企业短期行为　　　　　B. 有利于量化考核和评价

C. 有利于持续提升企业获利能力　　　D. 有利于均衡风险与报酬的关系

◆ **练习1.2.2**

【多项选择题】 下列各项企业财务管理目标中能够同时考虑避免企业追求短期行为和考虑风险因素的财务管理目标有( )。

A. 利润最大化

B. 股东财富最大化

C. 企业价值最大化

D. 相关者利益最大化

◆ **练习1.2.3**

【单项选择题】 某上市公司针对经常出现中小股东质询管理层的情况,采取措施协调所有者与经营者的矛盾。下列各项中,不能实现上述目的的是( )。

A. 强化内部人控制

B. 解聘总经理

C. 加强对经营者的监督

D. 将经营者的报酬与其绩效挂钩

◆ **练习1.2.4**

【任务训练】 假设你为某公司财务管理工作人员,要求合理确定公司的财务管理目标,并设计科学合理的公司财务管理目标的协调方案。

主题学习单元1.3　哪些因素影响财务的管理?

【任务1-4】 不同的理财环境对企业财务的影响有哪些?

财务管理环境又称理财环境,是指对企业财务活动和财务管理产生影响作用的企业内外各种条件的统称。研究不同的理财环境,有助于正确制定理财策略。

一、经济环境

财务管理的经济环境主要包括经济周期、经济发展水平、宏观经济政策和通货膨胀水平。

(一) 经济周期

市场经济条件下,经济的发展与运行大体上要经历复苏、繁荣、衰退和萧条几个阶段的循环,这种循环就叫做经济周期。在不同的经济周期,企业应相应采取不同的财务管理策略与经济周期相适应,具体参见表1-2。换句话说,就是企业的财务管理人员所采用的财务管理策略一定要顺应经济发展的大形势,不能逆势而行。

表1-2 经济周期中的经营理财策略

复苏	繁荣	衰退	萧条
(1) 增加厂房设备	(1) 扩充厂房设备	(1) 停止扩张	(1) 建立投资标准
(2) 实行长期租赁	(2) 继续保留存货	(2) 出售多余设备	(2) 保持市场份额
(3) 建立存货	(3) 提高产品价格	(3) 停止不利产品	(3) 压缩管理费用
(4) 开发新产品	(4) 开展营销规划	(4) 停止长期采购	(4) 放弃次要利益
(5) 增加劳动力	(5) 增加劳动力	(5) 削减存货	(5) 削减存货
		(6) 停止招聘雇员	(6) 裁减雇员

（二）经济发展水平

财务管理水平的提高，将推动企业降低成本，改进效率，提高效益，促进经济发展水平的提高；而经济发展水平的提高，也会改变企业的财务战略、财务观念、财务管理模式和财务管理的手段，促进企业财务管理水平的提高。因此，财务管理的发展水平是和经济发展水平密切相关的，经济发展水平越高，财务管理水平也越好。

（三）宏观经济政策

我国经济体制改革的目标是建立社会主义市场经济体制，以进一步解放和发展生产力。在这个总目标的指导下，我国已经并正在进行财税体制、金融体制、外汇体制、外贸体制、计划体制、价格体制、投资体制、社会保障制度、企业会计准则体系等各项改革。所有这些改革措施，深刻地影响着我国的经济生活，也深刻地影响着我国企业的发展和财务活动的开展。

（四）通货膨胀水平

通货膨胀是指一般价格水平的持续的普遍的上升。就性质而言，都是由于过度的货币供给造成货币贬值、物价上涨。它对企业财务活动的影响是多方面的，主要表现在：(1) 引起资金占用的大量增加，从而增加企业的资金需求；(2) 引起企业利润虚增，造成企业资金流失；(3) 引起利润上升，加大企业的资金成本；(4) 引起有价证券价格下降，增加企业的筹资难度；(5) 引起资金供应紧张，增加企业的筹资困难。

因此，它是财务管理中要考虑的一个重要的经济环境因素。另外，需要提醒大家注意的是，因通货膨胀造成的现金流转不平衡，不能靠短期借款解决，而要增收节支，因其不是季节性临时现金短缺，而是现金购买力被永久地"蚕食"了。

比如有一项固定资产原值1 000万，净残值10万，预计使用年限10年，不管使用哪种折旧方法计提折旧的总额是1 000-10＝990万元，会计假设里面有一个货币计量假设，货币计量假设假设货币是不变的，假设是没有通货膨胀的。而财务管理中要考虑通货膨胀，假设这10年中通货膨胀率是20％，相当于10年前买这个设备是1 000万，10年后买这个设备它的重置价是1 200万，而990万的折旧加上10万元的净残值不能对固定资产进行更新，有200万元的资金缺口，这200万元的资金缺口不可能靠短期借款来解决，可通过公司未来实现利润以后少分配多留存来解决。

二、法律环境

企业财务管理的法律环境，主要影响范围包括企业组织形式、公司治理的规定、投融资活动、日常经营、收益分配等。《公司法》规定,企业的组织形式有独资企业、合伙企业和公司制企业。每种企业组织形式所适用的法律不同,股东权利责任、企业投融资、收益分配、纳税、信息披露等不同,公司治理结构也不同。不同组织形式企业的财务特征也不同,具体可参见表1-3。另外,《公司法》《证券法》《金融法》《企业财务通则》《税法》等不同种类的法律,分别从不同方面规范和制约企业筹资、投资、收益分配等财务管理活动,比如交纳税金对于企业而言,是一种现金流出,它对企业组织形式的选择、融资决策、投资决策和股利分配等都会产生影响。

表1-3 不同组织形式企业财务特征的比较

	独资企业	合伙企业	公司制企业
财务优势	企业设立成本低	合伙人专业优势	独立法人
	所有权能够自由转让	融资能力相对提高	投资者风险有限
	企业没有法人所得税	合伙人都有责任心	筹资能力强
	财务决策迅速		
财务劣势	融资渠道少	企业财务不稳定	法人所得税
	投资者风险大	合伙人风险较大	设立严格
	企业存续期可能短	财务管理机制不太灵活	外部约束
	抵御财务经营风险能力低下		

三、金融环境

企业总是需要资金从事投资和经营活动。而资金的取得,除了自由资金外,主要从金融机构和金融市场取得。金融政策的变化必然影响企业的筹资、投资和资金运营活动。所以,金融环境是影响财务管理最主要的环境因素,主要包括金融机构、金融工具、金融市场和利率四个方面。

(一)金融机构

社会资金从资金供应者手中转移到资金需求者手中,大多要通过金融机构。金融机构包括银行业金融机构(商业银行、政策性银行等)和其他金融机构(金融资产管理公司、信托投资公司、财务公司等)。

(二)金融工具

金融工具,是能够证明债权债务关系或所有权关系并据以进行货币资金交易的合法凭证,它对于交易双方所应承担的义务与享有的权利均具有法律效力。金融工具按期限不同可分为货币市场工具(如商业票据、国债、可转让大额定期存单等)和资本市场工具(如股票、债券等)。无论是货币市场工具还是资本市场工具一般都具有期限性、流动性、风险性和收益性四个基本特征。

(三)金融市场

金融市场,是指资金供应者和资金需求者双方通过金融工具进行交易的场所。

金融市场按组织方式的不同可划分为两个部分:一是有组织的、集中的场内交易市场即证券交易所,它是证券市场的主体和核心;二是非组织化的、分散的场外交易市场,它是证券交易所的必要补充。

其基本分类如下：

① 按期限为标准分：货币市场（短期市场）和资本市场（长期市场）；

② 按功能为标准分：初级市场（发行市场）和次级市场（流通市场）；

③ 按融资对象为标准分：资本市场、外汇市场和黄金市场；

④ 按金融工具的属性来分：基础性金融市场和金融衍生品市场；

⑤ 按地理范围为标准分：地方性金融市场、全国性金融市场和国际性金融市场。

（四）利率

利率也称利息率，是利息占本金的百分比指标。从资金的借贷关系看，利率是一定时期内运用资金资源的交易价格。

利率主要是由资金的供给与需求来决定。但除这两个因素之外，经济周期、通货膨胀、国家货币政策和财政政策、国际政治经济关系、国家对利率的管制程度等，对利率的变动均有不同程度的影响。因此，资金的利率通常由三个部分组成：（1）纯利率；（2）通货膨胀补偿率（或称通货膨胀贴水）；（3）风险回报率。

其中，（1）纯利率是指没有风险和通货膨胀情况下的平均利率。受平均利润率、资金供求关系和国家调节的影响。可以用资金时间价值的相对数表示。实际情况下，一般用国库券的利率来表示，但一定要注意：前提条件是通货膨胀率极低。比如说：国债的中长期利率是 5%，可以把 5% 在通货膨胀率极低的条件下看作纯利率。

（2）通货膨胀补偿率是指由于持续的通货膨胀会不断降低货币的实际购买力，为补偿其购买力损失而要求提高的利率。从中长期来看，会有一定的通货膨胀，在这种情况下，除了纯利率之外，还包括额外的通货膨胀率。比如通货膨胀率是 2%，意味着物价水平上涨 2%，那么依然要求得到 5% 的回报率的话，实际收益率只能达到 3%，投资者必然在 2% 的通货膨胀前提条件下，要求报酬率应该是 7%。纯利率加预期通货膨胀附加率也称为无风险回报率，通常可以用同期政府债券利率来近似表示。

（3）风险回报率包括：① 违约风险回报率；② 流动性风险回报率；③ 期限性风险回报率。其中，违约风险回报率是指为弥补因债务人无法按时还本付息而带来的风险，由债权人要求提高的利率；流动性风险回报率是指为弥补因债务人资产流动性不好而带来的风险，由债权人要求提高的利率；期限性风险回报率是指为弥补因偿债期长而带来的风险，由债权人要求提高的利率。现实生活中的投资活动是或多或少带有风险的，投资者会要求得到额外的风险补偿。投资者要求的利率除了纯利率、通货膨胀补偿率之外，还要求有风险收益率。假设投资者根据投资活动的风险程度额外要求的风险补偿率是 3%，那期望最低的回报率即是 5%＋2%＋3%＝10%。

四、技术环境

财务管理的技术环境，是指财务管理得以实现的技术手段和技术条件，它决定着财务管理的效率和效果。目前，我国进行财务管理所依据的会计信息是通过会计系统提供的，占企业经济信息总量的 60%～70%。我国力争通过 5～10 年的努力建立健全会计信息化法规体系和会计信息化标准体系，进一步提升企事业单位的管理水平和风险防范能力，做到数出一门、资源共享，以方便不同信息使用者获取、分析、利用，进行投资和相关决策等。企业信息化的推进，必将促使企业财务管理的技术环境进一步完善和优化。

◆ 练习1.3.1

【单项选择题】 下列应对通货膨胀风险的各项策略中,不正确的是( )。

A. 进行长期投资　　　　　　　B. 签订长期购货合同

C. 取得长期借款　　　　　　　D. 签订长期销货合同

◆ 练习1.3.2

【多项选择题】 下列各项因素中,能够影响无风险报酬率的有( )。

A. 平均资金利润率　　　　　　B. 资金供求关系

C. 国家宏观调控　　　　　　　D. 预期通货膨胀率

◆ 练习1.3.3

【判断题】 在经济衰退期,公司一般应当出售多余设备,停止长期采购。 　( )

◆ 练习1.3.4

【任务训练】 假设你所在企业的财务负责人要求你在熟悉企业所在的财务环境的前提下,如何利用金融市场来从事理财活动,并写出总结分析报告。

本学习单元主要框架图

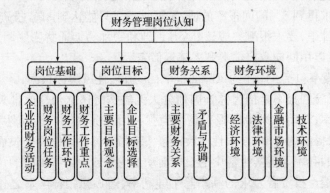

本学习单元关键术语中英文对照

1. 财务活动　　　　　　　　　Financial activities

2. 财务关系　　　　　　　　　Financial relations

3. 相关者利益最大化　　　　　Stakeholders interests maximized

4. 所有者与经营者利益冲突的协调　Owners and operators conflict of interest in coordinating

5. 所有者和债权人利益冲突的协调　Owners and creditors conflict of interest in coordinating

6. 财务环境　　　　　　　　　Financial environment

本学习单元案例讨论

1. 为什么要学财务管理?

如果无意于成为一名财务经理,那么为什么还要学习财务管理知识呢? 一个很好的理由是"为未来的工作环境而准备。"越来越多的企业正在削减经理位置,而把公司金字塔的各个层次揉合在一块,这是为了降低成本和提高劳动生产率。结果,剩下的经理的职责范围变得很宽。未来的成功经理应该是一名团队首领,他的知识和能力保证他既能在组织内纵向流动,又能横向流动,即从事复合型的工作。所以,在不久的未来,掌握基本的财务管理知识将是工作环境中不可缺少的关键要素。

讨论分析:

(1)非会计专业同学请思考,非财务人员学习财务管理有必要吗?

(2)掌握基本的财务管理知识是今后工作不可缺少的关键因素吗? 联系自己专业或未来理想职业进行分析。

2. 会计人生

会计行业一直以来都是备受关注的行业。因为会计岗位是每一个组织中最重要的岗位之一,会计人员在企业的发展决策、经营成败中所承担的任务越来越重大。正因如此,每一位会计人都对自己的职业生涯有着或远或近的规划。会计人,如何走好每一步路? 如何让自己的职场之路更加顺畅? 如何让自己在激烈的行业竞争中脱颖而出? 且参考下面一段会计前辈的经验所述。

从学生到职业人

刚走出校门的会计学子,前三年的工作,很多人都是从会计的基础工作做起。这个时候,是学子们从校园走向社会的第一步,也是第一次要调整知识结构的时候。要从原先学的理论知识逐步过渡到会计的基础工作上。这个时候,需要的,就是实践、实践再实践。下一步,会计人要考虑的,就是要调整到会计核算和监督的职能上,学习职业素养的完善、人脉关系的理解、团队协作的意识等。在这个时候,系统理论知识的加深和强化是必需的。同时,在此阶段,财会人员的专业英语的提高也是非常关键的,它能给下一步大发展打下基础。

从普通会计到财务经理

经过前三年的积累,接下来,财会人员应逐步从普通会计的角色转变到管理的角色。财务主管及财务经理是这一阶段财务人员发展的主要目标。财务经理是专业较强的工作,不但要有丰富的专业知识,还要熟悉企业全面的经营管理工作,并积极介入企业各项决策。所以做一个现代的财务经理必须掌握更加全面的知识,一个优秀的财务经理首先是此领域的专家,其次是一个优秀的管理者。因此,这一阶段的财务人员除要更加强化专业知识的精和广之外,更应该强调其他知识技能的提高。

从财务经理到财务总监(CFO)

财务总监是财务人员的专业职业生涯上成功的象征,不仅意味着高职位高待遇,也更意味着你已成为这一领域的权威人士,许多从事财会工作人员都将财务总监作为自己的职业发展目标。财务总监已是企业管理的决策的重磅人物,一方面全面管理和领导企业财务工作,为企业赢利提供理性的决策依据,对企业的财务工作承担主要责任。同时,财务总监作为财务领域的高层人才,还必须擅长几乎所有的财务管理能力。

相信只要理清自己的知识结构,制订好适合自己发展规划和奋斗目标,加上每一天不懈的努力,每个人都会从优秀跨跃到卓越的,每个人都会收获累累硕果!

思考分析:你如何规划你的会计人生?

（资料来源:繆启军.《财务管理》.上海:立信会计出版社,2010）

本学习单元讨论题

1. 有一天,财务管理人员与市场营销人员讨论企业的目标。财务管理人员认为企业的目标是企业价值最大化,而市场营销人员则认为企业的目标是最大程度地满足顾客要求。

分析:(1)分别从财务及营销的角度分析,如果你是其中一部门负责人,如何协调两部门关系? 财务管理人员与市场营销人员对企业目标的认识有何异同点?

(2)联系实际(走访你身边的某个企业)分析,你觉得该企业的目标是什么? 联系你身边的企业,谈谈你对"生存是企业发展的第一要务"的认识? 如何以企业生存为第一要务?

2. 已经有人批评美国最高管理层的报酬过高,并主张消减。例如,从大型公司来看,通用电气公司的杰克·韦尔齐已经成为美国报酬最高的首席执行官之一,仅在 1997 年一年就挣了 4 000 万美元,在 1993—1997 年期间一共挣了 1 亿美元。再看一下体坛巨星和演艺巨星,他们的收入即便不比这个数目多很多,也至少有这么多,请问杰克·韦尔齐这个数额太高了吗?

本学习单元技能实训

一、实训目的

通过实践调查活动,使学生了解财务管理在企业管理中的重要地位,明确企业财务管理岗位的内容、目标和基本环节,增强学生对财务管理的感性认识,为今后财务管理的学习和职场人生奠定基础。

二、实训内容

结合本学习单元所学内容,实际走访身边某企业,对其目标、财务关系、财务工作主要内容进行综合分析,特别在分析其财务关系中,哪些属于内部财务关系,哪些属于外部财务关系? 对企业各有什么影响? 如何解决内部公众矛盾,处理好内部利益相关者的关系? 总结并写成书面材料,做成 PPT 在班级公开汇报,其他同学组成答辩小组公开答辩。

三、实训要求

1. 对学生进行分组,指定小组负责人,联系合作单位或学生合理利用社会关系自主联系实训(践)单位。

2. 根据本实训(践)教学的目的,拟定调查题目,列出调查提纲,制定调查表格。

　　3. 实地调查和采访时要注意自己的形象,能准确流利地表达自己的目的和愿望,以便得到对方的配合。

　　4. 对调查采访资料进行整理和总结,写出一份调查报告(字数 1 500 左右),做成 PPT 在班级公开汇报。

四、评分标准

评分项目	比重	评分标准
课堂参与	30%	我们将在整个过程中记录你的参与度。你的参与分通过你的出勤、问问题、回答问题情况和给整个课程的贡献情况进行评定
任务训练	15%	我们分别在主题学习单元后面设计了 3 个任务训练,每个占 1/3
案例及讨论题	40%	此部分主要针对学习单元后面的案例和讨论题,每个占 1/4
小组分析报告与讨论	15%	此部分主要针对技能训练部分,你必须加入一个学习小组分析一个企业的公司财务的案例
本单元总分	100	(小组互评分数＋教师评分分数)×70%＋个人成绩分数×30%
总成绩比重	5%	

学习单元二

风险与报酬的认知和衡量

学习单元名称:风险与报酬的认知和衡量	课时安排:7

2-1　典型工作任务

收益的描述与衡量	→	风险与收益的关系	→	风险的描述与衡量

2-2　学习单元目标

　　通过本学习单元的学习,使学生能够了解风险管理贯穿于财务管理的全过程。能够认识到不管是筹资活动、投资活动,还是收益与分配活动都存在着风险,风险与收益的权衡是财务管理的基础。能熟练掌握风险与收益衡量方法,增强学生对于证券市场中风险与报酬的认知。能熟练地利用CAPM模型解决证券组合中预期报酬率的估算。与此同时,培养学生通过风险回避、风险转嫁、风险分散等手段对企业活动的风险加以控制,从而正确有效地实施财务决策,取得最大收益。

2-3　学习单元整体设计

主题学习单元	拟实现的能力目标	须掌握的知识内容	建议学时
2.1　收益的描述与衡量	能够描述财务管理过程资产的收益率,收益率的各种表达方式	(1) 资产的收益与收益率含义与计算 (2) 资产收益率的类型	2
2.2　风险的描述与衡量	能够结合具体的公司案例确定和评价资产的风险与收益;能够区分系统风险和非系统风险,解释适当的分散化投资如何消除上述风险的	(1) 资产的风险含义与计算 (2) 非系统风险与风险分散 (3) 区分对待风险的不同态度	2
2.3　风险与收益的关系	能够结合具体的投资案例了解风险与收益之间的关系,结合具体证券投资案例利用资产定价模型测算出预期报酬率	(1) 风险与收益的一般关系 (2) 资本资产定价模型	2
工作任务/技能训练	根据网上调研收集的资料,分析我国企业资产投资中存在的主要问题,并联系所学理论知识提出相应对策		1

☞【案例引入】

《圣经》里有一个经典的故事:传说,在很久很久以前,一位主人将要远行到国外去,临走之前,将仆人们叫到一起,把财产委托他们保管,每人10枚金币。过了很长一段时间,主人回到家和他们算账。

A仆人:我把金币埋在地里,现在完好无损。

B仆人:我把金币借给别人,契约上连本带利共有15枚。

C仆人:我用金币去做生意,又赚回10枚,共20枚。

结果,赚15枚和20枚金币的仆人因为为主人增加了财富,受到了主人的款待又加派了任务,那个把金币埋藏在地里的仆人则遭到主人的责骂:"你这又恶又懒的仆人!就是把银子放给兑换银两的人,亦可连本带利回收。"主人便把他的10枚金币夺回,给了挣得最多的那个仆人。

(资料来源:《新约·马太福音》)

请问这个故事告诉我们什么道理?

我们能看出三个仆人不同的做法,得到了不同的收益。A仆人获得零收益,B仆人获得5枚金币的收益,C仆人获得10枚金币的收益。收益是不断增加的,但是我们不要忽略了另一个事实,那就是三个仆人的所冒的风险是越来越大的,也即高风险带来高收益。我们在财务活动中也是不断地去权衡这两个问题,要高收益就必须冒高风险,怕冒风险便得不到高收益。那么,现实的财务活动中风险和收益究竟是包括哪些?能不能有一个指标去衡量它们?怎么去平衡收益和风险?带着这些问题,我们一起进入本单元的学习来寻求答案吧!

主题学习单元2.1　收益的描述与衡量

【任务2-1】　大龙公司购买的ABC股票一年前的价格为10元,一年中的税后股利为0.35元,现在的市价为13元。那么,在不考虑交易费用的情况下,一年内该股票的收益是多少?

一、资产的收益

资产的收益是指资产的价值在一定时期的增值。比如:用1 000元购买股票并持有一年,一年后股票购买能够带来收益或增值称为资产的收益。资产收益的表述方式:

(1) 绝对形式(通常以金额表示):以资产价值在一定期限内的增值量表示,它来源于两部分:一是期限内的现金净收入(又称利息、红利或股利收益);二是期末资产的价值(或市场价格)相对于期初价值(格)的升值(又称资本利得),其公式为:资产的收益额＝利息、红利或股息收益＋资本利得。

【任务2-1-1解析】　一年后资产的收益的绝对形式为:

$$0.35 +(13-10)= 3.35(元)$$

其中,股息收益为0.35元,资本利得为3元。

(2) 相对形式(通常以百分比表示):资产的收益率(报酬率)是资产增值量与期初资产

价值(格)的比值,它包括两部分:一是利息、红利或股息收益率;二是资本利得的收益率。

其公式为:

单项资产收益率＝利(股)息收益/期初资产价值(格)＋资本利得/期初资产价值(格)

＝利(股)息收益率＋资本利得收益率

【任务2-1-2解析】　一年后资产的收益率以相对形式来表示:

$$(0.35+13-10)÷10×100\% ＝3.5\%+30\%＝33.5\%$$

其中股利收益率为3.5%,资本利得收益率为30%。

通过上述任务分析,显然以绝对数表示的收益不利于不同规模资产之间收益的比较,而以相对数表示的收益则是一个相对指标,便于不同规模下资产收益的比较和分析。通常情况下,用收益率的方式来表示资产的收益。

另外为了便于比较和分析,对于计算期限短于或长于一年的资产,在计算收益率时一般要将不同期限的收益率转化成年收益率。如果不作特殊说明,资产的收益率指的就是资产的年收益率。

二、资产收益率的类型

【任务2-2】　大龙公司购买的ABC股票现在的价格为10元,一年后股息为0.35元,估计一年后股价为13元的可能性是40%,股价为14元的可能性为60%,那么该股票的收益率是多少?

【任务2-3】　大龙公司购买的ABC股票未来的价格无法以概率的形式预测,但可以收集具有代表性的历史收益率并列表如表2-1:

表2-1　历史收益率并列表

年度	1	2	3	4	5	6
收益率	26%	11%	15%	27%	21%	32%

那么你能预测第7个年度的预期收益率是多少吗?

在实际的财务工作中,由于工作角度和出发点不同,收益率可以有以下一些更具体的类型:

(1)实际收益率表示已实现的或确定可以实现的资产收益率。

其公式为:实际收益率＝利(股)息收益率＋资本利得收益率

解得的结果就是实际利率。

(2)名义收益率,指在资产合约上标明的收益率,通常是每年复利一次的年收益率。

例如,李某在银行存了100元的一年期存款,一年到期时取得3元利息,利率则为3%,这个利率就是名义利率。名义利率并不是投资者能够获得的真实收益。

(3)预期(期望)收益率。指在收益不确定的情况下,预测的某资产未来可能实现的收益率。通常我们根据不同的已知条件,采用如下两种期望收益计算方法:

方法一:若已知或推算出未来收益率发生的概率以及未来收益率的可能值时,预期收益率就是各种情况下收益率的加权平均,权数就是各种可能收益率发生的概率,这种情况如同**【任务2-2】**,计算公式为:

$$E(R) = \sum_{i=1}^{n} R_i \times P_i$$

$E(R)$代表期望收益率，R_i代表情况i出现时的收益率，P_i表示情况i可能出现的概率。

【任务2-2】与【任务2-1】不同的是，现在我们站的角度是不知道未来股价的确切值，只能依据概率来预测，即期望的收益率为：

$$40\% \times [(13-10+0.35) \div 10 \times 100\%] + 60\% \times [(14-10+0.35) \div 10 \times 100\%]$$
$$= 40\% \times 33.5\% + 60\% \times 43.5\% = 39.5\%$$

方法二：若每一种情况发生的概率无法预知，而具有代表预期收益率分布的历史收益率是可以当成样本来参考的，这种情况如同【任务2-3】，这时公式为：

$$\overline{R} = \frac{\sum_{i=1}^{n} R_i}{n}$$

$\overline{R}$代表期望收益率，R_i代表预测期望收益率分布的历史收益率的样本，n代表样本的个数。

【任务2-3解析】　该企业第7个年度的预期收益率：

$$E(R) = (26\% + 11\% + 15\% + 27\% + 21\% + 32\%) \div 6 = 22\%$$

（4）必要收益率。也称最低必要报酬率或最低要求的收益率，表示投资者对某资产合理要求的最低收益率，指投资者用以决定某项投资是否具有吸引力的收益率。每个投资者对某项资产都会要求不同的收益率。当预期收益率超过必要收益率，实际行为就会发生，换句话说，投资者至少能够获得他们所要求的必要收益率时，他们才可能购买该股票。必要收益率与认识到的风险有关，某资产的风险高，必要收益率也就高；反之，则小。必要收益率的关系公式：

必要收益率＝无风险收益率＋风险收益率＝纯利率＋通货膨胀补贴（率）＋风险收益率

（5）无风险收益率（无风险利率）。是指可以确定可知的无风险资产的收益率，无风险资产一般不存在违约风险和再投资收益率风险。通常用短期国库券利率近似替代。它的大小由纯粹利率（资金的时间价值）和通货膨胀补贴两部分组成。其公式为：

无风险收益率＝纯粹利率＋通货膨胀补贴（率）

（6）风险收益率。指某资产持有者因承担该资产的风险而要求的超过无风险利率的额外收益。风险收益率大小取决于：一是资产的风险大小；二是投资者对风险的偏好。其公式为：

风险收益率＝必要收益率－无风险收益率

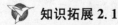 知识拓展2.1

资产组合的收益

常言所说的"不要把所有鸡蛋都放在一个篮子里"，用在投资中，企业的投资不是只放在某一个单项资产当中，而是投入多项资产当中的。那么由两项或两项以上的资产构成的组合称为资产的组合，这个资产组合的收益如何去衡量呢？

资产组合的预期收益率$E(R_p)$是组成资产组合的各种资产的预期收益率的加权平均

数,其权数等于各种资产在整个组合中所占的价值比例。其公式为:

$$E(R_p) = \sum_{i=1}^{n} [W_i \times E(R_i)]$$

$E(R_p)$ 表示资产组合的预期收益率;$E(R_i)$ 表示第 i 项资产的预期收益率;W_i 表示第 i 项资产在整个组合中所占的价值比例。

【拓展题 2-1】 大龙公司以 40 万的资金购买 ABC 股票外,还以 60 万投资了一个制造玩具汽车的生产线,ABC 股票的期望收益率如【任务 2-2】已算出 39.5%,玩具生产线的收益率经有关人员预测的期望收益为 30%,那么大龙公司就这一项资产组合(ABC 股票和生产线组成组合)的收益率为多少?

【拓展题 2-1解析】 该组合的期望收益率为:

$$
\begin{aligned}
E(R_p) &= \sum_{i=1}^{n} [W_i \times E(R_i)] \\
&= 39.5\% \times [60 \div (60+40)] + 30\% \times [40 \div (60+40)] \\
&= 35.7\%
\end{aligned}
$$

结论:影响组合收益率的因素:(1)投资比重;(2)个别资产的收益率。

练习 2.1.1

【单项选择题】 某股票一年前的价格为 21 元,一年中的股息为 1.2 元,现在的市价为 30 元,在不考虑交易费用的情况下,下列说法不正确的是(   )。

A. 一年中资产的收益为 10.2 元

B. 股息收益率为 5.71%

C. 资本利得为 9 元

D. 股票的收益率为 34%

练习 2.1.2

【单项选择题】 投资者对于某项资产合理要求的最低收益率,称为(   )。

A. 实际收益率   B. 必要收益率

C. 预期收益率   D. 无风险收益率

练习 2.1.3

【任务训练题】 当你不知选择哪种股票进行投资时,一位朋友向你推荐 IBM 公司的普通股。你已在金融市场上进行研究,认为该股票得到 15% 报酬率的概率是 0.35,得到 25% 报酬率的概率是 0.25,得到 40% 报酬率的概率是 0.10。但是,也有可能得到 -10% 报酬率的坏结果,概率为 0.30。那么,此投资的期望报酬是多少?

主题学习单元 2.2　风险的描述与衡量

当谈到不利的事件发生的可能性时,人们通常会使用"风险"这个词语。例如,人们经常会谈论发生意外事故的风险和失业风险。那么风险到底是什么呢?先看一个例子,投资者甲购买了收益率为 5% 的一年期国库券。如果投资者持有该国库券满一年会获得 5% 的债券收益率,此时我们认为该投资者的实际收益与预期一致。再如投资者乙购买的是某公司的普通股股票并持有一年,则预期的现金股利可能会实现,也可能无法实现甚至一年后的市场价低于当初购买价格。因此,该投资者的实际收益与预期收益相差很大。这种实际收益与预期收益的不确定性就是我们要介绍的风险。

一、风险的分类

在财务管理活动中我们把预期收益的不确定性定义为风险。风险除了带来损失之外也可能带来超出预期的报酬。

从投资主体的角度,风险可分为系统风险(也称市场风险或不可分散风险)和非系统风险(也称公司特有风险或可分散风险)两大类。

(1)系统风险,也称市场风险或不可分散风险,是指由那些对所有的投资主体都会产生影响的因素而引起的风险,如战争、经济衰退、通货膨胀、利率变化等。这类风险涉及所有投资对象,不能通过多元化经营予以分散,例如,一个人投资股票,不论他买何种股票,都要承担市场风险,经济发生变化时,各种股票的价格都将受到影响。

(2)非系统风险,也称公司特有风险或可分散风险,是指发生于个别公司的特有事件而引起的风险,可以通过多项资产的组合而分散掉的,也就是某种资产因该资产本身的原因产生的风险通过其他资产的增加而最终消除掉该种资产的特有风险。

从公司本身角度来说,公司特有风险可分为经营风险和财务风险。经营风险是指公司在未来获取经营利润过程中由于存在不确定性而产生的风险。经营风险主要是在生产经营活动中产生的,其原因有:①市场销售:由于市场需求的变化,市场价格的波动,造成企业生产数量的变化,这种销量的不确定性,使企业的风险增大。②生产成本:由于原材料的供应和价格,工人的劳动积极性和机器的生产效率,工人的工资和奖金具有不确定性,因而产生风险。③生产技术:设备发生事故,产品发生质量问题,新技术取代旧技术,这些事情的出现很难估计,从而产生风险。

当然,我们还可以从其他角度将风险进行分类,如从财务风险产生的根源角度,风险可以分为利率风险、汇率风险、购买力风险、流动性风险、政治风险、违约风险和道德风险等。

二、风险的衡量

【任务 2-4】 大龙公司现有两个投资项目可供选择,有关资料如表 2-2 所示。

表2-2 甲、乙投资项目的预测信息

市场销售情况	概率	甲项目的收益率	乙项目的收益率
很好	0.2	30%	25%
一般	0.4	15%	10%
很差	0.4	-5%	5%

根据以上资料,大龙公司是不是看谁收益高就选哪一项?

【任务2-5】 大龙公司有甲资产,据统计甲资产的历史收益率如表2-3所示。

表2-3 甲资产的历史收益率

年份	甲资产的收益率
2006	-10%
2007	5%
2008	10%
2009	15%
2010	20%

根据以上资料,估算甲资产的与风险相关的指标(预期收益率、收益率的标准差和标准离差率)。

预期收益率我们在前面已经介绍过,而风险就是衡量实际收益率与预期收益率的偏差程度,我们用统计学中离散程度来表示,指标有方差、标准差、标准离差率。那么我们先来介绍统计学的相关知识。

1. 概率

表示随机事件发生可能性大小的量,是事件本身所固有的不随人的主观意愿而改变的一种属性。就是用百分数或小数表示随机事件发生的可能性及出现某种结果的可能性大小的数值。通常必然发生的事件的概率为1,不可能发生事件的概率是0,而一般的随机事件发生的概率介于0到1之间。

2. 预期(期望)收益率

前面在学习收益率时我们提及过预期收益率,即在未来可能实现的收益率以相应的概率为权数的加权平均数或简单算术平均数。

公式一:有概率的情况下:$E(R) = \sum_{i=1}^{n} R_i \times P_i$

公式二:有样本的情况下:$E(R) = \sum_{i=1}^{n} R_i / n$

【任务2-4-1解析】 我们不仅要考虑收益还要考虑风险,这两方面都要权衡,先来计算大龙公司甲、乙两个项目各自的预期收益率期望值:

甲项目的预期收益率=0.2×30%+0.4×15%+0.4×(-5%)=10%

乙项目的预期收益率=0.2×25%+0.4×10%+0.4×5%=11%

如果不考虑风险,只从收益率角度考虑,我们应该选择乙项目。但是我们还不能忽略风险的存在,所以我们再衡量该资产的风险,其指标有方差、标准差、标准离差率。

3. 方差与标准差

(1) 方差是表示随机变量与期望值之间的离散程度的一个量,其计算公式为:

$$\sigma^2 = \sum_{i=1}^{n} [R_i - E(R)]^2 \times P_i$$

$E(R)$ 代表资产的预期收益,前面已经介绍过通过公式 $E(R) = \sum_{i=1}^{n} P_i R_i$,$P_i$ 是第 i 种可能发生的概率;R_i 是在第 i 种可能情况下该资产的收益率。

(2) 标准差是表示概率分布中各种可能结果对期望值的偏离程度,是方差的平方根,其计算公式为:

$$\sigma = \sqrt{\sum_{i=1}^{n} [R_i - E(R)]^2 \times P_i}$$

标准差和方差是用绝对数衡量某资产的全部风险的大小,当收益率的期望值相等时,可以比较多个资产风险大。

【任务 2-4-2 解析】 现在我们对甲、乙两个项目的风险进行比较:

甲项目的标准差

$$= \sqrt{(30\% - 10\%)^2 \times 0.2 + (15\% - 10\%)^2 \times 0.4 + (-5\% - 10\%)^2 \times 0.4}$$

$= 13.42\%$

乙项目的标准差

$$= \sqrt{(25\% - 11\%)^2 \times 0.2 + (10\% - 11\%)^2 \times 0.4 + (5\% - 11\%)^2 \times 0.4}$$

$= 7.35\%$

如果甲、乙项目的预期收益率是一样的,那么大龙公司会选择风险更小一些的项目即乙项目,但是事实是这两个项目的预期收益率是不一样的,所以我们还应进一步计算下一个风险指标。

4. 标准离差率

标准离差率是标准差与期望值之比,也称为变异系数。其计算公式为:

$$V = \frac{\sigma}{E(R)}$$

标准离差率是以相对数衡量资产的全部风险的大小,它表示每单位预期收益率所包含的风险,即每一元预期收益所承担风险的大小。一般情况下,标准离差率越大,资产的相对风险就越大;反之,标准离差率越小,相对风险越小。标准离差率可以用来比较具有不同预期收益率的资产的风险。

【任务 2-4-3 解析】 甲、乙项目的预期收益率是不一样的,因此,可以比较两个项目的标准离差率:

甲项目的标准离差率 $= 13.42\% / 10\% = 1.34$

乙项目的标准离差率 $= 7.35\% / 11\% = 0.67$

由此可以看出,项目甲的相对风险大于项目乙。

【任务 2-4-4 解析】 如果公司决定对每个投资项目要求的收益率都在 8% 以上,并要求所有项目的标准离差率不得超过 1,那么应该选择哪一个项目? 两个项目的预期收益率均超过必要收益率 8%,但是甲项目的标准离差率大于 1,则应该选择乙项目。

5. 风险衡量(标准差)

我们在介绍预期收益率衡量时,曾明确过当预期收益的概率很难预计时会采用具有代表性的历史数据来统计,那么在这种利用历史数据衡量的预期收益率对应的风险衡量(标准差)可用下列公式进行估算:

$$标准差 = \sqrt{\sum_{i=1}^{n}(R_i - E(R))^2/(n-1)}$$

其中:R_i 表示数据样本中各期的收益率的历史数据;$\overline{R}$ 是各历史数据的算术平均值;n 表示样本中历史数据的个数。

【任务 2-5 解析】 ①甲资产的预期收益率
$$= (-10\% + 5\% + 10\% + 15\% + 20\%) \div 5$$
$$= 8\%$$

②甲资产收益率的标准差
$$= \sqrt{\frac{(-10\%-8\%)^2+(5\%-8\%)^2+(10\%-8\%)^2+(15\%-8\%)^2+(20\%-8\%)^2}{5-1}}$$
$$= 11.51\%$$

如果每一种情况的期望值不一样,则方差和标准差不能作为比较的指标。此时可以用标准离差率表示。

③甲资产标准离差率 $= 11.51\% \div 8\% = 1.44$

我们把计算某资产风险的过程小结如表 2-4 所示。

表 2-4 过程小结

指标	含义	公式	说明
(1) 预期(期望)收益率	资产未来可能实现的收益率以相应的概率为权数的加权平均数或简单算术平均数	(1) 有概率: $E(R) = \sum_{i=1}^{n} R_i \times P_i$ (2) 有样本: $E(R) = \sum_{i=1}^{n} R_i/n$	期望值代表投资者合理预期,反映的是预期收益率的平均化,它不能衡量风险大小
(2) 收益率标准差	方差的平方根,方差是用来表示资产收益率的各种结果与对其期望值离散程度的一个指标	(1) 有概率 $\sigma =$ $\sqrt{\sum_{i=1}^{n}(R_i-E(R))^2 \times P_i}$ (2) 有样本 $\sigma =$ $\sqrt{\sum_{i=1}^{n}(R_i-E(R))^2/(n-1)}$	标准差和方差是用绝对数衡量某资产的全部风险的大小,当收益率的期望值相等时,可以比较多个资产风险大小
(3) 收益率标准离差率	又称变异系数,是收益率的标准差与期望值的比值	$V = \sigma/E(R)$	标准离差率是用相对数衡量某资产的全部风险的大小,当收益率的期望值相等时,可以比较多个资产风险大小

三、风险控制的对策

面临风险我们是不是束手无策呢？下面提供几个风险控制的对策,参见表2-5所示。

表2-5　风险控制的对策

风险对策	要点	可采取的措施
规避风险	放弃项目,彻底规避风险	拒绝与不守信用的厂商合作;放弃可能明显导致亏损的投资项目
减少风险	控制风险因素 控制风险发生的频率,降低风险损害程度	准确预测;多方案选优;获取政策信息;充分的市场调研;组合投资
转移风险	以一定代价,通过一定方式予以转移	投保;合资、联营;技术转让、租赁经营和业务外包
接受风险	风险自担 风险自保	承担损失,计入成本费用 计提减值准备

四、对待风险的态度

假设在圣诞节当天,你和你的朋友做游戏,你的朋友送你两个包装相同且精美的礼盒,并且告诉你其中有一个盒子里放了1万元现金,另一个盒子是空的;你只能选择其中的一个盒子并要接受自己选择的结果。当你刚要做出选择其中一只盒子时,你的另一个朋友突然叫住你说"我给你3 000元你把这个选择的机会让给我"。

这个游戏与本学习单元的内容(风险和收益)有什么关系呢？实际上关系很大。在做这个选择之前,先在纸上写上一个金额,即你认为有了这笔钱,是否得到盒子里的东西对你而言是无差别的。本题的期望价值是5 000元(0.5×10 000+0.5×0),如果你写了是3 000,说明你心理确定的值小于期望价值,那你属于风险回避者;如果确定等值等于期望值,即属于风险中立者;确定等值大于期望值,即属于风险偏好者。经过研究表明,绝大数个人投资者在类似的情况下会选择较小的确定等值放弃较大的期望值(即5 000元)。

那么各种风险类型的投资者态度见表2-6所示。

表2-6　各种风险类型的投资者态度

类型	要点
风险回避者	当预期收益率相同时,偏好于具有低风险的资产。由于财务管理理论框架和实务方法是针对风险回避者而言的,所以,风险回避者要求的风险收益不仅取决于承担的风险大小;还取决于对风险的偏好
风险追求者	与风险回避者恰恰相反,风险追求者通常主动追求风险,喜欢收益的动荡胜于喜欢收益的稳定。他们选择资产的原则是当预期收益相同时,选择风险大的,因为这会给他们带来更大的效用
风险中立者	通常既不回避风险,也不主动追求风险。他们选择资产的唯一标准是预期收益的大小,而不管风险状况如何

【活动题2-1】　同学们测试一下你对于风险的态度吧。

1. 我现在手头有多少钱?

A. 我精确的知道　　　　B. 我知道个大概　　　　C. 我完全没有概念

2. 我知道的投资项目是什么?

A. 5个以上　　　　　　B. 2～5个　　　　　　C. 只知道放银行生利息

3. 我的钱主要用在哪里?

A. 存银行　　　　　　B. 全花光　　　　　　C. 有好几个项目投资

4. 我一个月怎么花钱?

A. 心中有数　　　　　　B. 不透支就好　　　　　　C. 有计划

5. 买大件商品我会怎么考虑?

A. 货比三家收集资料　　B. 选品牌　　　　　　C. 能用就好

6. 逛商场我会怎么做?

A. 狂买很多东西回家,发现好多没有用

B. 大致买些需要东西,随性而行

C. 有计划购买些打折商品

7. 别人给我好看旧衣服,我会怎么做?

A．欣然接受　　　　　　B. 勉强接受但不穿　　　　C. 怕丢面子,坚决不要

计分:

1. A—2　B—1　C—0
2. A—2　B—1　C—0
3. A—0　B—1　C—2
4. A—0　B—1　C—2
5. A—2　B—1　C—0
6. A—0　B—1　C—2
7. A—2　B—1　C—0

看看得分结果吧!

您的得分:0～4

建议您还是仔细读几本有关理财的书籍,先不要急着掌管钱袋,因为对于理财,您还要学习很多东西。

您的得分:5～9

恭喜您已经意识到钱是需要费心打理的,但您也需要多关心您的钱袋子,多看看周围的人是如何管理自己的资源的,您的理财能力有待进一步提高。

您的得分:10～13

您已经具有一定的理财能力,但有些地方您可能还不太在意,如果您对花出去的每一分钱都多一分关注的话,会发现原来您身边还有不少资源有待开发呢!

您的得分:14

您的理财能力非常强,可以说,您懂得如何充分利用身边的资源并使其发挥最大的作用。

 知识拓展 2.2

资产组合的风险

在单元2.1的知识拓展中我们谈及了组合收益的衡量是每个单项资产的收益率的加权平均,那么组合的风险是不是也是单项资产的加权平均呢? 答案是否定的,不但不是简单的加权平均我们还会涉及两个新的量(协方差和相关系数)。

（1）两项资产的协方差

两项资产收益率之间的相关系数＝第一种资产收益率的标准差×第二种资产收益率的标准差。

（2）两项资产的相关系数

相关系数是两项资产收益率之间相对运动状态。理论上，相关系数介于区间$[-1,1]$内，是指一项资产收益增减变化，另一项资产是与该资产的变化方向和变化幅度的关系。有的资产组合可以加剧风险，有的组合可以互相抵消风险，其公式为：

$$\rho_{1,2} = \frac{\sigma_{1,2}}{\sigma_1 \sigma_2}$$

其中相关系数与组合风险之间的关系如表2-7所示。

表2-7 相关系数与组合风险关系

相关系数ρ	两项资产收益率的相关程度	组合风险	风险分散的结论
$\rho=1$	完全正相关，即它们的收益率变化方向和变化幅度完全相同	组合风险最大：$\sigma_p^2 = (W_1\sigma_1 + W_2\sigma_2)^2$ σ组＝加权平均标准差	两项资产的风险完全不能互相抵消，所以这样的资产组合不能降低任何风险
$\rho=-1$	完全负相关，即它们的收益率变化方向和变化幅度完全相反	组合风险最小：$\sigma_p^2 = (W_1\sigma_1 - W_2\sigma_2)^2$	两者之间的风险可以充分地相互抵消，甚至完全消除，因而由这样的资产组成的组合就可以最大程度地抵消风险
在实际中 $-1<\rho<1$ 多数情况下 $0<\rho<1$	在实际中绝大多数资产两两之间都具有不完全的相关关系	σ组＜加权平均标准差 即资产组合的风险小于组合中各资产风险之加权平均值	资产组合可以分散风险

（3）两项资产组合收益风险的衡量（方差）

$$\sigma_p^2 = W_1^2\sigma_1^2 + W_2^2\sigma_2^2 + 2W_1W_2\rho_{1,2}\sigma_1\sigma_2$$

组合收益率的标准差：

$$\sigma_p = \sqrt{W_1^2\sigma_1^2 + W_2^2\sigma_2^2 + 2W_1W_2\rho_{1,2}\sigma_1\sigma_2}$$

两种资产组合的收益率方差的公式记忆简便法：$(a+b)^2 = a^2 + 2ab + b^2$，将上式$W_1\sigma_1$看成$a$，$W_2\sigma_2$看成$b$，再考虑两种证券的相关系数就是两种资产组合收益率方差的计算公式。

σ_p表示资产组合的标准差，它是用来衡量组合风险的大小的。σ_1和σ_2分别表示组合中两项资产的标准差；W_1和W_2分别表示组合中两项资产所占的价值比例；$\rho_{1,2}$反映两项资产收益率的相关程度，即两项资产收益率之间相对运动的状态，称为相关系数。

◆ 练习2.2.1

【单项选择题】 某企业拟进行一项存在一定风险的完整工业项目投资，有甲、乙两个方案可供选择:已知甲方案净现值的期望值为 1 000 万元,标准离差为 300 万元;乙方案净现值的期望值为 1 200 万元,标准差为 330 万元。下列结论中正确的是(　　)。

A. 甲方案优于乙方案 　　　　B. 甲方案的风险大于乙方案

C. 甲方案的风险小于乙方案　　D. 无法评价甲乙方案的风险大小

◆ **练习 2.2.2**

【单项选择题】　下列说法中不正确的是(　　)

A. 对于同样风险的资产,风险回避者会钟情于具有高预期收益率的资产

B. 当预期收益率相同时,风险追求者选择风险小的资产

C. 当预期收益率相同时,风险回避者偏好于具有低风险的资产

D. 风险中立者选择资产的唯一标准是预期收益率的大小

◆ **练习 2.2.3**

【任务训练题】　某投资项目,计划投资额均为 1 000 万元,其收益率的概率分布如下表所示:

市场状况	概率	A 项目
好	0.2	20%
一般	0.6	10%
差	0.2	5%

要求:

(1) 计算该项目收益率的期望值;

(2) 计算该项目收益率的方差;

(3) 计算该项目收益率的标准差;

(4) 计算该项目收益率的标准离差率。

主题学习单元 2.3　风险与收益的关系

在市场机制的作用下,证券市场自发地对各种证券的风险与收益进行动态调整,最终实现风险和收益的均衡状态。

一、风险与收益的一般关系

【任务 2-6】　利用【任务 2-4】条件,乙项目的标准离差率为 0.67,假定政府短期债券的收益率是 4%,计算乙项目的风险价值系数 b。

马克思把风险和收益的关系描述得很形象,"如果有 10% 的利润,资本就保证到处被使用。如果有 300% 的利润,甚至冒绞首的危险"。看来,资本的逐利性是天生的,也是人的天性使然。假定资产交易的参与者是风险回避者且是自利的。因此,在资产收益率相同的情况下,人们一般都会选择风险小的项目;在风险相同的情况下,人们会选择收益率高的

项目。风险回避和自利行为的结果，必然是高风险伴随着高收益；低收益必然低风险。对于某项资产，投资者都会因承担风险而要求额外的补偿，其要求的最低收益率应该包括无风险收益率与风险收益率两部分。因此，对于某项资产来说，所要求的必要收益率可以用以下的模式来衡量，风险与收益之间的一般关系以公式表示为：

$$必要收益率＝无风险收益率＋风险收益率$$

式中，无风险收益率（通常用 R_f 表示）是纯利率与通货膨胀补贴率之和，通常用短期国债的收益率来近似替代；风险收益率则表示因承担该项资产的风险而要求获得的额外补偿，其大小则视所承担风险的大小以及投资者对风险的偏好而定。

风险收益率可以表述为风险价值系数（b）与标准离差率（V）的乘积。即：

$$风险收益率＝b×V$$

因此，必要收益率 $R＝R_f＋b×V$，现实中对于公式中的风险价值系数 b 和标准离差率 V 的估计都是比较困难的，因此上述公式的理论价值远远大于其实用价值。

【任务2-6解析】 从前面的计算可知：

乙项目的预期收益率＝11％＝4％＋b×0.67

从上面的式子中求出：b＝（11％－4％）÷0.67＝10.45％＝0.1045

二、资本资产定价模型

【任务2-7】 2010年由华泰证券公司查询的大龙公司的 β 是1.170，短期国库券利率为4％，S&P股票价格指数的收益率为10％，那么，大龙公司该年股票的必要收益率应为多少？

我们可以用资本资产定价模型（Capital - Asset Pricing Model，CAPM）来体现资产的收益与风险的关系。基于风险厌恶型投资者的行为，每种证券的风险和期望收益间存在着一种均衡关系。这里所谓的资产主要是指股票，而定价则试图解释资本市场如何决定股票收益率，进而决定股票价格。资本资产定价模型是由经济学家 Harry Markowitz 和 William F. Sharpe 于1964年提出的，后来由于他们在此方面作出的贡献，获得了1990年度的诺贝尔经济学奖。前面我们用必要收益率＝无风险收益率＋风险收益率表达风险与收益的关系。也即某资产的必要收益率是由无风险收益率和该资产的风险收益率决定的。

那么资本资产定价模型主要是解释了必要收益率中的风险收益率是由哪些因素决定的，是怎么衡量的方法，这个模型还给出了一个简单易用的表达形式：

$$R＝R_f＋\beta(R_m－R_f)$$

式中，R 表示某资产的必要收益率，β 表示该资产的系统风险系数，在实务中并不需要自己去计算证券的 β 系数，在一些证券咨询机构就可以查询到。R_f 表示无风险收益率，通常以短期国债的利率来近似替代；R_m 表示市场平均收益率，通常用股票价格指数来代替。式中的（$R_m－R_f$）称为市场风险溢酬，它是附加在无风险收益率之上的，由于承担了市场平均风险所要求获得的补偿，它反映的是市场作为整体对风险的平均"容忍"程度。对风险的平均容忍程度越低，越厌恶风险，要求的收益率就越高，市场风险溢酬就越大；反之，市场风险溢酬则越小。资本资产定价模型的意义在于解释了风险收益率的决定因素，即该资产的系统风险系数 β 和市场风险的风险溢酬（$R_m－R_f$），是两者的乘积。

如果把 CAPM 模型核心关系式中的 β 看做自变量,必要收益率 R 作为因变量,无风险收益率(R_f)和市场风险溢酬(R_m-R_f)作为已知系数,那么这个关系式在数学上就是一个直线方程,叫做证券市场线,简称为 SML,见图 2-1。SML 就是关系式 $R=R_f+\beta\times(R_m-R_f)$ 所代表的直线。该直线的横坐标是 β 系数,纵坐标是必要收益率。

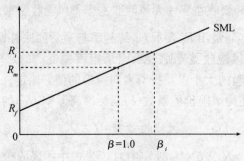

图 2-1 证券市场线

SML 上每个点的横、纵坐标对应着每一项资产(或资产组合)的 β 系数和必要收益率。因此,任意一项资产或资产组合的 β 系数和必要收益率都可以在 SML 上找到对应的点。

◆ 提示

(1) 在证券市场上,截距为无风险收益率。当无风险收益率变大而其他条件不变时,所有资产的必要收益率都会上涨,且增加同样的数值;反之,亦然。

(2) 斜率为市场风险溢酬。风险厌恶程度越高,要求的补偿就越高,证券市场线的斜率就越大。

(3) 在 CAPM 的理论框架下,假设市场是均衡的,则资本资产定价模型还可以描述为:

$$预期收益率 = 必要收益率 = R_f + \beta \times (R_m - R_f)$$

【任务 2-7 解析】 大龙公司该年股票的必要收益率应为:

$R= R_f+\beta(R_m- R_f)=4\%+1.17\times(10\%-4\%)=11.02\%$

◆ 练习 2.3.1

【单项选择题】 已知纯粹利率为 2%,通货膨胀补贴为 5%,如果某项投资收益率的期望值为 20%,标准差为 10%,在风险价值系数为 0.2 的情况下,该项投资的必要收益率为( )。

A. 12%   B. 15%   C. 17%   D. 8%

◆ 练习 2.3.2

【多项选择题】 关于资本资产定价模型的下列说法正确的是( )。

A. 如果市场风险溢酬提高,则所有的资产的风险收益率都会提高,并且提高的数值相同

B. 如果无风险收益率提高,则所有的资产的必要收益率都会提高,并且提高的数值相同

C. 对风险的平均容忍程度越低,市场风险溢酬越大

D. 如果 $\beta=1$,则该资产的必要收益率=市场平均收益率

◆ **练习 2.3.3**

【任务训练题】　假设你为企业所面临投资项目的选择作分析,由于风险的存在导致收益率的不确定,所以,一定要选那些风险较小的项目。

本学习单元主要框架图

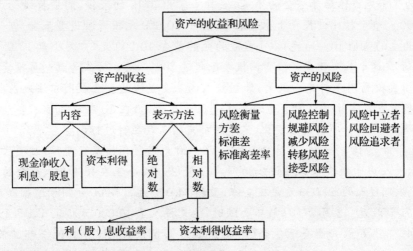

本学习单元关键术语中英文对照

1. 期望收益率　　　　　　　　　Expected return
2. 标准差　　　　　　　　　　　Standard deviation
3. 贝塔系数　　　　　　　　　　Beta coeffieient
4. 资本—资产定价模型　　　　　Capital - Asset Pricing Model, CAPM

本学习单元案例讨论

1. 成名公司现有甲、乙两个项目可供选择,有关人员将甲、乙投资项目的预测信息提供如下:

市场销售情况	概率	甲项目的收益率	乙项目的收益率
很好	0.3	20%	30%
一般	0.4	16%	10%
较差	0.2	12%	5%
很差	0.1	2%	-10%

已知:政府短期债券的收益率为4%。证券市场平均收益率为9%,市场组合收益率的标准差为3%。

要求：

(1) 计算甲、乙两个项目的预期收益率和收益率的标准离差率。

(2) 比较甲、乙两个项目的风险和收益，说明该公司应该选择哪个项目？

(3) 假设纯粹利率为3%，计算通货膨胀补偿率。

(4) 假设市场是均衡的，计算所选项目的风险价值系数(b)。

(5) 假设资本资产定价模型成立，计算市场风险溢酬、乙项目的β系数。

2. 在投资活动中，个人的投资活动面对风险和收益如何处理呢，请看下例：

小王的基金投资与一般人的不同之处在于：他的投资基金讲究组合投资。其主要策略如下：

(1) 为了补充退休后养老金的不足，他每年拿出3/10的余钱，购买长线稳定的基金，他把30 000元资金按比例投资于养老基金，其中20 000元投资激进型基金——分别投资以大盘股为主的基金10 000元，以小盘股为主的基金10 000元，广发小盘10 000，上投双息10 000元。这个基金组合的投资回报率已超过20%。分配方式为红利再投资。下一步根据收入情况投资用于补充养老金，计划投入的基金是激进型上投阿尔法或景顺系，稳健型为广发稳健或嘉实稳健。由于这部分钱是用于养老的，在10年以内都不会动它。只要投进，就不会赎回。如市场发生变化，只是对补充的基金品种进行调整。

(2) 每年拿3/10的余钱，累计投入资金70 000元进行短线基金操作，该项操作的投资收益，继续投入用于短线基金操作。2007年1月28日，小王在兴业全球基金的相对高点上，赎回了先期投入的50 000元星夜全球，盈利34 000元，14 000元用于过春节开支掉了，还有余额70 000元。2月27日，股市大跌时，他又投入了40 000元按1.631 5元的净值购买了24 149.555 6份兴业全球基金(申购费率为1.5%)，3月19日他全部赎回，净值为1.801 7元，扣除手续费217.551 3元后，实际赎回金额为43 292.703 1元，盈利3 292.703 1元。2月27日，他还同时投入30 000元按1.496 4元的净值，购买了东方精选19 687.249 4份，申购费率为1.8%(手续费540元)，3月19日也全部赎回，当日净值为1.670 2，实际赎回金额为32 717.235 7元，盈利2 717.235 7元，一个月的投资收益接近9%。(注：本例是在证监委通知200710号文之前，所以仍按内插法计算)。

(资料来源：宋献中，吴思明. 中级财务管理(第2版). 大连：东北财经大学出版社，2009.9)

通过这个案例，我们能看出小王在投资方面有哪些与本单元相关的知识点？

本学习单元讨论题

1. 用语言表达风险厌恶的定义，不要参照投资报酬的概率分布的特点。如果人们是厌恶风险的，那么彩票为什么还会受到人们的如此欢迎呢？为什么人们还喜欢去拉斯维加斯赌博呢？(提示：应考虑冒风险的资产数额和冒风险所能带来的"娱乐价值")

2. 下面定义即适用于赌博，"以一定风险投入资金预期将来赚得更多收益"。尽管投资和赌博在这个定义上是相同的，然而社会对这两种行为总是有不同的道德观念。

(A) 讨论这两种概念之间的不同之处和相同之处。为什么人们通常会对投资感兴趣而厌恶赌博呢？(提示：考虑资金的运用渠道及其占人们收入的比重大小)

(B) 参照投资与赌博的概率分布来讨论二者的不同之处。描述损失全部投资额，获得巨额收益和其他可能的结果的特征。

本学习单元技能实训

一、实训目的

通过实践和网上调查活动,使学生了解企业的财务活动风险的存在,知道如何去衡量,为上岗以后的日常经营管理、筹资管理、投资管理等的风险认知和控制奠定基础。

二、实训内容

1. 通过互联网收集有关资料,了解我国企业资产组合投资现状。

2. 根据网上调研收集的资料,分析我国企业资产组合投资中存在的主要问题,并联系所学理论知识提出相应对策。

结合本学习单元所学内容,进行分组,可以利用网络平台,虚拟进入金融市场,进行各项投资组合,并明确自己的必要报酬率,比较一下实际收益率与必要报酬率的差异。

三、实训要求

1. 对学生进行分组,指定小组负责人,进行分工。

2. 根据本实训(践)教学的目的,在网络查找数据,进行虚拟投资,列出方案。

3. 对投资方案的资料进行整理和总结,写出一份调查报告,做成 PPT 在班级公开汇报。

四、评分标准

评分项目	比重	评分标准
课堂参与	30%	我们将在整个过程中记录你的参与度。你的参与分取决于你通过出勤、问问题和回答问题而给整个课程的贡献
课堂测试	15%	测试与本单元相关的练习
案例及讨论题	30%	此部分主要针对学习单元后面的案例和讨论题,发散性思考
小组分析报告与讨论	25%	此部分主要针对技能训练部分,你必须加入一个学习小组分析一个企业的公司,进行虚拟项目投资
本单元总分	100	(小组互评分数+教师评分分数)×70%+个人成绩分数×30%
总成绩比重	6%	

学习单元三

资金时间价值及证券评价

学习单元名称:资金时间价值及证券评价	课时安排:9

3-1 典型工作任务

资金时间价值概述 → 债券及其评价 → 股票及其评价

3-2 学习单元目标

通过本学习单元的学习,使学生能够了解资金时间价值的观念,在复利计息的方式下,能熟练掌握年金、现值、终值的计算,为财务管理课程的学习打下基础,再以复利计息为基础掌握年金现值与终值的计算,能对债券与股票的价值进行评价

3-3 学习单元整体设计

主题学习单元	拟实现的能力目标	须掌握的知识内容	建议学时
3.1 资金时间价值的概述	能够描述资金时间价值的原理及单利和复利的区别	(1) 资金时间价值的概念 (2) 单利和复利的计算	1
3.2 资金时间价值的计算	能够结合具体的案例,确定各种方案下的年金的终值与现值	(1) 普通年金的终值与现值 (2) 即付年金的终值与现值 (3) 递延年金的终值与现值 (4) 永续年金的终值与现值	3
3.3 债券及其评价	能够结合具体的债券确定其内在价值	(1) 债券估价的基本模型 (2) 到期一次还本付息债券的估价模型 (3) 零利率债券的估价模型	2
3.4 股票及其评价	能够结合具体的股票确定其内在价值	(1) 股票评价的基本模型 (2) 股利固定模型 (3) 股利固定增长模型	2
工作任务/技能训练	自选一支债券和一支股票,对其价值进行综合分析		1

☞ 【案例引入】

拿破仑1797年3月在卢森堡第一国立小学演讲时说了这样一番话:"为了答谢贵校对我,尤其是对我夫人约瑟芬的盛情款待,我不仅今天呈上一束玫瑰花,并且在未来的日子里,只要我们法兰西存在一天,每年的今天我将派人送给贵校一束价值相等的玫瑰花,作为法兰西与卢森堡友谊的象征。"时过境迁,拿破仑穷于应付连绵的战争和此起彼伏的政治事件,惨败而流放到圣赫勒拿岛,把卢森堡的诺言忘得一干二净。

可卢森堡这个小国对这位"欧洲巨人与卢森堡孩子亲切、和谐相处的一刻"念念不忘,并载入他们的史册。1984年底,卢森堡旧事重提,向法国提出违背"赠送玫瑰花"诺言案的索赔;要么从1797年起,用3路易作为一束玫瑰花的本金,以5厘复利(即利滚利)计息全部清偿这笔玫瑰案;要么法国政府在法国各大报刊上公开承认拿破仑是个言而无信的小人。起初,法国政府准备不惜重金赎回拿破仑的声誉,但却又被电脑算出的数字惊呆了;原本3路易的许诺,本息竟高达1 375 596法郎。

经冥思苦想,法国政府斟词琢句的答复是:"以后,无论在精神上还是物质上,法国将始终不渝地对卢森堡大公国的中小学教育事业予以支持与赞助,来兑现我们的拿破仑将军那一诺千金的玫瑰花信誉。"这一措辞最终得到了卢森堡人民的谅解。

(资料来源:徐耀庆,王文汉. 财务管理实务. 北京:经济科学出版社,2010)

问题:请问本案例中每年赠送价值3路易的玫瑰花相当于在187年后一次性支付1 375 596法郎的依据是什么?

主题学习单元3.1 资金时间价值的概述

【任务3-1】 富兰克林是美国著名的科学家,一生为科学和民主革命而工作。在他死后,只留下一千英镑的遗产,可令人惊讶的是,他竟留下一份分配几百万英镑的遗嘱,遗嘱的内容是这样的:"……一千英镑赠给波士顿的居民,他们得把这钱按每年5%的利率借给一些年轻的手工业者去生息,这款子过了100年可增加到131 000英镑,用100 000英镑建立一所公共建筑物,剩下的31 000英镑继续生息100年,在第二个100年末,这笔款增加到4 061 000英镑,其中1 061 000英镑还是由波士顿的居民支配,而其余的3 000 000英镑让马萨诸州的公众来管理,过此之后,我不敢自作主张了!"区区的1 000英磅遗产,竟立下几百万英磅财产分配的遗嘱,是"信口开河",还是"言而有据"呢? 请你借助于资金时间价值,通过计算而作出自己的判断。

一、资金时间价值的概念

资金时间价值是指一定量资金在不同时点上的价值量的差额。

◆ 提示

两个要点:(1) 不同时点;(2) 价值量差额。

通常情况下,资金时间价值相当于没有风险也没有通货膨胀的情况下社会平均利润率,是利润平均化规律发生作用的结果。因此,我们不能将资金时间价值与利率混为一谈,实际上利率不仅包括时间价值,而且也包括风险和通货膨胀的影响(图 3-1)。

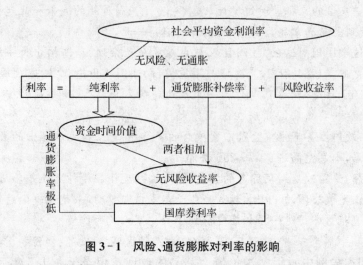

图 3-1 风险、通货膨胀对利率的影响

二、单利和复利的计算

【任务 3-2】 李先生希望在 5 年后取得本利和 1 万元,在银行年利率为 5% 的情况下,他现在应该存入银行多少钱? 如果他将 1 万元存入银行,存期 3 年,假设银行存款年利率不变,求 3 年后他可得到的本利和。

(一) 单利的计算

单利方式下,每期都按初始本金计算利息,当期利息即使不取出也不计入下期本金,计算基数不变。即只有本金计算利息,利息不再计算利息(各期的本金是相同的),如图 3-2 所示。

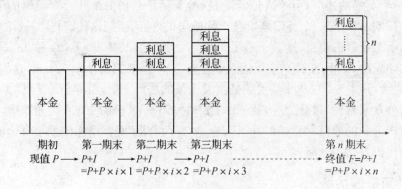

图 3-2 单利的计算

单利现值是指以后时间收到或付出的现金按单利倒得求现在价值。

单利方式下现值的计算公式为:$P=F/(1+i\times n)$

单利终值是指一定量现金在若干期后按单利计息的本利和。

单利方式下终值的计算公式为：$F=P(1+i\times n)$

其中，P 为现值，i 为利率，n 为计息期数，$1/(1+i\times n)$ 为单利现值系数，$(1+i\times n)$ 为单利终值系数，F 为终值。

【任务 3-2-1 解析】　在单利计息方式下，李先生希望在 5 年后取得本利和 1 万元，在银行年利率为 5% 的情况下，他现在应该存入银行的资金，如图 3-3 所示。

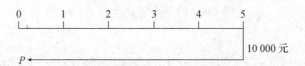

图 3-3　单利现值计算

$$P=10\,000/(1+5\%\times5)=8\,000(元)$$

因此，任务 3-2 中的李先生若想 5 年后取出 1 万元，那么他现在需存入 8 000 元。

【任务 3-2-2 解析】　在单利计息方式下，如果李先生将 1 万元存入银行，存期 3 年，假设银行存款年利率不变，他 3 年后可得到的本利和，如图 3-4 所示。

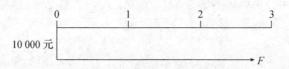

图 3-4　单利终值计算

$$F=10\,000\times(1+5\%\times3)=11\,500(元)$$

因此，李先生将 1 万元存入银行 3 年可得到的本利和是 11 500 元。

（二）复利的计算

复利计息方式下既对本金计算利息，也对前期的利息计算利息（各期本金不同）。通常情况下，资金时间价值的计算采用复利计息方式，如图 3-5 所示。

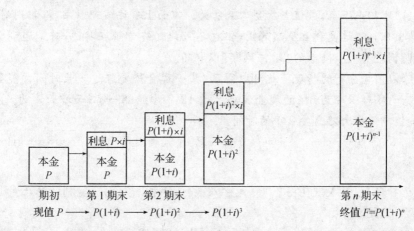

图 3-5　复利的计算

复利现值是指以后时间收到或付出的货币按折现率 i 所计算的现在价值。

复利方式下现值的计算公式为：$P=F/(1+i)^n$

复利终值是指一定量的本金在若干期后按复利计算的本利和。

复利方式下终值的计算公式为：$F=P(1+i)^n$

其中，P 为现值，i 为利率，n 为计息期数，F 为终值，$1/(1+i)^n$ 为复利现值系数，记作 $(P/F,i,n)$，$(1+i)^n$ 为复利终值系数，记作 $(F/P,i,n)$，在实际工作中，其数值可分别按不同的利率和时期查询"复利现值系数表"和"复利终值系数表"。

【任务3-2-3解析】 在复利计息方式下，李先生希望在5年后取得本利和1万元，在银行年利率为5%的情况下，他现在应该存入银行的资金：

$$P = 10\,000/(1+5\%)^5 = 7\,835(\text{元})$$

或者 $P = 10\,000 \times (P/F,5\%,5) = 10\,000 \times 0.783\,5 = 7\,835(\text{元})$

因此，李先生现在应该存入银行7 835元，才能在5年后一次性从银行取出1万元。

【任务3-2-4解析】 在复利计息方式下，如果李先生将1万元存入银行，存期3年，假设银行存款年利率不变，他3年后可得到的本利和：

$$F = 10\,000 \times (1+5\%)^3 = 11\,576(\text{元})$$

或者 $F = 10\,000 \times (F/P,5\%,3) = 10\,000 \times 1.157\,6 = 11\,576(\text{元})$

因此，李先生3年后可取出本利和11 576元。

◆ **提示**

系数间的关系。

单利终值系数与单利现值系数互为倒数关系；

复利终值系数与复利现值系数互为倒数关系。

 知识拓展3.1

72法则

我们常喜欢用"利滚利"来形容某项投资获利快速、报酬惊人。把复利公式摊开来看，"本利和＝本金×(1＋利率)^{期数}"这个"期数"时间因子是整个公式的关键因素，一年又一年（或一月一月）地相乘下来，数值当然会愈来愈大。市面上有许多理财书籍，都列有复利表，很容易计算出来。不过复利表虽然好用，但也不可能始终都带在身边，若是遇到需要计算复利收益时，倒是有一个简单的"72法则"可以取巧。

用72除以用于分析的折现率就可以得到"某一现金流要经过多长时间才能翻一番？"的大约值。如：年增长率为6%的现金流要经过12年才能翻一番；而增长率为9%的现金流要使其价值翻一番大约需要8年的时间。

（资料来源：个人理财网 http://www.grlcw.com）

▷ **练习3.1.1**

【单项选择题】 某人现在将2 000元存入银行，年利率为8%，复利计算，5年后可以从银行取出（　　）元。

A. 2 800　　　　　　　　　　B. 2 905.2

C. 2 938.6　　　　　　　　　　D. 3 370.2

▷ **练习3.1.2**

【判断题】 国库券是一种几乎没有风险的有价证券，其利率可以代表资金时间价值。

（　　）

◆ **练习 3.1.3**

【任务训练】　假设你有一笔资金想找机会投资,两种投资方式的利率相同,但是一个是复利计息,一个是单利计息,请设计科学合理的投资方案。

主题学习单元3.2　资金时间价值的运用

【任务 3-3】　某人想参加一个俱乐部,有两家可供选择,两家俱乐部的运动内容和服务相同,但报价不同。甲俱乐部报价 8 000 元,押金 10 000 元,资金需放俱乐部账户上冻结,待其退出时返还;乙俱乐部报价 9 000 元,但无需押金。请问此人该如何选择? 为什么难以抉择? 让我们带这些问题来学习资金时间价值。

一、年金

当现金流入(或者流出)间隔的时间相同、金额相等时,这种现金流称为年金,每期流入(或流出)的金额通常用 A 表示。如养老金、分期等额偿还贷款、零存整取或整存零取等通常都采用年金的形式。

年金按其每次收付款项发生的时点不同分类(图 3-6)。

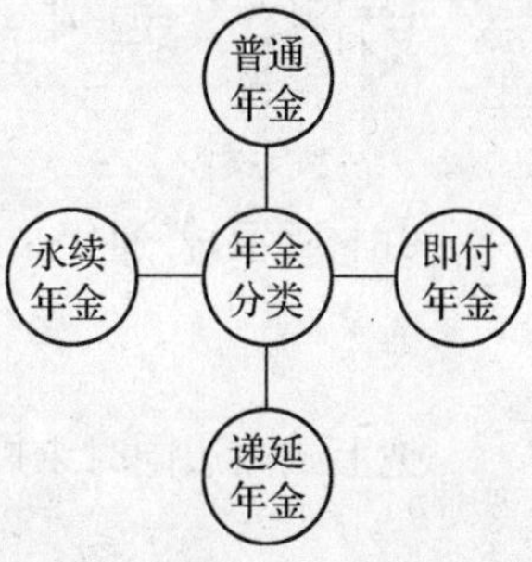

普通年金又称后付年金,是指从第一期起,在一定时期内每期期末等额发生的系列收付款项,有时也简称年金。

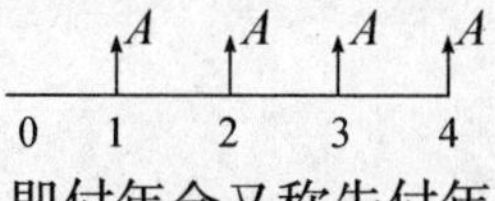

即付年金又称先付年金,预付年金,是指收付行为发生在每期期初的年金。

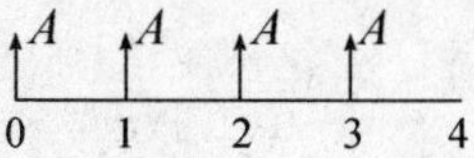

递延年金是指第一次收付款项的时间与第一期无关,而是隔若干期后才开始发生的系列等额收付款项。

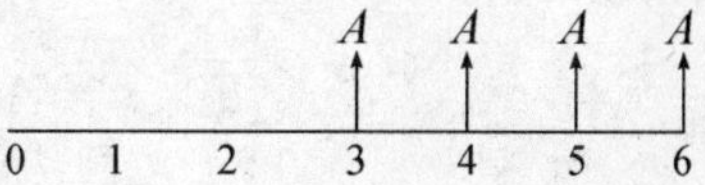

图 3-6　不同分类的年金

普通年金的期数 n 趋向无穷大时形成永续年金。

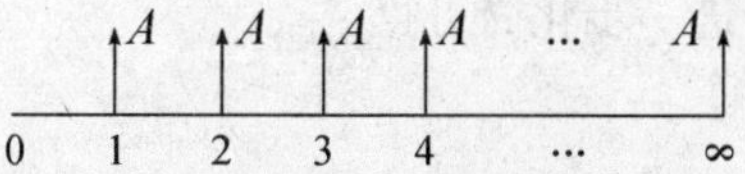

注意:这里的年金收付间隔的时间不一定是 1 年,可以是半年、一个季度或者一个月等。这里年金收付的起止时间可以是从任何时点开始,如一年的间隔期,不一定是从 1 月 1 日至 12 月 31 日,可以是从当年 7 月 1 日至次年 6 月 30 日。不同类型年金之间关系如表 3-1 所示。

表 3-1　各种类型年金之间的关系

年金	区别	联系
普通年金和即付年金	普通年金的款项收付发生在每期期末,即付年金的款项收付发生在每期期初	第一期均出现款项收付
递延年金和永续年金	都是在普通年金的基础上发展演变起来的,它们都是普通年金的特殊形式,它们都是在每期期末发生的	递延年金前面有一个递延期,也就是前面几期没有现金流,而永续年金是没有终点的

二、普通年金终值与现值的计算

【任务 3-4】　施小姐从第一年起连续 5 年每年末存入银行 1 000 元,存款利率为 8%,求 5 年末她可以从银行取出多少钱? 施小姐有一套房子供出租,租期 5 年,每年可获得 6 000 元的租金,年复利率为 10%,问她在 5 年中获得房租的总额的现值是多少?

（一）普通年金终值

假设每期等额收付款额为 A,利率为 i,年金期数为 n,年金终值用 F 表示,则普通年金的终值如图 3-7 所示。

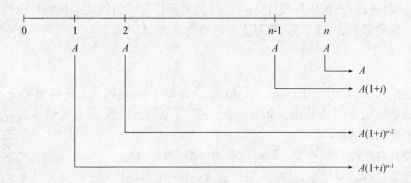

图 3-7　普通年金终值计算

由上所示,普通年金的终值之和 F 可用下式表示为:

$$F = A + A(1+i) + \cdots + A(1+i)^{n-1}$$

把上式两边同时乘以 $(1+i)$,可得:

$$F(1+i) = A(1+i) + A(1+i)^2 + \cdots + A(1+i)^n$$

以上两式相减,可得:

$$F \times i = A(1+i)^n - A$$

进一步化简可得:

$$F = A \times \frac{(1+i)^n - 1}{i}$$

上式可以简写为 $F = A \times (F/A, i, n)$,其中 $(F/A, i, n)$ 被称为年金终值系数,其数值可按不同的利率和时期查询"年金终值系数表"。

【任务 3-4-1 解析】　施小姐从第一年起连续 5 年每年末存入银行 1 000 元,存款利率为 8%，第 5 年末她可以从银行取出的资金：

$$F = A \cdot (F/A, i, n) = 1\,000 \times (F/A, 8\%, 5) = 1\,000 \times 5.866\,6 = 5\,866.6(元)$$

因此，5 年末施小姐可以从银行取出 5 866.6 元。

◆ 提示

（1）年金终值系数与复利终值系数的关系，即年金终值系数是一系列复利终值系数之和。

（2）普通年金的终值点是最后一期的期末时刻。

（二）普通年金现值

普通年金现值指从第一期起，在一定时期内每期期末等额的收付款项的复利现值之和。

假设每期等额收付款额为 A，利率为 i，年金期数为 n，年金现值用 P 表示，则普通年金的现值如图 3-8 所示。

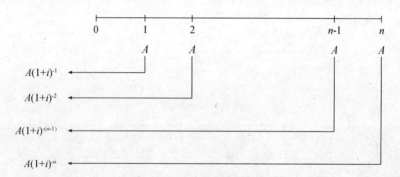

图 3-8　普通年金现值计算

由上所示，普通年金的现值之和 A 可用下式表示为：

$$P = A(1+i)^{-1} + A(1+i)^{-2} + \cdots + A(1+i)^{-n}$$

把上式两边同时乘以 $(1+i)$，可得：

$$P(1+i) = A + A(1+i)^{-1} + \cdots + A(1+i)^{-(n-1)}$$

以上两式相减，可得：

$$P \times i = A - A(1+i)^{-n}$$

进一步化简可得：

$$P = A \times \frac{1 - (1+i)^{-n}}{i}$$

上式可以简写为 $P = A \times (P/A, i, n)$，其中 $(P/A, i, n)$ 被称为年金现值系数，其数值可按不同的利率和时期查询"年金现值系数表"。

【任务 3-4-2 解析】　施小姐有一套房子供出租，租期 5 年，每年可获得 6 000 元的租金，年复利率为 10%，她在 5 年中获得房租的总额的现值：

$$P = A(P/A, i, n) = 6\,000 \times (P/A, 10\%, 5) = 6\,000 \times 3.790\,8 = 22\,744.8 \text{元}$$

因此，施小姐在 5 年中获得房租的总额的现值是 22 744.8 元。

◆ 提示

（1）这里注意年金现值系数与复利现值系数之间的关系，即年金现值系数等于一系列复利现值系数之和。

（2）普通年金现值的现值点，为第一期期初时刻。

三、即付年金终值与现值的计算

【任务 3 - 5】 在复利计息方式下，李先生连续 5 年每年年初存入银行 10 000 元，若银行存款年利率为 3%，则李先生在第 5 年末能一次从银行取出多少钱？李先生分期付款购买住房，每年年初支付 12 000 元，15 年还清，假设银行借款利率为 5%，如果他现在一次性支付，需支付多少买房款？

（一）即付年金终值

即付年金终值指一定时期内每期期初等额的系列收付款项的复利终值之和。

假设每期等额收付款额为 A，利率为 i，年金期数为 n，年金终值用 F 表示，则即付年金终值如图 3 - 9 所示。

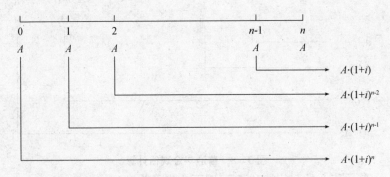

图 3 - 9 即付年金终值计算

由上所示，即付年金终值 F 可用下式表示为：

$$F = A(1+i) + A(1+i)^2 + \cdots + A(1+i)^{n-1} + A(1+i)^n$$

上式是一个首项为 $A(1+i)$，公比为 $(1+i)$ 的等比数列，根据等比数列的求和公式化简可得：

$$F = A\frac{(1+i)^{n+1}-1}{i} - A = A\left[\frac{(1+i)^{n+1}-1}{i} - 1\right]$$

由于普通年金的终值 $F = A \times \dfrac{(1+i)^n-1}{i}$，因此即付年金终值可以看成是在普通年金终值系数基础上期数加 1、系数减 1 所得的结果，上式可以简写为：

$$F = A[(F/A, i, n+1) - 1]$$

由于 $F = A\left[\dfrac{(1+i)^{n+1}-1}{i} - 1\right]$ 亦可化简为 $F = A\dfrac{(1+i)^n-1}{i} \cdot (1+i)$，此式可看成在普通年金的终值 $F = A \times \dfrac{(1+i)^n-1}{i}$ 基础上乘以 $(1+i)$，因此即付年金终值又可简

写为:

$$F = A(F/A,i,n) \cdot (1+i)$$

【任务 3-5-1 解析】　在复利计息方式下,李先生连续 5 年每年年初存入银行10 000元,若银行存款年利率为 3%,李先生在第 5 年末能一次从银行取出的资金:

$$F = A[(F/A,i,n+1)-1]$$

$$10\ 000 \times [(F/A,3\%,6)-1] = 10\ 000 \times (6.468\ 4-1) = 54\ 684(元)$$

或者

$$F = A(F/A,i,n) \cdot (1+i)$$

$$= 10\ 000 \times (F/A,3\%,5)(1+3\%) = 10\ 000 \times 5.309\ 1 \times 1.03 = 54\ 684(元)$$

(二)即付年金现值

即付年金现值是指一定时期内每期初等额的系列收付款项的复利现值之和。

假设每期等额收付款额为 A,利率为 i,年金期数为 n,年金现值用 P 表示,则即付年金现值如图 3-10 所示。

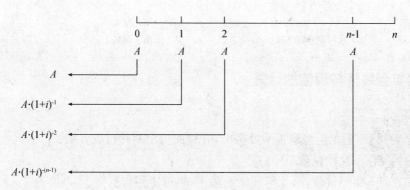

图 3-10　即付年金现值计算

由上所示,即付年金现值 P 可用下式表示为:

$$P = A + A(1+i)^{-1} + A(1+i)^{-2} + \cdots + A(1+i)^{-(n-1)}$$

上式是一个首项为 A,公比为 $(1+i)^{-1}$ 的等比数列,根据等比数列的求和公式化简可得:

$$P = A \times \frac{1-(1+i)^{-(n-1)}}{i} + A = A \times \left[\frac{1-(1+i)^{-(n-1)}}{i} + 1 \right]$$

由于普通年金的现值 $P = A \times \dfrac{1-(1+i)^{-n}}{i}$,因此即付年金现值可以看成是在普通年金现值系数基础上期数减 1、系数加 1 所得的结果,上式可以简写为:

$$P = A[(P/A,i,n-1)+1]。$$

由于 $P = A \times \left[\dfrac{1-(1+i)^{-(n-1)}}{i} + 1 \right]$ 亦可化简为 $P = A \times \dfrac{1-(1+i)^{-n}}{i} \cdot (1+i)$,此式可看成在普通年金的终值 $P = A \times \dfrac{1-(1+i)^{-n}}{i}$ 基础上乘以 $(1+i)$,因此即付年金终值又

可简写成：

$$P = A(P/A,i,n) \cdot (1+i)$$

【总结】 关于即付年金的现值与终值计算，都可以以普通年金的计算为基础进行，也就是在普通年金现值或终值的基础上，再乘以 $(1+i)$。

【任务 3-5-2 解析】 李先生分期付款购买住房，每年年初支付 12 000 元，15 年还清，假设银行借款利率为 5%，如果他现在一次性支付，需支付的买房款：

$$P = A[CP/A,i,n-1)+1]$$

$$= 12\,000 \times [(P/A,5\%,14)+1] = 12\,000 \times (9.898\,6+1) = 130\,783(元)$$

或者

$$P = A \cdot (P/A,i,n) \cdot (1+i)$$

$$= 12\,000 \times (P/A,5\%,15) \times (1+5\%) = 12\,000 \times 10.379\,7 \times 1.05 = 130\,784(元)$$

注：两种计算方法相差 1 元，是因小数点的尾数造成。

【小技巧】 设定坐标轴确定期初与期末，如下所示。

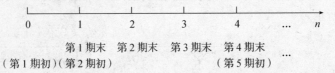

四、递延年金终值与现值的计算

（一）递延年金终值

【任务 3-6】 王先生将购买一处房产，开发商提出两种付款方案：

方案一：现在一次性付款 70 万；

方案二：前 5 年不付款，第 6 年开始到第 15 年每年年末支付 18 万元。

假设按银行贷款利率 10%，复利计息，采用终值方法比较，哪种方案较有利？

递延年金的终值指若干期后，每期期末等额的系列收付款项复利终值之和。

假设前 m 期没有收付款项，后 n 期有等额的收付款项，共 $m+n$ 期，则递延年金的终值如图 3-11 所示。

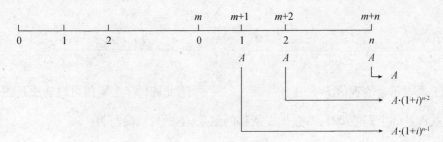

图 3-11 递延年金终值计算

如上所示，递延年金终值大小与前 m 期无关，只与后 n 期相关，因此递延年金终值实际上只要考虑后 n 期的年金终值。其计算方法与普通年金的计算方法基本相同。

$$F = A(F/A,i,n)$$

【任务 3-6 解析】 王先生将购买一处房产,开发商提出两种付款方案。

方案一:现在一次性付款 70 万,其复利终值为:

$$F = 70 \times (F/P, 10\%, 15)$$
$$= 70 \times 4.1772 = 292.40(万元)$$

方案二:前 5 年不付款,第 6 年开始到第 15 年每年年末支付 18 万元,其复利终值为:

$$F = 18 \times (F/A, 10\%, 10)$$
$$= 18 \times 15.937 = 286.87(万元)$$

从计算可以看出,采用第二种方案对王先生有利。

(二)递延年金现值

【任务 3-7】 某人在年初存入一笔资金,存满 5 年后每年取出 1 000 元,至第十年末取完,银行存款利率为 10%,则此人应在最初一次存入多少钱?

递延年金的现值指若干期后,每期期末等额的系列收付款项复利现值之和。

假设前 m 期没有收付款项,后 n 期有等额的收付款项,共 $m+n$ 期,则递延年金的现值如图 3-12 所示。

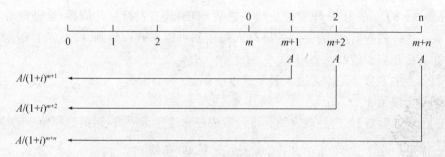

图 3-12 递延年金现值计算

由上所示,递延年金现值 P 可用下式表示为:

$$P = A(P/A, i, m+n) - A(P/A, i, m)$$

此式可表示为先求出 $m+n$ 期年金现值,再扣除递延期 m 的年金现值。

或者表示为:

$$P = A(P/A, i, n)(P/F, i, m)$$

此式可表示为先求出递延期末的年金现值,这时求出来的现值是第一个等额收付前一期期末的数值,距离递延年金的现值点还有 m 期,再向前按照复利现值公式折现 m 期即可。

再或者表示为:

$$P = A(F/A, i, n)(P/F, i, m+n)$$

此式可表示为先求出第 $m+n$ 期末的年金终值,再将此终值调整至第一期。

【任务 3-7 解析】 某人在年初存入一笔资金,存满 5 年后每年取出 1 000 元,至第十年末取完,银行存款利率为 10%,则此人应在最初一次存入的资金:

方法一：

$$P = A(P/A, i, m+n) - A(P/A, i, m)$$
$$= 1\,000 \times (P/A, 10\%, 10) - 1\,000 \times (P/A, 10\%, 5)$$
$$= 2\,354 \ 元$$

方法二：

$$P = A(P/A, i, n)(P/F, i, m)$$
$$= 1\,000 \times (P/A, 10\%, 5)(P/F, 10\%, 5)$$
$$= 2\,354 \ 元$$

方法三：

$$P = A(F/A, i, n)(P/F, i, m+n)$$
$$= 1\,000 \times (F/A, 10\%, 5)(P/F, 10\%, 10)$$
$$= 2\,354 \ 元$$

五、永续年金的现值

【任务 3-8】　在 1840 年拿破仑战争之后,英国政府发行一种债券,这种债券利率为 9%,购买了这种债券后,作为债券的持有人每年都可以从政府领到 90 英磅的利息。购买这种债券需要花多少钱?

普通年金的期数 n 趋向无穷大时形成永续年金,如下所示。

永续年金现值 $P_{(n \to \infty)} = A[1 - (1+i)^{-n}]/i = A/i$

【任务 3-8 解析】　这种政府债券可以看成是永续年金形式,购买这种债券的成本为:

$$P = 90/9\% = 1\,000 \ 英镑$$

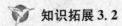 知识拓展 3.2

利率的计算

在实际工作中有时会遇到已知现值 P 或终值 F、年金 A、期数 n,但不知道对应的折现率的情况。如某公司第一年年初借款 10 万元,每年年末还本付息 3 万元,连续支付 5 年,那么借款的利息是多少? 此时我们不能根据"复利的现值系数表"直接找出借款利息,需借助内插法加以计算,在复利计息方式下,已知现值或终值系数,可利用以下的计算公式求对应的利率。

$$i = i_1 + \frac{B - B_1}{B_2 - B_1} \times (i_2 - i_1)$$

其中,所求利率为 i,i 对应的现值(或者终值)系数为 B,B_1、B_2 为现值(或者终值)系数表示 B 相邻的系数,i_1、i_2 为 B_1、B_2 对应的利率。

利用内插法求 i 的基本步骤:

(1) 计算出现值(或终值)系数 B;

(2) 根据系数 B 和期数 n,在相应的系数表上查找已知期数 n 对应的行,若正好能找到某一系数值等于 B,那么该系数值所在的列相应的利率即为所求的 i;

（3）若无法找到正好等于 B 的系数,则在系数表中 n 行上查找与 B 最接近的两个临界系数 B_1、B_2,并找出与 B_1、B_2 相对应的利率 i_1、i_2,然后再运用内插法公式进行计算。

【拓展题 3-1】 某公司于第一年年初借款 20 000 元,每年年末还本付息额为 4 000元,连续 9 年还清。问借款利率为多少?

$$P = 20\ 000 = 4\ 000(P/A, i, 9)$$

求得:
$$(P/A, i, 9) = 5$$

查 $n=9$ 的普通年金系数表,在 $n=9$ 这行上无法找到,于是找大于和小于 5 的临界系数值:5.328 2 和 4.916 4,相应临界利率分别为 12% 和 14%。

$$\frac{i - 12\%}{14\% - 12\%} = \frac{5 - 5.328\ 2}{4.916\ 4 - 5.328\ 2}$$
$$i = 13.59\%$$

因此,该公司借款的利率为 13.59%。

 知识拓展3.3

名义利率和实际利率

实际利率,是指一年复利一次时给出的年利率,用 i 表示。名义利率,是指一年复利若干次时给出的年利率,用 r 表示。实际利率与名义利率的换算关系如下:

$$i = \left(1 + \frac{r}{m}\right)^m - 1$$

式中,m 为每年复利计息的次数。

如果本金为 P,利率为 r,每年复利 m 次,要求第 n 年末的终值 F 有两种方法。

第一种方法:将年数 n 换算成计息期数 nm,将年利率 r 换算成期间利率 r/m,

第 n 年末的终值:$F = P \times \left(1 + \frac{r}{m}\right)^{nm}$

或者:$F = P \times (F/P, r/m, nm)$

第二种方法:根据实际利率与名义利率的关系,将名义利率 r 换算成以一年复利一次的利率 i,

第 n 年末的终值:$F = P \times (1 + i)^n$

虽然两种方法算出的终值相等,但是第二种方法计算出的实际利率百分数往往不是整数,不利于通过查表的方法计算到期本利和。因此计算时应尽可能考虑使用第一种方法。

【拓展题 3-2】 某企业向银行借款 1 000 万元,其年利率为 4%,如按季度计息,则第三年末应偿还本利和累积为多少万元?

第一种方法:$F = 1\ 000 \times (1 + 1\%)^{12} = 1\ 000 \times (F/P, 1\%, 12) = 1\ 126.8$(万元)

第二种方法:根据名义利率与实际利率的换算公式 $i = \left(1 + \frac{r}{m}\right)^m - 1$,本题中 $r = 4\%$,$m = 4$,有:

$$i = \left(1 + \frac{4\%}{4}\right)^4 - 1 = 4.06\%$$
$$F = 1\ 000 \times (1 + 4.06\%)^3 = 1\ 126.8\text{(万元)}$$

练习 3.2.1

【单项选择题】 某企业 5 年内每年年末存入银行 1 000 元,年利率为 9%,则 5 年后可从银行取出(   )元。

A. 5 985 　　　　　 B. 6 105.1 　　　　　 C. 4 506.1 　　　　　 D. 4 573.5

练习 3.2.2

【单项选择题】 甲方案在 3 年中每年年初付款 100 元,乙方案在 3 年中每年年末付款 100 元,若利率为 10%,则二者在第 3 年年末时终值相差(   )元。

A. 33.1 　　　　　 B. 31.3 　　　　　 C. 133.1 　　　　　 D. 13.31

练习 3.2.3

【多项选择题】 年金按其每次收付发生的时点不同,可以分为(   )

A. 普通年金 　　　　 B. 即付年金 　　　　 C. 递延年金 　　　　 D. 永续年金

练习 3.2.4

【单项选择题】 在期限相同情况下,折现率与年金现值系数的关系是(   )。

A. 二者呈同方向变化 　　　　　　　　 B. 二者呈反方向变化

C. 二者呈正比例变化 　　　　　　　　 D. 二者没有关系

练习 3.2.5

【任务训练】 假设你要购买一笔养老保险,有三种付款方式,一种是每年年初付款,一种是每年年末付款,一种是前两年不付款,从第三年开始付款,请你说出这三种付款方式的差别。

主题学习单元 3.3　债券及其评价

一、债券的含义和分类

(一) 债券的含义

债券是债务人依照法定程序发行,承诺按约定的利率和日期支付利息,并在特定日期偿还本金的书面债务凭证。图 3-13 为海南华美股份有限公司面值 1 000 元的债券。

图 3-13　债券

（二）债券的基本要素

一般而言,债券包括如下基本要素:

1. 债券的面值

债券的面值是指债券发行时设定的票面金额,债券的利息根据面值计算。

2. 债券的期限

债券从发行之日起至到期日之间的时间称为债券的期限。债券到期时必须还本付息。

3. 债券的利率

债券是按照规定的利率定期支付利息的。利率主要是双方按法规和资金市场情况进行协商确定下来,共同遵守。

4. 债券的价格

债券是一种可以买卖的有价证券,它有价格。由于资金供求关系、市场利率等因素的变化,债券的价格往往偏离其面值,所以会出现债券的溢价发行、折价发行等。

（三）债券的分类

表 3－2　债券按不同标准的分类

分类标志	类型	含义
是否记名	记名债券	在公司债券存根簿载明债券持有人的姓名等其他信息
	无记名债券	在公司债券存根簿上不记载持有人的姓名
能否转换成公司股权	可转换债券	债券持有者可以在规定的时间内按照规定的价格转换为发债公司的股票
	不可转换债券	不能转换为发债公司股票的债券
有无特定财产担保	担保债券（抵押债券）	以抵押方式担保发行人按期还本付息的债券,主要是抵押债券； 按抵押品不同,分为不动产抵押债券、动产抵押债券和证券信托抵押债券
	信用债券	仅凭公司自身的信用发行的、没有抵押品作抵押担保的债券

二、债券的估价

债券的估价是对债券在某一时点的价值量的估算,是对债券评价的一项重要内容。对于新发行的债券而言,估价模型计算结果反映了债券的发行价格。

【任务 3－9】　大龙公司拟于 2010 年 2 月 1 日购买一张面额为 1 000 元的债券,债券的市价是 920 元,在以下条件下可否购买此债券?

（1）其票面利率为 8％,每年 2 月 1 日计算并支付一次利息,并于 5 年后的 1 月 31 日到期,当时市场利率为 10％。

（2）该企业债券采用利随本清法付息,期限 5 年,票面利率为 10％,不计复利,当前市场利率为 8％。

（3）债券期限为 5 年,期内不计利息,到期按面值偿还,当时市场利率为 8％。

（一）债券估价的基本模型

一般情况下，债券估价模型是指按复利方式计算的，债券的票面利率固定，每年末计算并支付当年利息、到期偿还本金的债券。这种情况下新发行债券的价值可采用如下模型进行评定：

$$P = \sum_{t=1}^{n} \frac{M \cdot i}{(1+K)^t} + \frac{M}{(1+K)^n} = \sum_{t=1}^{n} \frac{I}{(1+K)^t} + \frac{M}{(1+K)^n}$$

或者：$P = I \cdot (P/A, K, n) + M \cdot (P/F, K, n)$

式中，P 是债券价值；I 是每年利息；K 是折现率（可以用当时的市场利率或者投资者要求的必要报酬率替代）；M 是债券面值；i 是票面利率；n 是债券期数。

【任务 3-9-1 解析】 面额为 1 000 元的债券，其票面利率为 8%，每年 2 月 1 日计算并支付一次利息，并于 5 年后的 1 月 31 日到期。当时市场利率为 10%。则债券价值为：

债券价值 = 80×(P/A, 10%, 5) + 1 000×(P/F, 10%, 5)

     = 80×3.790 8 + 1 000×0.620 9 = 924.16（元）

由于债券的价值大于市价 920，所以购买此债券是合算的。

（二）到期一次还本付息的债券估价模型

到期一次还本付息债券是指在债务期间不支付利息，只在债券到期后按规定的利率一次性向持有者支付利息并还本的债券。

$$P = \frac{M \cdot i \cdot n + M}{(1+K)^n}$$

或者：$P = (M \cdot i \cdot n + M) \cdot (P/F, K, n) = M(i \cdot n + 1)(P/F, K, n)$

式中符号含义与基本模型相同。

【任务 3-9-2 解析】 该企业债券采用利随本清法付息，债券面值为 1 000 元，票面利率为 10%，期限 5 年，票面利率为 10%，不计复利，当前市场利率为 8%，则该债券的价值为：

债券价值 = (1 000 + 1 000×10%×5)×(P/F, 8%, 5) = 1 021（元）

即债券价格必须低于 1 021 元时才能购买，目前债券的市价 920 元，购买此债券是合算的。

【活动题 3-3-1】 某债券 2006 年 1 月 1 日发行，期限 5 年，面值 1 000 元，年利率 6%，一年计息一次，按单利计息，一次性还本付息。一投资者希望以年 5% 的收益率（复利折现）于 2009 年 1 月 1 日购买此债券，问他能接受的价格是多少？

$$债券价值 = \frac{1\,000 \times 6\% \times 5 + 1\,000}{(1+5\%)^2} = 1\,179.14（元）$$

当 2009 年 1 月 1 日实际市场价格低于 1 179.14 元，该投资者可以购买。

（三）零票面利率的估价模型

零票面利率债券是指不付利息，而于到期日时按面值一次性支付本利的债券。投资者购买时可获折扣（即以低于面值的价格购买），在到期时收取面值。

$$P = \frac{M}{(1+K)^n}$$

或者：$P = M \cdot (P/F, K, n)$

公式中符号的含义与基本模型相同。

【任务 3 - 9 - 3解析】　债券面值为 1 000 元,债券期限为 5 年,期内不计利息,到期按面值偿还,当时市场利率为 8%,则债券的价值为:

$$债券价值 = 1\,000 \times (P/F, 8\%, 5) = 681(元)$$

即该债券只有低于 681 元时,企业才能购买,目前债券的市价为 920 元,所以购买此债券是不合算的。

知识拓展3.4

债券的收益率

债券的收益主要包括两方面的内容:一是债券的利息收入;二是资本损益,即债券买入价与卖出价(在持有期满的情况下,是到期偿还额)之间的差额。此外,有的债券等还可能因参与公司盈余分配,或者转换为股票而获得收益。

债券的收益可以用债券收益率表示,债券收益率是债券投资者在债券上的收益与其投入的本金之比。具体来说有三种不同的收益指标:

(1) 票面收益率。它是固定利息收入与票面本金额的比率,一般在债券票面上注明,这是投资于债券时最直观的收入指标。面值相同的债券,票面注明的利率高的,利息收入自然就高,风险也比较小,反之亦然。但是,由于大多数债券都是可转让的,其转让价格随行就市,所以,投资者认购债券时实际支出的价款并不一定与面值相等,这样,用票面收益率衡量投资收益就不再有实际意义。

(2) 直接收益率。直接收益率又称本期收益率、当前收益率,是投资者实际支出的价款与年实际利息之间的相互关系。其公式是:

$$直接收益率 = \frac{债券年利息}{债券买入价} \times 100\%$$

用直接收益率评估投资风险程度,比票面利率指标显然是进了一步,但仍有缺点。因为它是一个静态指标,只反映认购债券当时成本与收益的对比状况,不反映债券有效期内或债券到期时的实际收益水平。

(3) 持有期收益率。它是指债券持有人在持有期间得到的收益率,能综合反映持有期间的利息收入情况和资本损益水平。债券的持有期是指从购入债券至售出债券或债券到期清偿的期间,通常以"年"为单位表示。

①持有时间较短(不超过一年)的,不考虑资金的时间价值,直接按债券持有期间的收益额除以买入价计算持有期收益率。计算的基本公式如下:

$$持有期收益率 = \frac{债券持有期间的利息收入 + (卖出价 - 买入价)}{债券买入价} \times 100\%$$

$$持有期年均收益率 = \frac{持有期收益率}{持有年限}$$

$$持有年限 = \frac{实际持有天数}{360}$$

②持有时间较长(超过一年),其计算比较复杂,需要考虑资金的时间价值,计算公式如下:

a. 到期一次还本付息债券

$$持有期年均收益率 = \sqrt[t]{\frac{M}{P}} - 1$$

式中，P 为债券买入价，M 为债券到期兑付的金额或提前出售时的卖出价，t 为债券实际持有期限(年)。

b. 每年末支付利息的债券

$$P = \sum_{i=1}^{t} \frac{I}{(1+K)^t} + \frac{M}{(1+K)^n}$$

式中，K 为债券持有期年均收益率，P 为债券买入价，I 为持有期每期收到的利息额，M 为债券兑付的金额或者提前出售的卖出价，t 为债券实际持有期限。

【拓展题3-3】 某公司2001年1月1日平价发行债券，每张面值1 000元，5年期，每年12月31日付息100元，到期归还本金1 000元。

要求计算：

(1) 该债券票面收益率。

(2) 假定该债券以1 050元买入，本期收益率是多少？

(3) 假定2010年1月1日的市价为900元，此时购买该债券持有至到期日的收益率是多少？（持有期1年）

(4) 假定2010年1月1日的市场利率下降到8%，那么此时债券的价值是多少？

(5) 假定2008年1月1日的市场利率为12%，债券的市价为950元，你是否购买？（持有期3年）

解答：(1)票面收益率＝(债券年利息收入÷债券面值)×100%＝(100÷1 000)×100%＝10%

(2)本期收益率＝(债券年利息收入÷债券买入价)×100%＝(100÷1 050)×100%＝9.52%

(3)持有至到期日收益率＝[100＋(1 000－900)]÷900×100%＝22.22%

(4)2010年1月1日债券价值＝(100＋1 000)÷(1＋8%)＝1 018.52(元)

(5)2008年1月1日债券价值＝100×(P/A,12%,3)＋1 000×(P/F,12%,3)＝100×2.401 8＋1 000×0.711 8＝951.98(元)

因为债券的价值951.98元大于当时的债券市价950元，所以应购买该债券。

◆ 练习3.3.1

【单项选择题】 某公司于2011年1月1日发行债券，每张面值50元，票面利率为10%，期限为3年，每年12月31日付息一次，当时市场利率为8%，则该债券2011年1月1日的价值为(　　)元。

A. 50　　　　　　B. 46.39　　　　　　C. 52.58　　　　　　D. 53.79

◆ 练习3.3.2

【单项选择题】 有一纯贴现债券，面值1 000元，期限为10年，假设折现率为5%，则它的购买价格应为(　　)。

A. 920.85　　　　B. 613.9　　　　　C. 1 000　　　　　D. 999.98

◆ **练习 3.3.3**

【判断题】 对于到期一次还本付息的债券而言,随着时间的推移债券价值逐渐增加。

( )

◆ **练习 3.3.4**

【任务训练】 假设你有一笔资金,你想要购买债券投资,那么你愿意购买哪种类型债券? 并说明原因。

主题学习单元 3.4 股票及其评价

【任务 3-10】 如果大龙公司每年分配股利 2 元,最低报酬率为 16%,求该股票的价值。如果目前股利为每股 2 元,以后每年的股利按年增长率 12% 递增,求该公司股票的价值又是多少?

一、股票的含义和分类

(一)股票的含义

股票是股份公司为筹措股权资本而发行的有价证券,是公司签发的证明股东持有公司股份的凭证。股票代表着其股东对股份公司的所有权,每一股同类型股票所代表的公司所有权是相等的,即"同股同权"。股票可以公开上市,也可以不上市。

(二)股票的特点(表 3-3)

表 3-3 股票特点归类

特点	说明
永久性	发行股票所筹资金属于公司的长期自有资金,没有期限,不需归还
流通性	投资者可以在资本市场上卖出所持有的股票,取得现金。也可以通过继承、赠送等转让股票。股票特别是上市公司的股票具有很强的流通性
风险性	股票价格要受到公司经营状况、供求关系、银行利率、大众心理等多种因素的影响,其价格有很大的不确定性
收益性	一方面,股东凭其持有的股票,有权从公司领取股息或红利,获取投资的收益;另一方面,股东还可以通过低价买入和高价卖出股票,赚取价差利润
参与性	股东作为股份公司的所有者,拥有参与公司管理的权利

(三)股票的分类(表 3-4)

表 3-4 股票的不同分类

分类标志	类型	说明
利润、财产分配情况	普通股	在公司的经营管理和盈利及财产的分配上享有普通权利的股份,它是构成公司资本的基础 特征:公司决策参与权、利润分配权、优先认股权和剩余资产分配权
	优先股	利润分红及剩余财产分配的权利方面优先于普通股 特征:约定股息率、优先清偿剩余资产、表决权受限制

分类标志	类型	说明
票面是否记名	记名股票	股票票面上记载有股东姓名或将名称记入公司股东名册的股票
	无记名股票	不登记股东名称,公司只记载股票数量、编号及发行日期
发行对象和上市地点	A 股	境内发行、境内上市,以人民币标明面值,以人民币认购和交易
	B 股	境内公司发行,境内上市交易,以人民币标明面值,以外币认购和交易
	H 股	注册地在内地,在香港上市的股票
	N 股	在纽约上市
	S 股	在新加坡上市

二、股票的评价

股票的价值是指股票投资者期望得到的所有未来现金流入的现值,股票给持有者带来的未来现金流入包括两部分:股利收入和出售时的收入。

股票上市后的价格受到多种因素的影响,主要包括预期股利和市场利率,还有整个经济环境的变化及投资者心理等因素的影响。所以通常情况下,股票发行后上市买卖,股票价值就和原来的面值发生分离。

(一) 股票评价的基本模型

一般情况下,股票的股利并不是每年都一样,而且并没有太多的规律可循,此时未来现金流入的现值可以通过逐个估算得出股票的价值。此时的股票股价模型为:

$$P = \sum_{t=1}^{n} \frac{R_t}{(1+K)^t}$$

式中:P 为股票内在价值;R_t 为股票第 t 年产生的现金流入量(包括股票股利和卖出股票的资本利得);K 为投资人要求的必要资金收益率;n 为预计持有股票的期数。

(二) 股利固定模型

此模型适用于一定时期内年股利固定不变、持股人长期持有的情况。优先股内在价值的确定常常使用此模型,由于优先股是一项永续年金,优先股的内在价值就是永续年金的现值。

$$P = \sum_{t=1}^{\infty} \frac{D}{(1+K)^t} = \frac{D}{K}$$

式中:P 为股票内在价值;D 为每年固定股利;K 为投资人要求的资金收益率。

【任务 3 - 10 - 1 解析】 大龙公司每年分配股利 2 元,最低报酬率为 16%,求该股票的价值。

$$股票价值 = \frac{2}{16\%} = 12.5(元)$$

(三)股利固定增长模型

该模型适用于股票股利按固定比例增长,持股人持有期限较长的情况。

$$P = \frac{D_0(1+g)}{(1+K)} + \frac{D_0(1+g)^2}{(1+K)^2} + \cdots + \frac{D_0(1+g)^n}{(1+K)^n}$$

$$= \sum_{t=1}^{\infty} \frac{D_0(1+g)^t}{(1+K)^t}$$

式中，D_0 为评价时已经发生的股利，g 为每年股利比上年的增长率。

如果股票股利按固定比例增长，并且 $K > g$，此模型可简化为：

$$P = \frac{D_0(1+g)}{(K-g)} \quad \text{或者} \quad P = \frac{D_1}{(K-g)}$$

式中，D_1 为第一年的预期股利。

【任务 3-10-2 解析】　大龙公司预期投资报酬率为 16%，目前股利为每股 2 元，以后每年的股利按年增长率 12% 递增，求该公司股票的内在价值。

$$股票价值 = \frac{2 \times (1+12\%)}{16\% - 12\%} = 56(元)$$

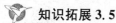 **知识拓展 3.5**

股票的三阶段模型

如果一支股票股利既不是一成不变，也不是按固定比率持续增长，而是出现不规律变化，如一段时间股利高速增长，接着股利呈现固定增长，后来股利保持不变，那么该股票的价值可以用各阶段的现值相加取得。

即：$P =$ 股利高速增长阶段现值＋固定增长阶段现值＋固定不变阶段现值

【拓展题 3-4】　投资人的投资最低报酬率为 15%。此公司未来 3 年股利将高速增长，成长率为 20%。在此以后转为正常增长，增长率为 12%。公司最近支付的股利是 2元，由题意可知，此公司前三年股利现值只能采用基本模型，第三年以后公司股利增长率降低，符合 $K > g$，可采用股利固定增长模型，因此我们可以分两个阶段来计算出该股票的内在价值。

第 3 年以后股利折算到第 3 年末的现值之和为：

$$P_3 = \frac{D_3(1+g)}{K-g} = \frac{2 \times (1+20\%)^3 \times (1+12\%)}{15\% - 12\%} = 129.02(元)$$

$P =$ 第 1 年股利现值＋第 2 年股利现值＋第 3 年股利现值＋第 3 年以后股利现值

$P = 2 \times (1+20\%) \times (P/F,15\%,1) + 2 \times (1+20\%)^2 \times (P/F,15\%,2) + [2 \times (1+20\%)^2 + 129.02] \times (P/F,15\%,3)$

　　$= 2.4 \times (P/F,15\%,1) + 2.88 \times (P/F,15\%,2) + [3.456 + 129.02] \times (P/F,15\%,3) = 91.367(元)$

因此，这支股票的内在价值为 91.367 元/股。

◆ **练习3.4.1**

【单项选择题】 某股票为固定成长股,其成长率为3%,预计第一年的股利为4元,假定必要报酬率是19%,那么该股票的价值为(   )元。

A. 25　　　　　B. 23　　　　　C. 20　　　　　D. 4.8

◆ **练习3.4.2**

【单项选择题】 某股票刚刚发放的股利为0.8元/股,预期第一年的股利为0.9元/股,第二年的股利为1.0元/股,从第三年开始,股利增长率固定为5%,并且打算长期保持该股利政策。假定股票的资本成本为10%,则该股票价值为(   )元。

A. 17.42　　　　　B. 19　　　　　C. 22.64　　　　　D. 27.2

◆ **练习3.4.3**

【多项选择题】 与零增长股票内在价值呈反方向变化的因素有(   )。

A. 股利年增长率　　　　　　　B. 固定发放的股利

C. 必要收益率　　　　　　　　D. β 系数

◆ **练习3.4.4**

【任务训练】 假设你有一笔资金,你愿意购买债券投资还是股票投资? 假如你购买的是股票,那么你愿意购买哪种股利分配方法的股票?

📷 本学习单元主要框架图

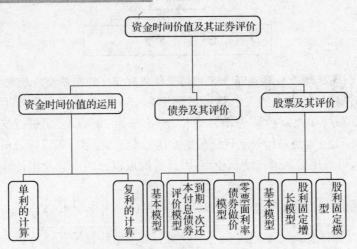

🔍 本学习单元关键术语中英文对照

1. 复利		Compound Interest
2. 单利		Simple Interest
3. 现值		Present Value
4. 终值		Final Value
5. 债券		Bonds
6. 股票		Stocks

本学习单元案例讨论

1. 很多时候,一个恰到好处的选择可以节省大笔的购房费用,而一个错误的选择则会让资金流失于无形之中。

两种还贷法相差数万元! 李先生向记者讲述了他的窝火事:还了4个月的房贷后,发现一位朋友和自己贷款额度相似、年限相同,但是总体还贷利息却相差近3万元! 原因在于他们采用了不同的还贷方式。李先生用的是等额本息还款法,而他的朋友用的是等额本金还款法。更让他窝火的是,此前他只知道有等额本息一种还贷法,"当时,银行工作人员只是拿出厚厚的合同,指点我填这填那,我根本没注意到合同上还有另外一种还款方法可供选择,银行工作人员也没提及。现在知道了,但是合同已经白纸黑字,只有认了。"李先生对此很生气。

以100万元20年期(基准利率5.94%计算)的房贷为例,采用等额本息还款法,每月要还款7 129.74元,还款总额为171.113 745万元,所产生的利息超过71万元。但如果采取等额本金还款法,首月还款9 116.67元,第二个月还款9 096.04元,还款总额为159.647 5万元,支付利息款59.647 5万元。两者相比,等额本金法比等额本息法节省利息超过11万元。

等额本息法是把按揭贷款的本金总额与利息总额相加,然后平均分摊到还款期限的每个月中。特点是前期还款压力较小,每月所偿还的金额相同,对借款人来说操作较简单,但是占用银行资金时间长,还款总利息较高。等额本息法适合收入处于稳定状态、经济条件不允许前期投入过大的家庭或个人。

等额本金还款方式是将本金每月等额偿还,贷款利息随本金逐月递减并结清的方法。总的利息支出较低,但是前期支付的本金和利息较多,还款负担逐月递减,比较适合当前收入较高、日后收入可能减少的人群。另外,等额本金法前期还款量大,但是贷款人本金归还得快,适合准备提前还款的人群。

理财专家指出,并非少交利息就意味着等额本金法比等额本息法好,选择何种方式还贷还要根据自身的经济情况。采用等额本金还款方式,贷款人在开始还贷时,每月负担会较大些。购房初期,首期房款和相关费用对于许多购房者来说,已经是一笔很大的开销,如果再采取等额本金法来还贷,压力还是很大的。

一般来说,建议经济压力较大的年轻人采用等额本息法,收入较高、有一定积蓄的中年人采用等额本金法。

(资料来源:新浪网 http://www.sina.com)

分析:(1)等额本金还款方式与等额本息还款方式的区别是什么?

(2)如果你是贷款人,你应如何选择?

2. 有一个人时下人气非常旺,炙手可热。他是一个美国人,喜欢熊市和爆米花,在汇源果汁收购案中,他是收购方可口可乐最大的股东。在美国五大投行溃败的时候,他又斥资50亿美元投资高盛。后来,他又用18亿港元买下了中国内地的比亚迪10%的股权。说到这里,相信大家已经确认他是谁了。他就是2008年美国总统的两大候选人奥巴马和麦凯恩一致看好的美国财长最佳候选人——"股神"巴菲特。

不过在2008年,巴菲特也赔钱了,他的损失率高达25%,还能叫股神吗?当然,现在没有人不赔钱。不过巴菲特赔钱跟比尔·盖茨赔钱不一样,因为比尔·盖茨持有的是他自己公司的股权,并不是炒股人的,他不是一个资产管理者。亏损前五名中,包括排名第一的美国"赌王",他们都是因为持有公司亏损而亏损,只有巴菲特是作为投资人,亏损163亿美元。而且,虽然投资亏损,但是我们发现,金融危机发生以来,巴菲特还在不停地投资。

巴菲特认为可口可乐是家值得投资的公司,但是根据他的估算,当时可口可乐的股价远远高于这家公司的真实价值,他认为不能买。于是他就等,突然有一天,可口可乐犯了一个天大的错误,它向全世界宣布,为了跟百事可乐竞争,它把可口可乐的秘方改了。这么一改,当天股价暴跌,跌穿了巴菲特计算出来的真实价值。于是巴菲特立刻进场收购了可口可乐8%的股份。第二天,可口可乐发现事态严重,马上说,我们不是放弃我们的配方,我们是要增加一个新的配方,所以现在有两个配方,一个是古典配方,一个是新配方。可口可乐发表声明之后,股价立刻回升,巴菲特大赚一笔。

我在美国教书时,有门课叫做"公司财务",课程里面有很多的数学模型,这些数学模型非常复杂,大概有十几种之多。可是我们发现,把这些数学模型带入一些会计资料之后,所计算出来的股价在美国是出奇地准确,准确率高达95%以上。如果用同样的模型计算中国香港股市的话,准确率大概只有20%～30%,如果用到内地A股市场的话,可能不止不准确,搞不好还会相反、更糟。巴菲特就是利用这种数学模型来作估算。

巴菲特非常务实,他的投资理念是从来不相信神话,从来不相信高科技。所谓的高科技是金融方面的高科技,比如说对冲基金,比如说互联网。对于投资银行的财富神话,他通通不信,他只相信可口可乐,相信通用电气,相信花旗银行。为什么?因为这些传统的公司用数学模型来计算是最准确的,这种数学模型是算不了高科技的,也算不了投资银行,甚至算不了对冲基金,只能算传统行业。因此巴菲特一生都在投资传统行业,而且每个公司都是先估算出它的真实价值,等市场价格低于真实价值时,他就进场,因此长期来看,他都是赚钱的。

（资料来源:郎咸平.股神也逃不过金融危机.上海:东方出版社,2009）

分析:(1)你认为巴菲特是利用什么原理对可口可乐的内在价值进行估算的?

(2)你认为根据股票估算价能正确反映股票的内在价值吗?

(3)你认为股票价格受哪些因素的影响?

本学习单元讨论题

1. 据说,美国房地产价格最高的纽约曼哈顿是当初欧洲移民花费大约28美元从印第安人手中购买的,如果按照10%的年利息率,且按复利计息计算,这笔钱现在要相当于美国几年的国内生产总值之和,远远大于整个纽约曼哈顿的所有房地产价值。假定现在你有1元,年利息率为10%,分别按照单利和复利计息计算,比较50年后的终值差异,并估算欧洲移民当时花费大约28美元到现在时点的复利终值。

2. 张玉女士买房时向银行按揭贷款10万元,商业贷款的年利率为5.04%,即月利率

为 0.42%,选择了 10 年期,即 120 个月等额还款法还款,每月还款为:

$$A=100\ 000\times\frac{0.42\%\times(1+0.42\%)^{120}}{(1+0.42\%)^{120}-1}=1\ 062.6(元)$$

在还款 6 年后,该女士希望把余款一次还清,银行要求该女士偿还:

$$P=1\ 062.6\times\frac{1}{0.42\%}\times(1-\frac{1}{(1+0.42\%)^{48}})=46\ 104.95(元)$$

该女士在偿还完余款后发现,自己一共偿还了银行:1 062.6×72+46 104.95 = 122 612.15 元,扣除本金后,共还 22 612.15 元的利息。假如当初贷款时直接选择 6 年期的贷款,则每月还款:

$$A=100\ 000\times\frac{0.42\%\times(1+0.42\%)^{72}}{(1+0.42\%)^{72}-1}=1\ 612.3(元)$$

6 年共还款 1 612.3×72=116 085.6 元,即利息为 16 085.6 元。该女士认为自己同样 6 年还款,为什么要多支付利息 22 612.15−16 085.6=6 526.55 元,故认为银行收取了罚息,而银行否认,假如你是银行工作人员,如何给该女士一个正确的答复?

3. A 公司拟购买某公司债券作为长期投资(打算持有至到期日),要求的必要收益率 为 6%。现有三家公司同时发行 5 年期、面值均为 1 000 元的债券。其中:甲公司债券的票 面利率为 8%,每年付息一次,到期还本,债券发行价格为 1 041 元;乙公司债券的票面利率 为 8%,单利计息,到期一次还本付息,债券发行价格为 1 050 元;丙公司债券的票面利率为 0,发行价格为 750 元,到期按面值还本。试计算:

(1)A 公司购入三家公司债券的价值和收益率。

(2)根据上述计算结果,评价三家公司债券是否具有投资价值,并为公司做出购买何种 债券的决策。

(3)若公司购买甲公司债券,1 年后将其以 1 050 元的价格出售,计算该项投资的收 益率。

本学习单元技能实训

一、实训目的

通过对资金现值、终值的计算,使学生认识到资金时间价值是财务管理的重要观念之 一;培养学生运用资金时间价值观念分析问题和解决问题的能力。

二、实训内容

通过本学习单元所学内容,结合某一家企业的债券,对此债券进行估价。形成书面材 料,做成 PPT 在班级公开汇报,其他同学组成答辩小组公开答辩。

三、实训要求

1. 对学生进行分组,指定小组负责人,联系合作单位或学生合理利用社会关系自主联 系实训(践)单位。

2. 根据本实训(践)教学的目的,拟定调查题目,列出调查提纲,制定调查表格。

3. 实地调查和采访时要注意自己的形象,能准确流利地表达自己的目的和愿望,以便得到对方的配合。

4. 对调查采访资料进行整理和总结,写出一份调查报告(字数 1 500 左右),做成 PPT 在班级公开汇报。

四、评分标准

评分项目	比重	评分标准
独立动手、团结协作能力	30%	评价学生在参与度,与小组成员协作完成任务的能力
语言表达能力	15%	通过学生在班级的公开汇报和答辩情况,对其资料的搜集整理及语言表达能力进行评判
债券估价的准确性	40%	此部分是判断学生是否能真正把所学知识加入到实际运用的关键
分析报告的美观性和完整性	15%	评价学生审美能力、计算机操作能力和思维的缜密性
本单元总分	100	(小组互评分数＋教师评分分数)×70％＋个人成绩分数×30％
总成绩比重	5%	

学习单元四

预算管理

学习单元名称:预算管理	课时安排:6

4-1 典型工作任务

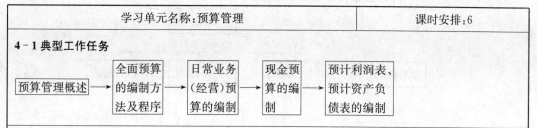

4-2 学习单元目标

通过本学习单元的学习,使学生能够了解财务预算在全面预算体系中的地位,掌握从日常经营(业务)预算、专门决策预算到财务预算(财务预算包括现金收支预算、预计利润表预算和预计资产负债表预算)的编制,增强学生对全面预算的直观认知,提高学习全面预算的兴趣和热情,理解全面预算在整个财务管理中的地位和重要性。在理论学习本学习单元内容的同时锻炼学生收集并处理财务信息与非财务信息,进而从中发现并解决问题的能力。

4-3 学习单元整体设计

主题学习单元	拟实现的能力目标	须掌握的知识内容	建议学时
4.1 预算管理概述	能够在理解全面预算特征和作用的基础上掌握分别按预算内容和按预算指标覆盖的时间长短对预算进行的分类,并为全面预算的编制打下一定基础。对全面预算编制程序能够做到一定的了解	(1) 全面预算的内容、分类与作用 (2) 全面预算编制的组织和程序	1.5
4.2 全面预算的编制方法	能够结合有具体数据的案例理解并区分(三组)六种预算编制方法的含义、编制要点、优缺点	全面预算的编制方法 ①增量预算法与零基预算法 ②固定预算法与弹性预算法 ③定期预算法与滚动预算法	1.5
4.3 财务预算的编制	能够了解年度预算的目标并掌握目标利润预算方法的含义、计算公式并能够熟悉上加法的运用。熟悉从销售预算为起点到预计资产负债表为终点的全面预算的编制方法	(1) 目标利润的确定与计算 (2) 日常业务(经营)预算的编制 (3) 专门决策预算的编制 (4) 财务预算(现金预算表、预计利润表和预计资产负债表)的编制	3

☞【案例引入】

以一家综合进行商业地产开发、商业经营、物业管理的房地产公司为例介绍公司的组织架构及公司全面预算分工,为学习全面预算的内容和编制打下基础,如图4-1所示。

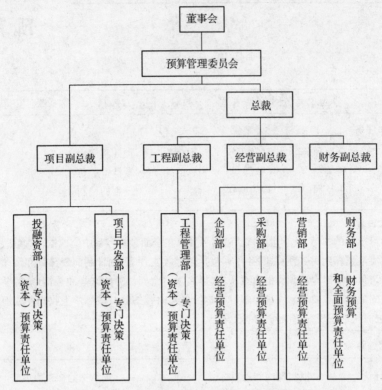

图4-1　公司的组织架构及公司全面预算分工图

(资料来源:乔世震.财务管理基础.大连:东北财经大学出版社,2006,(已修订))

主题学习单元4.1　预算管理概述

【任务4-1】　在熟悉全面预算编制之前掌握全面预算的分类体系。

"财务管理"课程全书介绍的内容分为预算管理、筹资管理、投资管理、营运管理和分配管理五个环节。本学习单元讨论的全面预算管理属于第一环节的内容,这里的预算管理属于短期计划问题。短期计划通常指以一个年度为计划期,也称为年度预算。

【活动题4-1】　请问上述的"一个年度"是否是指一个会计年度,并请举例说明。

一、全面预算的内容、分类与作用

(一) 全面预算的内容、分类

全面预算是由一系列预算按其经济内容及相互关系有序排列组成的预算体系。全面预算根据预算内容的不同,可以分为日常业务(经营)预算、专门决策预算和财务预算。日常业务预算又称经营预算,描述了公司创造利润的各项活动,是指与企业在预算期内的日常经营活动(生产和购销活动)相关的预算,主要包括:销售预算、生产预算、材料采购预算、直接人工预算、制造费用预算、产品成本预算、销售及管理费用预算等。专门决策预算是指企业不经常发生的、一次性的重要决策预算,是实际选方案的进一步规划。例如,企业对资本支出(新增生产线投资)的预算。需要说明的是,在编制专门决策预算之前必须完成对资本支出的财务可行性分析工作。财务预算是指企业在预算期内反映与企业现金收支、经营成果和财务状况的各项预算,主要包括现金预算表、预计利润表和预计资产负债表。由于企业的资金筹集与投放需要在经营预算编制好以后才能进行预算,所以编制日常业务(经营)预算通常在专门决策预算和财务预算之前进行编制。

企业全面预算以市场需求的调查和预测为基础,从销售预算为起点进而包括采购、生产、成本计算和现金收支等各个方面,并以生成预计的财务报表作为整个预算体系的完成。全面预算的分类体系如图4-2所示。

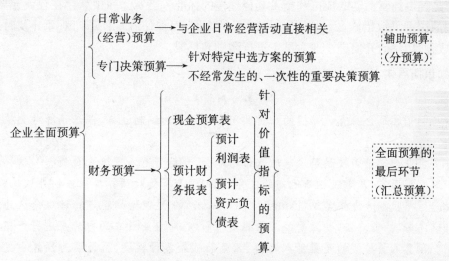

图 4-2　全面预算的分类体系

全面预算按其涉及的预算期长短可分为长期预算和短期预算。长期预算包括长期销售预算、资本支出预算、长期资金筹集与投放和研究与开发预算等。短期预算是指预算期在1年以内(含1年、1个季度或1个月)的预算。长期预算和短期预算的划分以1年为界限。

(二) 全面预算的作用

1. 明确经营目标

通过全面预算引导和控制经营活动,使企业达到经营目标。企业的目标有多种,这需要全面预算通过不同层次表达企业的各种目标,例如销售收入、生产、产品成本控制及利润等目标。企业的总目标通过全面预算被分解为各个责任主体的具体目标,可以使得各个责任主体各司其职,责任明确。

2. 管理协调

企业的各部门之间及各部门与整体之间存在非常紧密的联系,需要各部门积极配合,相互协调,统筹兼顾才能完成整体目标和任务,实现企业价值的增值。全面预算可以作为一种强化管理的协调机制,即通过全面预算的制定、执行与监督保证公司的各个责任主体(子公司、分公司)相互的协调,共同完成各自的任务,从而完成企业的整体目标。全面预算是一种有效率的制度化程序,依据制度进行管理通常优于依据人的管理。

3. 控制经营活动

企业计划一经确定,就进入了实施阶段。此时工作的重心由计划转入控制,即设法使经营活动按照既定计划进行。控制过程包括经营活动状态的计量、实际状态和标准的比较、两者差异的确定和分析,以及采取相关措施调整经营活动等。

4. 全员预算、人本管理,全面考核评价业绩

在全面预算的执行及考核的过程中,将全员纳入全面预算的体系当中,如何更大限度地调动全员的积极性、主动性和创造性,使全员自觉地参与到全面预算管理中来是"全员、人本"的核心。全面预算为考核各部门及员工业绩提供了依据,所以定期检查各责任部门工作任务的完成情况,确保企业总目标的实现,是全面预算管理工作的重要组成部分。全面预算是控制经营活动的依据和衡量其合理性的标准。当实际和预算存在较大差异时,需要查明原因并采取措施,通过分析产生差异的原因,可促使各责任部门对差异及时采取措施,完成预算目标,并促进企业对员工进行激励和惩戒。

 知识拓展 4.1

参 与 制 预 算

参与制预算是企业有关部门的人员共同参与预算的编制过程,保证预算顺利执行的预算方法。

许多企业预算是由较高层次管理者帮助编制,然后下达给下级人员执行。这样的预算对于下级人员而言,是上级压给他们的任务,他们没有资格对预算提出任何异议,只能被动地接受。道格拉斯·麦格雷戈(Douglas McGregor)的 X 理论的观点。该观念认为人的本性是好逸恶劳,怕负责任,并且受经济力驱使。所以,对企业员工的行为应进行严格的监督与控制。预算人员扮演的是监督人的角色,且面临着各种挑战,总是要为预算中显示的更高目标而奋斗。而这些挑战对下层管理人员而言,是无法体会到的。预算执行报告一般只给出了结果而没有原因,且差异被高度重视,过度渲染,但并没有明确指出其是可控还是不可控,从而影响预算执行者的积极性。

麦格雷戈的 Y 理论观点认为,人们对于自己参与的目标会实现自我指导和自我控制以完成目标,在适当条件下,人们不但能承担责任,而且能主动承担责任。

参与制预算采用了 Y 理论的激励人们行为的措施,在预算制定过程中,鼓励企业每一位员工积极发表建议,共同制定目标,满足人们实现自我抱负,发挥才能的需要。

参与制预算可以将预算目标内在化,即将自我融入工作中,由于在制定预算过程中,每位员工均发挥了各自的作用,从而会增加员工对预算的真诚。预算参与者体验到工作范围扩大带来的满足感,使他们比不参与者的责任心更高,对企业会持有更肯定的态度,这将促

使他们以更高的水平来执行预算。参与制预算对员工需求上的满足感超过了生理、安全和社会方面,工作范围扩展可满足其更高层次需求——尊重的需要。

按照期望理论,参与制因员工对预算过程的贡献,可以提高其固有的价值,更有可能完成其参与制定的目标。

（资料来源:潘飞.管理会计.上海:上海财经大学出版社,2003）

二、全面预算编制的组织和程序

企业董事会应当对企业预算的管理工作负总责。为了保证全面预算编制工作能够有条不紊地顺利进行,企业董事会主持并专设预算委员会来从事有关预算管理的事项,该委员会的人员由高级管理人员（总经理、财务负责人、多个副总经理、经营单位负责人等）组成。预算委员会的大小则取决于企业的规模、预算所涉及的人数及总经理的管理风格等。预算委员会是企业内涉及预算事项的最高权力机构。预算委员会制定和批准企业及主要经营部门的预算目标,审查和协调各部门的预算申报工作,解决预算编制过程中可能出现的矛盾冲突和分歧,批准最终的预算,在预算期后监控预算的实施并在预算期末评价经营成果,审批预算期内对预算的重大调整。

企业预算的编制,涉及企业的各个部门,只有将预算管理制度化,并做到全员积极参与,才能得到制度和人员的双重保证。企业全面预算编制的程序如下:

（1）由预算委员会依据长期规划并利用市场调查研究工作、本量利分析等工具,提出企业一定时期的总体目标,如利润目标、销售目标、成本目标等,并以书面形式对各个责任主体下达规划指标;

（2）各责任主体的基层成本控制人员先行草编预算,各责任主体汇总各职能部门的预算,编制出销售、生产、成本及现金预算;

（3）财务主管平衡并协调各责任主体的预算草案,并对其进行汇总和分析;

（4）预算委员会审查由财务主管上交的预算,并上报董事会通过企业的全面预算;

（5）经董事会批准后的全面预算下达给各责任主体执行。

练习 4.1.1

【单项选择题】　下列各项中,能够直接反映相关决策的结果,是实际中选方案的进一步规划的预算是（　　　）。

A. 销售预算　　　　　　　　　　B. 专门决策预算

C. 生产预算　　　　　　　　　　D. 预计资产负债表预算

练习 4.1.2

【单项选择题】　应当对企业预算管理工作负总责任的是（　　　）。

A. 预算委员会　　B. 董事会　　　C. 财务负责人　　D. 总经理

练习 4.1.3

【多项选择题】　在下列各项中,属于日常业务预算的有（　　　）。

A. 销售预算　　　　　　　　　　B. 现金预算

C. 生产预算　　　　　　　　　　D. 新增固定资产投资决策预算

练习 4.1.4

【判断题】　企业预算又称全面预算,是企业所有以货币及其他数量形式反映的、有关

企业未来一段时间内全部经营活动各项目标的行动计划与相应措施的数量说明。（　　）

◆ 练习 4.1.5

【任务拓展】 假设你为某企业财务管理工作人员,请描述该企业全面预算的分类体系并简要说明该全面预算对该企业的作用。

主题学习单元 4.2　全面预算的编制方法

【任务 4-2】 学习本主题学习单元后掌握各种(三组)全面预算编制方法的优缺点和适用范围是什么?

全面预算的编制方法

企业全面预算的编制需要考虑采用适当的方法。常见的预算方法主要包括固定预算法与弹性预算法、增量预算法与零基预算法、定期预算法与滚动预算法。

(一)增量预算法与零基预算法

按预算编制出发点特征不同分为增量预算法与零基预算法两大类。

1. 增量预算法

增量预算法又称调整预算法,是指以即期成本费用水平为基础,分析预算期业务量水平并结合预算期业务量水平及有关降低成本的措施,通过调整基期有关费用项目而编制相关预算的方法。

增量预算法的前提条件是:(1)现有的业务活动是企业所必需的。只有保留企业现有的每项业务活动,才能使企业的经营得到正常发展。(2)原有的各项业务开支都是合理的。既然现有的业务活动是必需的,那么原有的各项费用开支都是合理的,在预算期予以保留。(3)增加费用预算是值得的。

增量预算法以过去的费用发生水平为基础,实际上就承认过去所发生的一切费用开支都是合理的,主张不需在预算内容上作较大改进,而是遵循以前期间的预算项目。所以增量预算法可能导致以下不足:(1)受原有费用项目的限制,可能导致保护落后。增量预算法往往不加分析地保留或接受原有的成本项目,可能使原来本不合理的费用开支继续存在下去,使得不必要的开支合理化,最终导致预算上的浪费;(2)滋生预算中的"平均主义"和"简单化"。增量预算法的编制者凭主观按照费用开支的平均水平削减或增加预算,不利于调动各部门降低费用开支的积极性;(3)不利于企业未来的长远发展。增量预算法只对目前已经存在的费用项目编制预算,而对于那些在未来实际需要发生并且对企业长期发展确实有利的开支项目可能因为没有考虑未来情况的变化而造成预算的不足,最终影响企业的长期发展。比如企业上年度的销售费用为 1 000 000 元,考虑到本年度的销售任务需扩大销售 20%,按照增量预算法编制的预算年度的销售费用预算简单地定为 1 000 000×(1+20%)=1 200 000 元。

🔷 知识拓展 4.2

渐进预算的命题

瓦尔达沃夫斯基(1946)指出渐进预算的基本命题是:"预算的做出是渐进的,而不是全面的。一个简单的智慧是,支出机构绝不会在每个预算年度里根据现有项目的价值和替代项目的价值来积极地评估所有的方案。相反的,支出机构的预算要求都是建立在上一年的预算基础之上,并特别关注边际上的增加和减少。"

（资料来源:朱传华.财务管理案例分析.北京:清华大学出版社,北京交通大学出版社,2008;马骏.中国公共预算改革.北京:中央编译出版社,2005）

2. 零基预算法

零基预算法的全称是"以零为基础编制预算"的方法,是为了克服增量预算的缺点而设计的方法。采用零基预算法编制费用预算时,不考虑以往会计期间所发生的费用项目或数额,而是以所有的预算支出均为零为出发点,一切从实际需要出发,逐项审议预算期内各项费用的内容及开支标准是否合理,在综合平衡的基础上编制费用预算的一种方法。

零基预算法不再以历史资料为基础进行调整,而是一切从零开始。编制预算时,首先需要确定各项费用开支是否应该存在,其次按各项目轻重缓急,安排预算。具体来讲,零基预算法的编制的程序如下:

第一,确定预算目标。动员企业内部所有部门,根据企业预算期利润目标、销售目标和生产指标等,分析预算期各项费用项目,并预测费用开支水平;

第二,拟订预算期各项费用的预算方案,划分不可避免项目和可避免项目。对于不可避免项目必须保证资金的供应;对于可避免项目则需要逐项进行成本—效益分析和综合评价,权衡轻重缓急,划分费用支出的等级并排出先后顺序;

第三,按照费用支出的等级及顺序,并根据企业预算期可用于费用开支的资金数额分配资金,分解落实相应的费用控制目标,编制相应的费用预算。

【任务 4-3】　某公司拟采用零基预算法编制预算期的销售及管理费用预算,分析其编制程序。

【任务 4-3 解析】

第一步,依据该公司销售及管理部门编制预算期销售目标等,经过研究及领导批准,预算委员会预计预算期所需要发生的销售及管理费用支出金额为 315 000 元,其中:

(1) 财产保险费	40 000 元
(2) 资产折旧费	80 000 元
(3) 广告宣传费	100 000 元
(4) 差旅费	15 000 元
(5) 研究开发费	60 000 元
(6) 办公费	20 000 元
合计	315 000 元

第二步,将以上各项费用按照性质及轻重缓急,排列出等级及顺序:

第一等级:财产保险费、资产折旧费、差旅费和办公费,是约束性固定成本属于该企业"经营能力"成本,是企业为了维持一定的业务量所必须负担的最低成本,是预算期必不可少的开支,应当全额得到保证。

广告宣传费、研究开发费属于可以通过管理决策行动而改变发生金额的固定成本,称为酌量性固定成本。参照历史期间财务数据,经过成本—效益分析,如表 4-1 所示。

表 4-1　成本—效益分析表

金额单位:元

项目	成本	收益	收益-成本
广告宣传费	1	7	7
研究开发费	1	3	3

第二等级:广告宣传费,属于酌量性固定成本,可以根据预算期企业资金供应情况酌情增减,但由于广告宣传费的收益—成本高于研究开发费,所以列入第二等级。

第三等级:研究开发费,同样也属于酌量性固定成本,可以根据预算期企业资金供应情况酌情增减,但由于研究开发费的收益—成本低于广告宣传费,所以列入第三等级。

第三步,假定该公司预算期内可动用于销售及管理费用的资金数额为 285 000 元,根据上述所排列的等级和顺序落实预算资金。

第一等级的销售及管理费用所需资金应当全部满足:

(1) 财产保险费　　40 000 元　　　　　全额保证

(2) 资产折旧费　　80 000 元　　　　　全额保证

(4) 差旅费　　　　15 000 元　　　　　全额保证

(6) 办公费　　　　20 000 元　　　　　全额保证

小计　　　　　　 155 000 元

剩余的可供分配的资金数额为 130 000 元(285 000-155 000),再满足部分第二、第三等级的资金需求。需要按照收益—成本高低分配广告宣传费和研究开发费,则广告宣传费可分配资金为:130 000×7/(7+3)=91 000 元;研究开发费可分配资金为:130 000×3/(7+3)=39 000 元。

(3) 广告宣传费　　91 000 元　　　　　部分压缩

(5) 研究开发费　　39 000 元　　　　　部分压缩

小计　　　　　　 130 000 元

合计　　　　　　 285 000 元

零基预算法的优点是:(1)不受现有费用项目的限制。零基预算法可以促使企业将有限的资金用在刀刃上。(2)有助于企业内各部门的沟通、协调和激励,能够调动各基层单位参与预算编制的积极性和主动性。零基预算法可以促进各预算部门合理使用资金,提高资金的利用效果。(3)有助于企业未来发展。零基预算法以零为出发点,对一切费用一视同仁,有助于企业面向未来考虑预算问题。

零基预算法的缺点是一切从零出发,在正式编制预算前需要完成大量的基础工作,比如对企业现状和市场进行大量的调研、对现有资金使用效果进行成本—效益分析都会带来工作量的增加,预算编制需要大量的时间。所以,折衷的办法是:两到三年用零基预算法编制一次预算,其间作适当的调整。

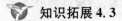 知识拓展 4.3

零基预算法的由来

零基预算法是 20 世纪 60 年代末由美国德州仪器公司担任财务预算工作的彼得·派尔首先提出的一种预算编制方法。美国前总统卡特在担任佐治亚州州长时,曾在该州极力推广此法。卡特当选总统后,曾于 1979 年指示要求联邦政府全面实行零基预算法,于是零基预算法在当时的美国风靡一时,令人瞩目。现在,零基预算法被西方发达资本主义国家公认为是企业管理中的一种新的有效方法。在信息时代,竞争尤为激烈,用零基预算法编制预算能使管理人员打破陈规,从一个全新的视角来审视各项工作。

(资料来源:潘飞.管理会计.上海:上海财经大学出版社,2003.8;葛家澍,余绪缨.管理会计.沈阳:辽宁人民出版社,2004.8)

◆ 练习 4.2.1

【单项选择题】 在即期成本费用水平的基础上,结合预算期业务量及有关降低成本的措施,通过调整有关原有成本项目而编制预算的方法,称为(　　)。

　　A. 弹性预算法　　　B. 调整预算法　　　C. 增量预算法　　　D. 固定预算法

◆ 练习 4.2.2

【多项选择题】 下列各项中,属于增量预算法的基本假定是(　　)。

　　A. 未来预算期和费用变动是在现有费用的基础上调整的结果

　　B. 原有的各项开支都是合理的

　　C. 现有的业务活动为企业所必需

　　D. 预算费用标准必须进行调整

(二)固定预算法与弹性预算法

按业务量基础的数量特征不同分为固定预算法与弹性预算法两大类。

1. 固定预算法

固定预算法又称静态预算法,是预算的最基本方法,是根据预算期内正常的、可实现的某一业务量(如生产量、销售量)水平作为唯一基础来编制预算的方法。它是根据未来固定不变的业务量水平,不考虑预算期内生产活动可能发生的变动而编制预算的方法。

固定预算法存在适应性差的缺点,固定预算法过于呆板,一般适用于经营业务稳定,产品产销量稳定,能准确预测产品需求及产品成本的企业。固定预算法编制的基础是事先假定的业务量水平不变,一旦未来业务量发生变动,仍然根据事先确定的业务量水平作为基础来编制预算。固定预算法还存在可比性差的缺点,当实际业务量与预算业务量产生较大差异两者就会因编制基础的差异而导致不可比。

固定预算法适用于考核非盈利性组织和业务量水平较为稳定的企业。

【任务 4-4】 以表 4-2 某种产品的固定预算与实际成本报告说明固定预算法的特点。

【任务 4-4 解析】

表 4-2　固定预算和实际成本报告 1

金额单位:元

成本项目	固定预算		实际成本报告	
	预算业务量(产量)1 000 件		实际业务量(产量)1 600 件	
	总成本	预算单位成本	实际总成本	单位成本
直接材料	3 000	3	4 800	3
直接人工	2 000	2	1 920	1.2
制造费用	1 000	1	1 120	0.7
合计	6 000	6	7 840	4.9

表 4 – 3　固定预算和实际成本报告 2

金额单位:元

成本项目	实际产量	预算单位成本	以实际产量调整后的固定预算成本	实际总成本	差异
直接材料	1 600 件	3	4 800	4 800	0
直接人工	1 600 件	2	3 200	1 920	1 280
制造费用	1 600 件	1	1 600	1 120	480
合计	1 600 件	6	9 600	7 840	1 760

表 4 – 2 说明该种产品在实际业务量(产量)1 600 件,实际总成本 7 840 元,单位产品成本 4.9 元,与预算业务量(产量)1 000 件时的单位产品成本 6 元相比差异较大。

表 4 – 3 说明该种产品以实际产量调整后的固定预算成本 9 600 元依然与实际总成本 7 840 元存在着较大的差异,差异额为 1 760 元。

2. 弹性预算法

弹性预算法又称动态预算法,是为克服固定预算的缺点而设计的,是指在成本习性分析的基础上区分变动成本和固定成本,根据业务量、成本和利润的关系,按照预算期内可能发生的一系列业务量(如生产量、销售量、材料消耗量和机器工时等)水平编制的系列预算方法。

编制弹性预算,要选用一个最能代表生产经营活动水平的业务量计量单位。举例来说,生产单一产品的部门,应选用产品实物量;手工操作为主的车间,应选用人工工时;机械化利用程度较高的企业应选用机器工时。一般来说,弹性预算法所采用的业务量范围在正常生产能力的 70%至 110%之间,或者以历史上最高业务量和最低业务量为上下限。弹性预算法适用于与全面预算中所有和业务量有关的预算,实务中主要适用于与预算执行单位业务量有关的成本预算和利润预算。

(1)公式法。公式法是运用成本性态模型,假定成本 Y 与业务量 X 之间存在线性关系,成本总额 Y、固定成本总额 a、业务量 X 与单位变动成本 b 之间的数量关系可以用公式表示为 $Y=a+bX$。公式法要求依照成本与业务量的线性关系假定将企业所有成本项目分解成变动成本和固定成本两部分。

公式法的优点在于便于计算在业务量有效变动范围内任何业务量的预算总成本,在已知固定成本总额 a 与单位变动成本 b 的条件下,只需代入业务量水平 X 即可计算出预算总成本 Y,编制预算的工作量相对较小。公式法的缺点在于用数学方法修正和进行成本分解会耗费大量的计算工作量。另外,对每一项目进行成本分解也并不可能十分精确也不经济。

【任务 4 – 5】　假设大龙公司业务量(人工工时)范围:700～1 000 人工工时,当业务量超过 1 000 工时以后,修理费中的固定费用将由 90 元上升到 145 元,其制造费用弹性预算表如表 4 – 4 所示。

表4-4 制造费用预算表—公式法

单位金额:元

项目		固定费用a(元／月)	单位变动费用b(元／人工工时)
混合成本:	修理费用	90	0.7
	油料费用	105	0.2
固定成本:	保险费用	400	
	财产税	100	
变动成本:	水电费用		0.2
	运输费用		0.4
	材料费用		0.8
合计		695	2.3

所以,在业务量(人工工时)范围:700~1 000人工工时的条件下,

当$X \leqslant 1\ 000$工时,$Y = 695 + 2.3X$;

$X > 1\ 000$工时,$Y = 750 + 2.3X$。

(2)列表法。列表法是在预计的业务量范围内将业务量分为若干个水平,再按照不同的业务量水平编制预算的弹性预算法。

列表法可以直接在表中找到各种在业务量水平之内的成本预算,便于预算的控制和考核,在一定程度上弥补了公式法的不足。业务量水平的间距越小,实际业务量水平出现在预算表的可能性也就越大,但是代价是预算编制过程中工作量的增大。在评价和考核实际成本时,往往需要使用插补法来计算实际业务量水平下的预算成本。

【任务4-6】 相关资料同【任务4-5】,用列表法编制大龙公司的制造费用预算表,如表4-5所示。

表4-5 制造费用预算表(列表法)

单位金额:元

业务量(人工工时)	700	800	900	1 000	1 100
业务量占正常生产能力的百分比	70%	80%	90%	100%	110%
混合成本:修理费用	580	650	720	790	915
油料费用	245	265	285	305	325
合计	825	915	1 005	1 095	1 240
变动成本:水电费用(0.2)	140	160	180	200	220
运输费用(0.4)	280	320	360	400	440
材料费用(0.8)	560	640	720	800	880
合计:1.4	980	1 120	1 260	1 400	1 540
固定成本:保险费用	400	400	400	400	400
财产税	100	100	100	100	100
合计	500	500	500	500	500
总计	2 305	2 535	2 765	2 995	3 280

例如,需要考察业务量水平为 840 人工工时条件下,设混合成本中修理费用为 X,则有:$(840-800)/(900-800)=(X-650)/(720-650)$,$X=678$;设混合成本中油料费用为 Y,则有:$(840-800)/(900-800)=(Y-265)/(285-265)$,$Y=273$。该公司在业务量水平为 840 人工工时条件下,实际预算总成本 $=500+1.4\times840+678+273=2\ 627$ 元(计算结果与公式法一致)。

◆ **练习 4.2.3**

【单项选择题】 编制工作量较大,但可以直接从表中查得各种业务量下的成本费用预算,不用另行计算的弹性预算编制方法是( )

A. 公式法   B. 列表法   C. 弹性预算法   D. 固定预算法

◆ **练习 4.2.4**

【单项选择题】 大龙公司以百分比法编制弹性预算,预算销售收入为 1 000 万元,变动成本为 600 万元,固定成本为 300 万元,利润总额为 100 万元;假定销售收入达到 1 100 万元,则预算利润为( )万元。

A. 140   B. 110   C. 40   D. 100

◆ **练习 4.2.5**

【多项选择题】 下列有关弹性预算法的说法,正确的有( )。

A. 弹性预算法主要用于各种间接费用预算,而不能用于利润预算

B. 弹性预算法是按照成本的不同性态分类列示的

C. 在公式法中评价和考核实际成本需要使用内插法计算实物量的预算成本

D. 弹性预算法的缺点是工作量较大

（三）定期预算法与滚动预算法

按预算期的时间特征不同分为定期预算法与滚动预算法两大类。

1. 定期预算法

定期预算法是以固定不变的会计期间（如年度、季度、月份）作为预算期间编制预算的方法。采用这种方法的优点是能够使预算期间和会计期间相对应,便于将实际数与预算数进行对比,也有利于对预算执行情况进行分析和评价。但是,以固定期间作为预算期,在执行一段时期后,管理者更倾向于只考虑余下期间的业务量,会放弃考虑对现有期间无明显提升的业务量,导致一些短期行为的出现。定期预算法也不能适应连续不断的业务活动过程的预算管理。

2. 滚动预算法

滚动预算法又称连续预算法或永续预算法,是指在编制预算时先按照一个会计年度来编制,随着预算的执行不断延伸和补充,逐期往后滚动,使预算期始终保持为一个会计年度的预算编制方法。从概念上可以看出滚动预算法的特点在于预算期与会计年度相脱节,但是又始终保持 12 个月或者 4 个季度的预算编制方法。

滚动预算法相对于定期预算法的优点在于:(1)可以保持预算的连续性和完整性,使得管理者及相关人员能够从动态的预算中更准确地把握企业的未来;(2)可以根据前期预算执行的结果,动态结合最新变化的形势,不断调整预算,使得预算工作与实际的最新情况更为相符,使管理者始终能够最及时地从动态的角度把握近期的规划和变动并能考虑远期

的战略布局,更有针对性地开展管理、控制工作;(3)可以在不断调整预算的同时使预算期间仍始终保持在12个月,能够使各级管理者对未来12个月甚至更长期间的生产经营活动作出全盘规划,使企业的各项管理工作更加有效率地进行。采用滚动预算法编制预算的缺点是工作量较大。

滚动预算法的理论依据在于:根据财务会计持续经营的假设,企业的生产经营活动是连续的,所以企业的预算应当全面反映延续不断的过程,使得财务上的预算方法与生产经营相适应。企业可以结合自身实际情况决定采用逐月滚动方式、逐季滚动方式或者混合滚动方式编制滚动预算。

(1)逐月滚动方式。逐月滚动方式是指在预算编制过程中,以月份为预算的编制和滚动单位,每个月调整一次预算的方法,如图4-3所示。

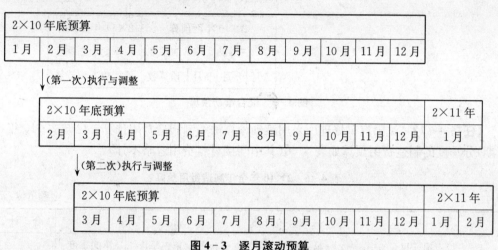

图4-3　逐月滚动预算

(2)逐季滚动方式。逐季滚动方式是指在预算编制过程中,以季度为预算的编制和滚动单位,每个季度调整一次预算的方法,如图4-4所示。

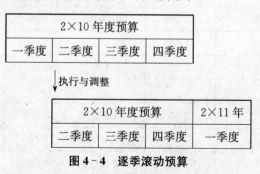

图4-4　逐季滚动预算

(3)混合滚动方式。混合滚动方式是指在预算编制的过程中,同时以月份和季度作为预算的编制和滚动单位的方法。采用这种预算编制方法的理论依据是:人们对未来的了解程度具有近期把握较大,对远期的预计把握较小的特征。所以,混合滚动方式可以一定程度上帮助预算的编制者和使用者克服预算的盲目性,对于近期的预算编制得更为详细一些,如图4-5所示。

2×10 年度预算					
一季度			二季度	三季度	四季度
1月	2月	3月	预算数	预算数	预算数

↓（第一次）执行与调整

2×10 年度预算					2×11 年度
二季度			三季度	四季度	一季度
4月	5月	6月	预算数	预算数	预算数

↓（第二次）执行与调整

2×10 年度预算				2×11 年度预算	
三季度			四季度	一季度	二季度
7月	8月	9月	预算数	预算数	预算数

图 4-5 混合滚动预算

【任务4-7】 沈阳汽车修理厂采用滚动预算法编制制造费用预算。已知2×10 年(预算期)分季度的制造费用预算如表4-6(其中间接材料费用忽略不计)。

表 4-6 2×10 年全年制造费用预算

金额单位:元

项　目	2×10 年度				合　计
	第一季度	第二季度	第三季度	第四季度	
直接人工预算总工时(小时)	11 400	12 060	12 360	12 600	48 420
变动制造费用					
间接人工费用	50 160	53 064	54 384	55 440	213 048
水电与维修费用	41 040	43 416	44 496	45 360	174 312
小　计	91 200	96 480	98 880	100 800	387 360
固定制造费用					
设备租金	38 600	38 600	38 600	38 600	154 400
管理人员工资	17 400	17 400	17 400	17 400	69 600
小　计	56 000	56 000	56 000	56 000	224 000
制造费用合计	147 200	152 480	154 880	156 800	611 360

2×10 年3月31日公司在编制2×10 年第二季度——2×11 年第一季度滚动预算时,发现未来的四个季度中将出现以下情况:

(1)间接人工费用预算工时分配率将上涨50%;

(2)原设备租赁合同到期,公司新签订的租赁合同中设备年租金将降低20%;

(3)预计直接人工总工时见"2×10 年第二季度——2×11 年第一季度制造费用预算表"。假定水电与维修费用预算工时分配率等其他条件不变。

要求:

(1)以直接人工工时为分配标准,计算下一滚动期间的如下指标:

① 间接人工费用预算工时分配率;

② 水电与维修费用预算工时分配率;

(2)根据有关资料计算下一滚动期间的如下指标:

① 间接人工费用总预算额;

② 每季度支付设备租金预算额。

(3)计算填列表4-7中用字母表示的项目:

表4-7 2×10年第二季度——2×11年第一季度制造费用预算表

金额单位:元

项 目	2×10年度			2×11年度	合计
	第二季度	第三季度	第四季度	第一季度	
直接人工预算总工时(小时)	12 100	—	—	11 720	48 420
变动制造费用					
间接人工费用	A	—	—	B	—
水电与维修费用	C	—	—	D	—
小 计					493 884
固定制造费用					
设备租金	E	—	—	—	—
管理人员工资	F	—	—	—	—
小 计	—	—	—	—	—
制造费用合计	171 700	—	—	—	687 004

【任务4-7解析】

(1)

① 间接人工费用预算工时分配率 $=(\frac{213\ 048}{48\ 420})\times(1+50\%)=6.6$(元/小时)

② 水电与维修费用预算工时分配率 $=\frac{174\ 312}{48\ 420}=3.6$(元/小时)

(2)

① 间接人工费用总预算额 $=48\ 420\times6.6=319\ 572$(元)

② 每季度支付设备租金预算额 $=38\ 600\times(1-20\%)=30\ 880$(元)

(3)计算结果如表4-8所示。

表4-8 2×10年第二季度——2×11年第一季度制造费用预算表

金额单位:元

项 目	2×10年度			2×11年度	合计
	第二季度	第三季度	第四季度	第一季度	
直接人工预算总工时(小时)	12 100	—	—	11 720	48 420

续表 4-8

项　目	2×10 年度			2×11 年度	合计
	第二季度	第三季度	第四季度	第一季度	
变动制造费用					
间接人工费用	A 79 860	—	—	B 77 352	—
水电与维修费用	C 43 560	—	—	D 42 192	—
小　计	—	—	—	—	493 884
固定制造费用					
设备租金	E 30 880	—	—	—	—
管理人员工资	F 17 400	—	—	—	—
小　计	—	—	—	—	
制造费用合计	171 700	—	—	—	687 004

A：79 860＝12 100×6.6；

B：77 352＝11 720×6.6；

C：43 560＝12 100×3.6；

D：42 192＝11 720×3.6。

（资料来源：全国会计专业技术资格考试——中级财务管理考试题，（已改编））

◆ 练习 4.2.6

【单项选择题】 可以保持预算的连续性和完整性，并能克服传统定期预算法缺点的预算方法是（　　）。

A. 完整预算法　　B. 增量预算法　　C. 连续预算法　　D. 固定预算法

◆ 练习 4.2.7

【多项选择题】 相对于定期预算法而言，滚动预算法的特点有（　　）。

A. 透明度高　　　　　　　　　　B. 及时性强

C. 预算工作量大　　　　　　　　D. 连续性、完整性突出

◆ 练习 4.2.8

【判断题】 定期预算法能够使预算期间与会计年度相配合，便于考核预算的执行结果。（　　）

◆ 练习 4.2.9

【判断题】 受国家宏观经济政策影响，产品产销量变化大的行业和企业，应当根据滚动预算法编制生产销售计划和预算。（　　）

◆ 练习 4.2.10

【任务拓展】 请从分类标准、含义和优缺点等方面以表格的形式归纳出各种（三对）全面预算编制方法。

主题学习单元 4.3　财务预算的编制
——从日常业务预算、专门决策预算到财务预算

一、目标利润的确定与计算

(一)年度目标利润

目标利润作为全面预算工作的起点,是预算机制发挥作用的关键,反映了企业在预算期内的主要奋斗目标,也是全面预算编制的起点。如果目标利润制定得过低,企业及管理者的潜能得不到充分发挥,不利于改善业绩、挖掘潜力,不能为利益相关者创造效益;相反,如果目标利润制定得过高,即使短期达到目标,势必会耗尽企业现有资源,影响未来企业的可持续发展。如果不能顺利完成,会影响出资者、管理者、员工甚至社会公众各方的士气,欲速则不达。因此,计算和合理确定目标利润成为全面预算管理的首要任务。

根据现代产权——经营权相分离的原则,出资者并不直接支配企业的实际资源的运用,而是采取委托职业经理人进行管理。当经营者实现了出资者预期的股东收益率水平时,经营者才可能被续聘及得到利益奖励。这一双方契约的标准实际的核心即合理确定目标利润。经营者的财务业绩超过目标利润,经营者得到激励;经营者的财务业绩达不到目标利润,经营者将得到不同程度的惩罚。

综上所述,目标利润一旦被确定就成为利润预算管理模式运行的起点,并对执行预算的全过程产生制约作用。目标利润的确定是各方利益关系者的集中诉求所在。

(二)目标利润预算方法

1. 量本利分析法

量本利分析法是根据产品的产销量、销售单价、变动成本和固定成本等因素与利润之间的相互关系确定企业目标利润的方法。计算公式为:

目标利润＝预计产品产销数量×(单位产品价格－单位产品变动成本)－固定成本费用

【任务 4-8】　大龙公司只生产一种产品,单价 120 元,单位产品变动成本 75 元,预算期全年计划销售 10 000 件,全年固定成本费用 180 000 元,代入公式即可以计算出全年目标利润＝(120－75)×10 000－180 000＝270 000 元。

2. 比例预算法

比例预算法是利用利润指标与其他经济指标之间存在的内在比例关系,来确定目标利润的方法。存在以下比例预算法可以确定企业的目标利润:

(1)销售收入利润率法。销售收入利润率法是利用销售利润与销售收入的比例关系确定目标利润的方法。

计算公式为:目标利润＝预计销售收入×测算的销售利润率

(2)成本利润率法。成本利润率法是利用利润总额与成本费用的比例关系确定目标利润的方法。

计算公式为:目标利润＝预计营业成本费用×核定的成本费用利润率

（3）投资资本回报率法。投资资本回报率法是利用利润总额与投资资本平均总额的比例关系确定目标利润的方法。

计算公式为：目标利润＝预计投资资本平均总额×核定的投资资本回报率

【任务 4-9】 大龙公司现有投资资本平均余额为 40 000 万元，包含本年年初新增投资资本 4 000 万元，按照同行业平均的投资资本回报率 8% 这一基准，大龙公司应完成的目标利润为 40 000×8%＝3 200 万元。

（4）利润增长百分比法。利润增长百分比法是根据有关产品上一期间实际获得的利润额和过去连续若干期间的平均利润增长幅度（百分比），并全面考虑影响利润的有关因素的预期变动而确定企业目标利润的方法。

计算公式为：目标利润＝上年利润总额×（1＋利润增长百分比）

3. 上加法

上加法是企业根据自身发展、不断积累和提高分红水平等需要，匡算出企业净利润，再倒算出目标利润（利润总额）的方法。

计算公式为：企业留存收益＝盈余公积金＋未分配利润

净利润＝本年新增留存收益/（1－股利分配率）

＝本年新增留存收益＋股利分配额

【任务 4-10】 大龙公司预算年度计划以股本的 20% 向投资者分配利润，并新增留存收益 1 500 万元。大龙公司股本 20 000 万元，所得税税率 25%。

大龙公司目标股利分配额＝20 000×20%＝4 000 万元

净利润＝本年新增留存收益＋股利分配额＝1 500＋4 000＝5 500 万元

目标利润（税前）＝5 500/（1－25%）＝7 333.33 万元

【任务 4-11】 大龙公司上年实际投资资本平均总额 50 000 万元，依据销售预算，本年度销售增长率 15%，假设净利润与销售收入同比例增长，投资资本净利率不变，公司预期的投资资本回报率为 25%。则大龙公司的目标利润＝50 000×（1＋15%）×25%＝14 375 万元

【任务 4-12】 大龙公司总经理依据销售预测，预算期销售收入 100 000 万元，当前毛利率 40%，销售及管理费用率 25%，

（1）则大龙公司的目标利润为 100 000×（40%－25%）＝15 000 万元。

（2）假设现在大龙公司董事会质疑总经理的目标利润额并指出同行业平均投资资本回报率为 20%，大龙公司现有投资资本平均总额 90 000 万元，大龙公司董事会认为公司预算期的目标利润额应当为 18 000 万元。

（3）假设大龙公司 3 000（18 000－15 000）万元的目标利润差额通过增加销售收入达到，令销售收入为 X，则有 $X×（40\%－25\%）＝18 000$ 万元，销售收入 X 需要增长到 120 000 万元可以达到大龙公司董事会的目标利润额。

（4）假设销售收入已经不能增长，大龙公司 3 000 万元的目标利润差额希望通过降低成本费用率，提高毛利率来解决，令毛利率为 Y，则有 $100 000×（Y－25\%）＝18 000$ 万元，毛利率 Y 需要提高到 43% 可以达到大龙公司董事会的目标利润额。

（5）假设大龙公司的成本控制已经达到一定水平，只能提高降低销售及管理费用率来解决，令销售及管理费用率为 Z，则有 $100 000×（40\%－Z）＝18 000$ 万元，销售及管理费用 Z 需要降低到 22% 可以达到大龙公司董事会的目标利润额。

知识拓展4.4

运用倒推测算法进行目标成本预测

倒推测算(目标成本)法是指从预计营业收入中减去应缴税费和目标利润之后计算出目标成本的预算方法。

大龙烟草公司生产A型卷烟,假定每月A型卷烟销售量为50 000箱,每标准箱单价10万元,增值税率为17%,消费税税率为45%,假设A型卷烟的过滤嘴、烟丝等成本占销售额的预计比重为15%,大龙烟草公司所在地区的城市维护建设税税率为7%,教育费附加率为4%,烟草行业的销售利润率为25%,要求预测大龙烟草公司A型卷烟的目标成本:

目标利润=50 000×10×25%=125 000(万元)

应缴税费=50 000×10×45%+(50 000×10×45%+50 000×10×(1-15%)×
　　　　　17%)×(7%+4%)
　　　　=257 697.5(万元)

目标成本=50 000×10-125 000-257 697.5=117 302.5(万元)

二、主要预算的编制

【任务4-13】　以大龙机电股份有限公司(以下简称大龙公司)为任务,具体介绍从日常业务预算,专门决策预算到财务预算的全面预算编制过程。

(一)日常业务(经营)预算

1. 销售预算

销售预算是编制全面预算的起点,其他预算的编制都必须以销售预算为基础。在销售预算的编制过程中,企业应根据历史财务数据做出的市场销售预测、已经或预算期内能够获得的销售合同、自身的产能做出预计销售量的预测;根据企业在市场竞争中所取得的份额、市场环境(包括供应与需求)及企业对产品定价策略做出单价的预测。再依据销售收入是预计销售量与单价的乘积,得出预计销售收入,并根据各季度现销收入与收回前期的应收账款反映现金收入额,为编制现金收支预算提供了资料。根据销售预测确定的销售量和销售单价确定各期的销售收入,并根据各期销售收入和企业信用政策,确定每期销售现金流量,是销售预算的两个核心问题。

【任务4-13-1】　2×11年(预算年度)只生产和销售一种产品,产品单价为100元(假设通常在不考虑通货膨胀的条件下,年度内各季度期间单价不发生变化)预算年度内4个季度的销售量经过测算分别为400件、300件、350件和420件。根据以往的经验,每季度的产品销售的销售货款在当季可收到60%,其余40%部分将于下一季度收到。上一年(基期)年末的应收账款金额为15 000元。根据上述资料,大龙公司预算年度的销售预算如表4-9所示。

表4-9　2×11年度大龙公司销售预算表

金额单位:元

季度　　　项目	一季度	二季度	三季度	四季度	全年
预计销售量(件)	400	300	350	420	1 470
预计单价(元)	100	100	100	100	100
预计销售收入(元)	40 000	30 000	35 000	42 000	147 000

根据销售预算及基期应收账款的收回及预计收回当期销售收入的情况,可以编制出大龙公司预算期预计现金收入计算表,如表4-10所示。现金收入计算表是编制现金预算的依据。

表4-10 2×11年度大龙公司预计现金收入预算表

金额单位:元

项目 \ 季度	一季度	二季度	三季度	四季度	全年
上年末应收账款	15 000				15 000
第一季度(销售收入40 000)收现	24 000	16 000			40 000
第二季度(销售收入30 000)收现		18 000	12 000		30 000
第三季度(销售收入35 000)收现			21 000	14 000	35 000
第四季度(销售收入42 000)收现				25 200	25 200
现金收入合计	39 000	34 000	33 000	39 200	145 200

【活动题4-2】 预算期(2×11年)末应收账款的金额是多少?
(请参见资产负债表预算)

2. 生产预算

生产预算是在销售预算的基础上编制完成的,其主要内容是确定产品在预算期的生产量和期末结存量,前者为编制材料预算、人工预算、制造费用预算等提供基础,后者是编制期末存货预算和预计资产负债表的基础。

生产预算的特殊之处在于只有实物量而没有价值量。通常,企业的生产和销售并不能做到同步运动,这就需要设置一定的存货水平,能够保证在发生意外需求时能够按时供货,及时生产。存货数量通常按照下期销售量的一定百分比水平确定。

预计期初结存量+预计生产量(本期增加)-预计销售量(本期减少)=预计期末结存量

得出基本公式:预计生产量=预计销售量+预计期末结存量-预计期初结存量

上述基本公式反映了"以销定产"的原理,不仅呈现了企业在生产与销售和存货间的此消彼长的协调关系,还说明了在充分竞争的市场经济条件下,企业必须做到"以销定产",否则,企业生产过剩的后果无非是产品滞销、亏损、现金流为负。相反,企业也会由于产能不足、仓储水平的约束等不能满足消费者对于公司产品的市场需求,错过了最宝贵的盈余积累和通过正现金流回收原始投资的最佳时机。以上都会带来企业价值的减损。

【活动题4-3-2】 生产预算是在销售预算的基础上编制的。按照"以销定产"的原则,生产预算中各季度的预计生产量等于各季度的预计销售量是否一定正确呢?

【任务4-13-2】 大龙公司期末存货量为下一季度销售量的10%,预算期第1季度期初存货量为50件,预算期期末存货量为40件。根据销售预算的预计销售量和相关基本公式,可编制出大龙公司预算年度的生产预算表,如表4-11所示。

表 4-11 2×11年度大龙公司生产预算表

金额单位:元

季度　　　　　项目	一季度	二季度	三季度	四季度	全年
预计销售量(件)	400	300	350	420	1 470(全年时期发生额)
加:预计期末存货	30	35	42	40	40 (期末时点数)
减:预计期初存货	50	30	35	42	50 (期初时点数)
预计生产量(件)	380	305	357	418	1 460(全年时期发生额)

3. 材料采购预算

材料采购预算是为了规划预算期材料消耗情况及采购活动而编制的,用于反映预算期各种材料消耗量、采购量、材料消耗成本和材料采购成本等计划信息的一种业务预算。材料采购预算,是以生产预算为基础编制的,并需要考虑材料的期初、期末的存量。

材料预计生产需要量=单位产品材料的消耗定额×产品预计生产量

材料期初结存量+材料采购量(本期增加)-材料耗用量(本期减少)=材料期末结存量

得出基本公式:材料采购量=材料耗用量+材料期末结存量-材料期初结存量

材料采购支出=当期现金采购支出+支付前期赊购

材料期末结存量可以为期末存货预算表的编制提供依据,现金支出的确定可以为现金预算的编制提供依据。

【任务 4-13-3】 大龙公司所生产的产品只需要一种材料,单位产品消耗材料定额为4千克,单位成本为10元,每季度末的材料存量为下一季度生产需用量的30%,每季度的采购款当季支付60%,其余40%款项在下一季度支付。预算期第1季度应付基期第4季度的应付账款为6 000元,预估预算期期初材料存量为510千克,期末材料存量为500千克。

根据生产预算以及上述单位产品的材料消耗定额、期初和期末的材料存量可以得出预计材料采购量的预算。再根据预计材料采购量、单位成本及材料采购款项的支付比例编制出预算期大龙公司材料预算表及现金支出预算表,如表 4-12 所示。

表 4-12 2×11年度大龙公司材料预算表及现金支出预算表

金额单位:元

季度　　　　　项目	一季度	二季度	三季度	四季度	全年
预计生产量(件)	380	305	357	418	1 460
单位产品材料消耗定额	4	4	4	4	4
预计生产需用量(千克)	1 520	1 220	1 428	1 672	5 840(全年时期合计金额)
加:期末存量(千克)	366	428.4	501.6	500	500 (期末时点数)
减:期初存量(千克)	510	366	428.4	501.6	510 (期初时点数)
预计材料采购量(千克)	1 376	1 282.4	1 501.2	1 670.4	5 830(全年时期发生金额)

续表 4-12

季度 项目	一季度	二季度	三季度	四季度	全年
材料单价(元/千克)	10	10	10	10	
预计采购金额(元)	13 760	12 824	15 012	16 704	
上年度应付账款	6 000				6 000
第一季度(采购 13 760 元)	8 256	5 504			13 760
第二季度(采购 12 824 元)		7 694.4	5 129.6		12 824
第三季度(采购 15 012 元)			9 007.2	6 004.8	15 012
第四季度(采购 16 704 元)				10 022.4	10 022.4
合计现金支出	14 256	13 198.4	14 136.8	16 027.2	57 618.4

【活动题 4-4】 预算期(2×11 年)末应付账款的金额是多少?

(请参见资产负债表预算)

4. 直接人工预算

直接人工预算也是以生产预算为基础编制的。直接人工预算是一种既反映预算期内人工工时消耗水平,又规划人工成本开支的业务预算。

由于工资一般需要以现金支付,因此直接人工预算表中预计直接人工成本就是现金预算中的直接人工支出。直接人工预算的关键在于确定现金预算中直接人工的总成本和产品成本预算中的直接人工。

【任务 4-13-4】 大龙公司在预算期内所需直接人工单位工时工资率为 4 元/小时,单位产品的定额工时为 2 小时/件,大龙公司以现金按期支付全年各季度人工工资。(按照我国现行制度规定,在直接工资之外还应当考虑据实列支的福利费支出,在本例中假定福利费支出已经包含在大龙公司的直接人工成本之中)。根据直接人工单位工时工资率、单位产品工时定额和产品的预计生产量,可以编制出直接人工预算表,如表 4-13 所示。

表 4-13 2×11 年度大龙公司直接人工预算表

单位金额:元

季度 项目	一季度	二季度	三季度	四季度	全年
预计生产量(件)	380	305	357	418	1 460
单位产品工时定额(小时/件)	2	2	2	2	2
人工总工时(小时)	760	610	714	836	2 920
人工单位工时工资率(元/小时)	4	4	4	4	4
人工总成本(元)	3 040	2 440	2 856	11 680	11 680

5. 制造费用预算

制造费用预算是反映生产成本中除去直接材料、直接人工以外的所有不能直接计入产品制造成本的间接的制造费用的预算。制造费用预算通常按照成本习性划分为变动制造费用和固定制造费用两个部分。变动制造费用的编制基础是生产预算;固定制造费用则需要进行逐项的统计,一般来说固定制造费用与当期的产量无关,按照每季度需要支付的金额大小求出全年数。制造费用中,除折旧费外的(比如保险费用、修理费等)都必须以现金支付。所以,根据全年每个季度制造费用合计数扣除折旧费后,即可得出"合计现金支出的制造费用"。

【任务 4-13-5】 已知大龙公司(按产量计算的)变动制造费用分配率为 2.5 元/件(间接人工(1 元/件)、间接材料(0.5 元/件)、水电费(1 元/件)),在预算期内的变动制造费用为 3 650 元(其中:间接人工 1 460 元,间接材料 730 元,水电费 1 460 元;各季度间变动制造费用的分配以生产量作为依据,均见表 4-14)。预算期内固定制造费用为 5 570 元(包含折旧 2 000 元),除折旧之外的各项制造费用均以现金方式支付。如表 4-14 所示。

表 4-14 大龙公司制造费用预算表

2×11 年度

金额单位:元

季度 项目	一季度	二季度	三季度	四季度	全年
变动制造费用					
间接人工(1 元/件)	380	305	357	418	1 460
间接材料(0.5 元/件)	190	152.5	178.5	209	730
水电费 (1 元/件)	380	305	357	418	1 460
变动制造费用小计	950	7 62.5	892.5	1 045	3 650
固定制造费用					
折旧	500	500	500	500	2 000
保险费用	80	80	80	80	320
修理费	1 000	900	560	790	3 250
固定制造费用小计	1 580	1 480	1 140	1 370	5 570
制造费用合计	2 530	2 242.5	2 032.5	2 415	9 220
减:折旧	500	500	500	500	2 000
合计现金支出	2 030	1 742.5	1 532.5	1 915	7 220

【任务 4-13-5 解析】

(1) 在制造费用预算编制完成之后需要计算小时费用率:

①变动制造费用分配率=3 650/2 920=1.25(元/小时)

②固定制造费用分配率=5 570/2 920=1.907 534(元/小时)

(2) 工时数为 2 920 小时。

(3) 为保持后述产品成本预算表、预计利润表、预计资产负债表的数据的精确性,固定制造费用分配率取六位小数,下同。

6. 产品成本预算

产品成本预算是生产预算、材料采购预算、直接人工预算、制造费用(包含变动制造费用、固定制造费用)预算的综合汇总。产品成本预算包含单位产品生产成本预算和产品总成本预算。单位产品生产成本反映的是预算期内各产品的单位生产成本,分别以材料采购预算、直接人工预算、制造费用预算为基础(单位产品预计生产成本＝单位产品直接材料成本＋单位产品直接人工成本＋单位产品制造费用)。

产品成本预算的关键在于确定单位产品生产成本,其目标是结合销售预算(根据销售量)确定利润表预算中的"营业成本"本期发生额和结合生产预算(根据生产量、期末结存产品数量＝期初结存产品数量＋本期产品生产量－本期销售量)确定资产负债表预算中的"存货－产成品"期末余额。

【任务 4-13-6】 已知大龙公司预算期(2×11 年度)内直接材料、直接人工、变动制造费用、固定制造费用的价格标准和用量定额并根据上述思路结合从销售预算、生产预算、材料采购预算、直接人工预算、制造费用预算编制大龙公司产品成本预算。如表 4-15所示。

表 4-15 2×11 年度大龙公司产品成本预算表

金额单位:元

	价格标准	用量定额	单位产品生产成本	生产成本(1 460 件)	期末存货(40 件)	营业(销售)成本(1 470 件)
直接材料	10 元/千克	4 千克/件	40 元/件	58 400	1 600	58 800
直接人工	4 元/小时	2 小时/件	8 元/件	11 680	320	11 760
变动制造费用	1.25 元/小时	2 小时/件	2.5 元/件	3 650	100	3 675
固定制造费用	1.907 534 元/小时	2 小时/件	3.815 068 元/件	5 570	152.6	5 608.15
合计			54.315 068 元/件	79 300	2 172.6	79 843.15

【任务 4-13-6解析】

(1) 生产成本 79 300 元＝单位产品生产成本 54.315 068 元/件×生产量 1 460 件

(2) 期末存货 2 172.6 元＝单位产品生产成本 54.315 068 元/件×期末结存 40 件,数据将在预计资产负债表预算中列示。

(3) 营业(销售)成本 79 843.15 元＝单位产品生产成本 54.315 068 元/件×销售量1 470件数据将在利润表预算中列示。

7. 销售及管理费用预算

销售费用预算是指为了实现销售所需要支付的费用预算。它是以销售预算(销售量)为基础,运用本量利方法分析销售费用与销售收入(销售利润)的关系,并考查基期每单位销售费用的增加所能够带来的销售收入增加数的实际效果,在力争实现销售费用的合理有效地安排使用。管理费用是任何企业所必需的一项费用,在现今企业的管理资源更被视为核心竞争力资源。在财务会计中多将管理费用列支于固定成本。合理的管理费用可以帮助企业利用管理职能为实际生产增添效率,过高或者过低的管理费用对于企业来说均不适宜。管理费用一般多以过去的实际开支为基础,再根据预算期可预见的增减变化进行调整,调整的目的是提高单位管理费用对企业的效率并且避免浪费。

【任务 4-13-7】 已知大龙公司预算期(2×11 年度)内变动销售及管理费用合计数为 2 940 元,以销售量为基础计算变动销售及管理费用分配率,固定销售及管理费用为

1 000元(预算期内各季度取平均数)。根据上述条件计算并编制预算期大龙公司的销售及管理费用预算表。如表4-16所示。

表4-16 2×11年度大龙公司销售及管理费用预算表

金额单位:元

季度 项目	一季度	二季度	三季度	四季度	全年
预计销售量(件)	400	300	350	420	1 470
变动销售及管理费用分配率	2	2	2	2	2
变动销售及管理费用现金支出	800	600	700	840	2 940
固定销售及管理费用现金支出	250	250	250	250	1 000
销售及管理费用现金支出合计	1 050	850	950	1 090	3 940

8. 专门决策预算

专门决策预算,又称资本支出预算、长期决策预算,通常指与项目投资决策密切相关的投资决策预算。该预算往往涉及长期建设项目的资金投资与筹措,并且经常跨越多个年度。编制专门决策预算的依据,是项目投资的财务可行性分析报告书及相关资料,以及企业筹资决策计划的相关资料。除去个别项目外专门决策预算一般不纳入日常业务预算,但是专门决策预算是编制现金预算和预计资产负债表的依据。

【任务4-13-8】 已知大龙公司董事会经过决议决定于预算期(2×11年)二季度从南通机床厂购买一台大型数控机床(该项固定资产投资的财务可行性分析需结合第六学习单元投资管理的NPV分析),南通机床厂与大龙公司协商一致,该笔款项必须于二季度末之前一次性支付(包含运输费、安装调试费及增值税)29 333.1元。南通机床厂承诺大龙公司于2×11年12月31日前完成安装调试并达到预计可使用状态。另:大龙公司曾于2×10年1月1日从中国工商银行取得5年期的长期借款9 000元,约定利率为12%,利息每年度末支付一次(第一次利息支付期为2×10年12月31日),借款本金于2×15年1月1日到期一次性支付。请根据以上已知条件编制2×11年度大龙公司专门决策预算表。如表4-17所示。

表4-17 2×11年度大龙公司专门决策预算表

金额单位:元

季度 项目	一季度	二季度	三季度	四季度	全年
投资支出预算	0	29 333.1	0	0	29 333.1
向银行借入长期借款	0	0	0	1 080(利息)	1 080

【任务4-13-8解析】 2×11年度长期借款期初余额为9 000元,预算期(2×11年)末支付全年利息1 080元,期末余额仍为9 000元,参见后述大龙公司2×11年资产负债表预算中"长期借款"期初数=期末数=9 000元的填列、大龙公司2×11年现金预算中"支付长期借款利息"1 080元的填列以及大龙公司2×11年利润表预算中"财务费用"1 630元的填列。

9. 现金预算

现金预算是企业对一定期间内的现金流量所作的预计和规划。现金预算的编制基础是收付实现制,即现金预算中包含了所有的现金收入和支出,但是不包括权责发生制下应收而未收到的收入和应付而未付的支出。现金预算编制的目的在于资金不足时做好现金的筹措,资金剩余时合理安排现金的投放。现金流量即现金流入和现金流出的数量,是指现金在企业经营过程中的流转量。如图4-5所示,其中:(1) 现金流入的来源包括(但不限于):①产品销售收入。这是任何正常经营的企业最主要的现金来源。②应收类资产的减少。例如,企业应收账款、应收票据、长期应收款等的收回导致企业债权减少的同时现金增加。③债务的增加。例如企业向金融机构借入长、短期借款或向社会公众发行企业债券,都会使得企业债务增加的同时现金增加。④企业吸收新的投资者加入企业(有限责任公司);企业首次公开发行股份上市、配股、发行可转换公司债券(股份有限公司)也都会使得企业债务增加的同时现金增加。⑤出售企业(剩余)资产。例如,不需用的生产线及厂房的出售会使企业现金增加。⑥利息、红利收入。(2) 现金支出的渠道包括(但不限于):①直接材料采购、直接人工(包含福利费)、各项税费(不包含企业所得税)的现金支出。②负债的减少。例如,企业对应付账款、应付票据、长期应付款等的支付导致企业负债减少的同时现金减少。③企业对各利益相关主体的分配。企业以现金缴纳企业所得税、支付利息费用、分配现金股利在分别实现了对政府部门、债权人及股东回报的同时现金减少。

现金流入的来源	营业活动	投资活动	筹资活动
	1. 销售商品和提供劳务	1. 出售固定资产	1. 短期借款
	2. 企业(应收)债权的减少	2. 出售无形资产	2. 长期借款
		3. 出售长期金融资产	3. 长期债券发行
		4. 利息和股利收入	4. 企业(应付)债务的增加
			5. 发行股份(IPO、配股、可转债、吸收联营投资)

(减去)　　　　　　　　　　　　现金

现金流出的去向	营业活动	投资活动	筹资活动
	1. 采购商品支付	1. 资本性支出	1. 偿还短期借款
	2. 支付人工、制造费用	2. 长期投资	2. 偿还长期借款/债券
	3. 支付销售及管理费用	3. 兼并和收购(M&A)	3. 支付利息和红利
	4. 支付税金		
	5. 企业(应付)债务的减少		
等于:	营业净现金流量	投资净现金流量	筹资净现金流量

图 4-5 现金流量的构成图

可供使用现金＝期初现金收入＋销售现金收入

其中"销售现金收入"金额的依据是销售预算。

"直接材料"、"直接人工"、"制造费用"、"销售及管理费用"和"购买设备支付"金额的依据分别是材料采购预算、直接人工预算、制造费用预算、销售及管理费用预算和专门决策预算。"支付所得税"和"分配股利支付"金额的依据来自企业的专项预算。

现金预算由以下"现金收入"、"现金支出"、"现金余缺"和"现金筹措及投放"四部分所构成。(1)"现金收入"与"现金支出"的差额为"现金余缺"。(2)"现金余缺"又决定了"现金筹措及投放"的方向。"现金余缺"是正数为现金剩余,可以用于短期投资或偿还银行借款。"现金余缺"是负数为现金不足,需要向外界筹集新增资金。用以下公式说明:

现金收入－现金支出＝现金余缺

现金收入－现金支出＋现金筹措(现金不足时)＝期末现金余额

或:现金收入－现金支出－现金投放(现金多余时)＝期末现金余额

【活动题 4-5】 理解并阐述在编制利润表预算和资产负债表预算前编制现金预算的必要性。

现金是企业正常经营运转的"血液"。利润表揭示了企业一定时期内的经营成果,资产负债表反映了企业在某个时点上的财务状况,但是,有些企业常常出现有高额的账面利润却不能按时支付到期的应付款项、账面上存在大额的资产却不能及时将公司正常运转下去;相反地,有些企业即使出现了个别年份的亏损,却依然能够度过难关持续经营。所以,能够立即为企业所用的是现金,经营者及时了解经营期内企业的现金周转状况并且编制现金预算就显得尤为重要。在编制日常经营预算、专门决策预算后及在编制利润表预算、资产负债表预算之前,进行现金预算表的编制起到了在全面预算中承上启下的作用。

【任务 4-13-9】 已知大龙公司预算期(2×11 年)期初现金余额为 8 000 元,一般情况下每季度末需要保留的现金余额最低为 5 500 元,不足的部分需要向银行取得借款;若公司尚有银行短期借款未偿还,为减少利息费用支出和降低财务杠杆,现金余额最低的要求可以压缩至 2 500 元,并且假设银行贷款的金额要求是 1 000 元的整数倍。根据历史财务数据,每季度末需要预缴企业所得税 5 000 元。预算期内大龙公司将分别在第二季度末、第四季度末采用固定股利政策进行两次股利分配(以股权登记日为基准每普通股可以分得 0.4 元现金股利)。如表 4-18 所示。

表 4-18 2×11 年度大龙公司现金预算表

金额单位:元

季度 项目	一季度	二季度	三季度	四季度	合计
期初现金余额	8 000	21 624	6 060	3 034.7	8 000
加:销售现金收入	39 000	34 000	33 000	39 200	145 200
可供使用现金	47 000	55 624	39 060	42 234.7	153 200
减:直接材料	14 256	13 198.4	14 136.8	16 027.2	57 618.4
直接人工	3 040	2 440	2 856	3 344	11 680
制造费用	2 030	1 742.5	1 532.5	1 915	
销售及管理费用	1 050	850	950	1 090	

续表 4 - 18

项目＼季度	一季度	二季度	三季度	四季度	合计
支付所得税	5 000	5 000	5 000	5 000	
购买(数控机床)设备支付		29 333.1			29 333.1
分配股利支付		8 000		8 000	16 000
现金支出合计	25 376	60 564	24 475.3	35 376.2	145 791.5
现金余缺	21 624	(4 940)	14 584.7	6 858.8	7 408.5
向银行取得短期借款		11 000			
归还银行短期借款			11 000		
向银行取得长期借款					
归还银行长期借款					
支付短期借款利息(年利率 10％)			550		550
支付长期借款利息(年利率 12％)				1 080	1 080
期末现金余额	21 624	6 060	3 034.7	5 778.5	5 778.5

【任务 4 - 13 - 9 解析】

(1) "期初现金余额" 8 000 元、"支付所得税" 20 000 元、"分配股利支付" 16 000 元根据已知填列。

(2) "销售现金收入" 见销售预算【任务 4 - 13 - 1】，表 4 - 9。

(3) "可供使用现金" 153 200 元＝"期初现金余额" 8 000 元＋"销售现金收入" 145 200 元(纵向相加)见【任务 4 - 13 - 1】，表 4 - 9。

(4) "直接材料" 见材料采购预算【任务 4 - 13 - 3】，表 4 - 12。

(5) "直接人工" 见直接人工预算【任务 4 - 13 - 4】，表 4 - 13。

(6) "制造费用" 见制造费用预算【任务 4 - 13 - 5】，表 4 - 14。

(7) "销售及管理费用" 见销售及管理费用预算【任务 4 - 13 - 7】，表 4 - 16。

(8) "向银行取得短期借款" ＝最低现金余额 5 500＋现金不足金额 4 940＝10 440，借款要求是 1 000 的整数倍所以是 11 000 元。

(9) "归还银行长期借款"，根据"专门决策预算"【任务 4 - 13 - 8】，表 4 - 17 填列。

(10) "支付短期借款利息" ＝11 000×10％×(3＋3)/12＝550 元。

(11) "支付长期借款利息" ＝长期借款本金 9 000×12％＝1 080 元。

"购买(数控机床)设备支付" 根据专门决策预算【任务 4 - 13 - 8】，表 4 - 17 填列。

10. 预计利润表预算——以权责发生制为基础

预计利润表预算是指以货币的形式综合反映企业在计划期内的预计经营成果的财务预算，其编制的依据基础是经营预算、专门决策预算和现金预算。通过编制预计利润表预算可以得出企业预算期的预计利润，并与企业的目标利润进行比较。如果二者水平相差较大，决定是否需要调整部门预算，设法达到目标利润；或者经过企业高层的批复之后修订目标利润。

【任务 4 - 13 - 10】 假定全年所得税费用水平与企业编制现金预算时所做出的估计一

致,无任何企业所得税汇算清缴的纳税调整事项,延续上述预算编制大龙公司预算期(2×11 年)的预计利润表预算。如表 4-19 所示。

表 4-19　2×11 年度大龙公司预计利润表预算

金额单位:元

营业收入	147 000
减:营业成本	79 843.15
毛利	67 156.85
减:销售及管理费用	3 940
财务费用	1 630
利润总额	61 586.85
减:所得税费用	20 000
净利润	41 586.85

【任务 4-13-10 解析】

(1)"营业收入"147 000 元(权责发生制)金额的依据是销售预算【任务 4-13-1】,表 4-9。

(2)"营业成本"79 843.15 元(权责发生制)金额的依据是产品成本预算【任务 4-13-6】,表 4-15。

(3)"财务费用"1 630 元="支付短期借款利息"550 元+"支付长期借款利息"1 080元。

11. 预计资产负债表——以权责发生制为基础

预计资产负债表的编制需以计划期开始日的资产负债表为基础,然后结合计划期间各项业务预算、专门决策预算、现金预算和预计利润表进行编制。它是编制全面预算的终点。

【任务 4-13-11】　编制大龙公司预算期(2×11 年)的预计资产负债表预算。如表 4-20 所示。

表 4-20　2×11 年度大龙公司预计资产负债表

金额单位:元

项目	期初数	期末数	项目	期初数	期末数
现金	8 000	5 778.5	应付账款	6 000	6 681.6
应收账款	15 000	16 800	长期借款	9 000	9 000
存货－直接材料	5 100	5 000	普通股股本	20 000	20 000
存货－产成品	2 715.75	2 172.6	未分配利润	20 815.75	46 402.6
固定资产	30 000	59 333.1			
减:累计折旧	5 000	7 000			
资产总额	55 815.75	82 084.2	负债和仅益总额	55 815.75	82 084.2

【任务 4-13-11 解析】

(1)"现金"期初数 8 000 元已知,期末数 5 778.5 元依据【任务 4-13-9】"现金预算——期末现金余额",表 4-18 填列。

(2)"应收账款"期初数 15 000 元已知,期末数 16 800 元＝预算期第四季度销售收入 42 000×40%,见销售预算【任务 4-13-1】,表 4-10。

(3)"存货-直接材料"期初数 5 100 元,期末数 5 000 元,见材料采购预算【任务 4-13-3】,表 4-12。

(4)"存货-产成品"期初数 2 715.75 元,期末数 2 172.6 元,见【任务 4-13-2】,表 4-11(分别确定期初、期末产成品结存量),大龙公司产品成本预算表【任务 4-13-6】,表 4-15(确定单位产品生产成本)。

(5)"固定资产"期初数 30 000 元已知;根据"专门决策预算"【任务 4-13-8】,表 4-17所述,2×11 年 12 月 31 日前完成数控机床的安装调试工作,并达到预计可使用状态。所以,期末数 59 333.1 元＝期初数 30 000 元＋新增固定资产－数控机床29 333.1元。

(6)"累计折旧"期初数 5 000 元已知,期末数 7 000 元＝期初数 5 000 元＋2 000 元(2×11年新增的 2 000 元为大龙公司原有的 30 000 元固定资产的折旧额,不包括新增固定资产——数控机床29 333.1 元的折旧额(新增数控机床 29 333.1 元的折旧从 2×12 年开始计提)。

(7)"应付账款"期初数 6 000 元已知,期末数 6 681.6 元＝16 704 元×(1－当期付现率)×40%,分别见【任务 4-13-3】,表 4-12。

(8)"长期借款"期初数＝期末数＝9 000 元,见【任务 4-13-8】,表 4-17。

(9)"普通股股本"期初数＝20 000 元已知,由于大龙公司预算期内未采取任何例如增加股本的权益融资方式筹资,所以期末数＝20 000 元。

(10)"未分配利润(期初数)"20 815.75 元已知,"未分配利润(期末数)"46 402.6 元＝"未分配利润(期初数)"20 815.75 元＋预算期净利润 41 586.85(根据预计利润表预算)－预算期股利支付 16 000(根据现金预算表)＝45 586.85 元。

练习 4.3.1

【单项选择题】 某公司只生产一种产品,产品售价 20 元/件。2×10 年 12 月销售 20 000件,2×11 年 1 月销售 30 000 件,2×11 年 2 月预计销售 40 000 件。根据历史经验数据,商品销售后当月收回货款的 60%,次月收回 30%,再次月收回 8%,另外 2%为坏账损失,则 2010 年 2 月预计现金收入为( )元。

A. 668 000   B. 696 500   C. 692 000   D. 524 500

练习 4.3.2

【单项选择题】 在下列各项中,能够同时以实物量指标和价值量指标分别反映企业经营收入和相关现金收支的预算是( )。

A. 现金预算   B. 销售预算   C. 生产预算   D. 产品成本预算

练习 4.3.3

【多项选择题】 在编制现金预算的过程中,可作为其编制依据的有( )。

A. 日常业务预算   B. 预计利润表   C. 预计资产负债表 D. 专门决策

◆ 练习 4.3.4

【多项选择题】　在编制生产预算时,计算某种产品预计生产量应考虑的因素包括（　　）。

A. 预计材料采购量
B. 预计产品销售量
C. 预计直接人工工时
D. 预计期末产品存货量

◆ 练习 4.3.5

【判断题】　生产预算是业务预算中惟一仅以数量形式反映预算期内有关产品产销数量和品种结构的一种预算。（　　）

【任务拓展】　请结合某公司的销售预算及收集的相关财务资料,练习目标利润的计算和全面预算的编制。

本学习单元主要框架图

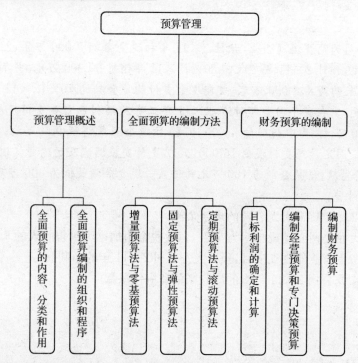

本学习单元关键术语中英文对照

1. 定期预算法　　　　　　Regular Budget Approach
2. 滚动预算法　　　　　　Rolling Budget Approach
3. 增量预算法　　　　　　Incremental Budget Approach
4. 零基预算法　　　　　　Zero-base Budget Approach, ZBB
5. 固定预算法　　　　　　Fixed Budget Approach
6. 弹性预算法　　　　　　Flexible Budget Approach
7. 首次公开发行　　　　　Initial Public Offerings, IPO
8. 财务业绩　　　　　　　Financial Performance
9. 全面预算　　　　　　　Complete Budget

10. 销售/生产/现金预算   Sale/Product/Cash Budget
11. 预计利润表/资产负债表   Estimate Income Statement/Balance Sheet
12. 期望理论   Expectancy Theory

本学习单元案例讨论

1. 大龙公司为商贸流通企业,只经销一种商品,该商品的进价成本为 5 元/件,平均在 15 天后付款。编制预算时月底存货为次月销售的 14%。2×11 年 2 月底的实际存货为 4 000 件,应付账款余额为 77 500 元,2×11 年 3 月预计销售 40 000 件,2×11 年 4 月份预计销售 25 000 件。

要求:(1) 计算大龙公司 3 月份预计采购量;

(2) 计算大龙公司 3 月份采购现金支出合计。

2. 大龙公司为商贸流通企业,预计 2×11 年初现金余额 8 000 万元,2×11 年初应收账款 4 000 万元,预计 2×11 年可收回 80%;2×11 年销货 50 000 万元,当年可以收到现金 50%;2×11 年采购商品 8 000 万元,当期现金支付购货金额的 70%;2×11 年初应付账款余额 5 000 万元,需在当年内全部付清,2×11 年工资及福利费需要支付现金 8 400 万元;间接费用 5 000 万元,其中折旧费 4 000 万元;预缴企业所得税 900 万元;支付增值税为 7 850 万元,购买固定资产支付现金 16 000 万元,支付安装调试及运输费 4 000 万元。现金不足时,向银行借款,借款金额为 100 万元的倍数。现金余额最低为 400 万元。

请讨论并计算:

(1) 计算 2×11 年末大龙公司的现金余额;

(2) 假设大龙公司变动成本率为 60%,营业税金附加率为销售收入的 5.6%,企业所得税率 25%,不考虑营业外收支项目,预计大龙公司 2×11 年的净利润;

(3) 预计大龙公司 2×11 年末的应收账款和应付账款。

本学习单元讨论题

(一) 以江苏省电力公司预算编制流程为例讨论并理解预算编制的流程,请根据预算编制的流程思考并讨论江苏省电力公司预算管理模式的要点和原则以及财务预算的管理体系。

1. 预算目标的确定、下达

省公司根据预算年度经营目标及相关制度确定基层各单位的年度目标利润、资产负债率、资产回报率、坏账损失率和投资收益率等预算指标,并在预算年度上一年的 11 月底之前下达给各基层单位。

2. 预算草案的编制、上报

各基层单位在确保完成省公司下达的各项目标的前提下,根据本单位实际经营情况编制预算年度财务预算草案,并在预算年度上一年12月底之前上报省公司。具体编制流程如下:

(1)基层单位的各个责任中心编制与该中心有关的各项预算,报相关归口管理部门审核。

(2)基层单位的归口管理部门审核相关预算方案,并对项目按轻重缓急进行排序,报主管厂(局)长审定,经主管厂(局)长审定后与本单位预算管理委员会办公室审核、平衡。

(3)基层单位预算管理委员会办公室审核各项财务预算,并进行平衡、汇总,编制基层单位的财务预算,提交给本单位预算管理委员会,由后者审定后上报省公司预算管理委员会办公室相关业务归口管理处室审核。

3. 预算的审批、下达

基层各单位上报的财务预算草案在省公司须先后经过主管局长、省公司预算管理委员会办公室、省公司预算管理委员会三个环节的审核、平衡、调整,通过后,提交华东电力集团公司审批。再由省公司预算管理委员会办公室根据华东电力集团批准的财务预算方案,调整确定省公司和基层单位的财务预算(如需经预算管理委员会复审的报经预算管理委员会审批),并下达给各基层单位及相关业务归口管理处室执行。

4. 预算的调整

预算项目调整的申请、上报、审批、下达流程与预算编制的流程相同。利润预算、现金流量预算调整不突破年度预算的,由各单位预算管理委员会审批;超过年度预算的利润预算、现金流量预算、资本性支出预算调整、资本性支出预算增减项目调整,由基层单位预算管理办公室提出申请,报请省公司预算管理委员会批准。

5. 预算执行情况的分析与考核

(1)预算执行情况分析。预算管理委员会办公室及各业务归口管理部门对预算的执行情况按季度进行分析,着重分析利润预算、资本性支出预算、现金流量预算的完成情况,对当期实际发生数与预算数之间存在的差异,不论是有利还是不利,都要认真分析其成因,而且要写明拟采取的改进措施。预算分析的重点是差异的原因及应采取的措施。

(2)预算执行情况考核。预算管理委员会办公室及各业务归口管理部门负责对预算执行情况进行考核,考核的内容包括预算完成情况、预算编制的准确性与及时性等指标。考核采取记分制,基础分为100分。在预算完成情况考核中,预算的实际完成数每超过或低于预算数一定的百分比则给予一定分数的处罚或奖励。最终根据实际取得的分数划分不同的档次,分档次确定给予多少奖金或扣减多少经验风险抵押金。预算编制准确性与及时性考核的方法与预算完成情况考核相类似,最终也是按实际分数所在的档次来确定奖惩。

江苏省电力公司预算管理模式应当包含:"量入为出、综合平衡"、"全面、全额、全员预算"、"相互衔接"三个原则。据此编制省电力公司下属的包括各个发电厂、供电局在内的所有单位部门的分年度、季度、月度的利润预算、资本性支出预算、现金流量预算和资产负债预算。在企业预算管理中,特别是对资本性支出项目的预算管理,要坚决贯彻"量入为出,量力而行"的原则。这里的"入"一方面要从过去自有资金的狭义范围拓宽到要债经营,同时又要考虑企业的偿债能力,杜绝没有资金来源或负债风险过大的资本预算。

江苏省电力公司财务预算管理体系。公司建立了从省公司到各工厂、各级供电局的"金字塔"型的财务预算管理体系,体系的最顶端是财务预算委员会,由最高管理层成员和一些关键职能管理部门的负责人组成,负责审查批准财务预算方案,协调预算的执行、调整、检查、考核工作。省电力公司、厂(局、公司)、车间(工区)、班组间,一级对一级负责,逐层分解落实,层层考核,确保预算的编制和执行。预算管理委员会下设办公室,与财务部门合署办公,负责预算管理委员会的日常工作。

(资料来源:王化成.全面预算管理.北京:中国人民大学出版社,2004(已修订))

(二)全面预算理论研究的最新成果

财政部会同中国证监会、审计署、银监会、保监会在 2008 年 7 月发布的《企业内部控制基本规范》的基础上,于 2010 年 4 月 26 日,制定发布的《企业内部控制应用指引第 15 号——全面预算》对全面预算的描述:

全国预算是企业对一定期间经营活动、投资活动、财务活动等作出的预算安排。全面预算作为一种全方位、全过程、全员参与编制与实施的预算管理模式,通过将企业的资金流与实物流、信息流相整合优化了企业的资源配置,提高了资金的使用效率。然而,企业要想使全面预算管理达到预期的效果,必须要特别关注和防范预算管理中的风险。

与全面预算相关的关键风险包括:(1)不编制预算或预算不健全,可能导致企业经营缺乏约束或盲目发展;(2)预算目标不合理、编制不科学,可能导致企业资源浪费或发展目标难以实现;(3)预算缺乏刚性、执行不力、考核不严,可能导致预算管理流于形式。

针对上述风险,《企业内部控制应用指引第 15 号——全面预算》要求企业在加强全国预算工作的组织领导,明确预算管理体制以及各预算执行单位的职责权限、授权批准程序和工作协调机制的基础上,着重做到以下管控措施:(1)企业应当建立和完善预算编制工作制度,明确编制依据、编制程序、编制方法等内容,确保预算编制依据合理、程序适当、方法科学,避免预算指标过高或过低。(2)企业应当根据发展战略和年度生产经营计划,综合考虑预算期内经济政策、市场环境等因素,按照上下结合、分级编制、逐级汇总的程序,编制年度全面预算。企业预算管理委员会应当对预算管理工作机构在综合平衡基础上提交的预算方案进行研究论证,从企业发展全局角度提出建议,形成全面预算草案,并提交董事会审核。企业全面预算按照相关法律法规及企业章程的规定报经审议批准后,应当以文件形式下达。(3)企业应当加强对预算执行的管理。全面预算一经下达,各预算执行单位必须以此为依据,认真组织各项生产经营和投融资活动,严格预算执行和控制。企业预算工作机构和各算执行单还应当建立预算执行情况分析制度,定期如开预算执行分析会议,妥善解决预算处执行中存在的问题。(4)企业应当建立严格的预算执行考核制度,对各预算执行单位和个人进行考核,切实做到有奖有惩、奖惩分别。必要时,企业可实行预算执行情况内部审计制度。

本学习单元技能实训

一、实训目的

通过实践调查活动,使学生了解财务预算在全面预算体系中的重要地位,明确企业日常业务(经营)预算、专门决策预算及财务预算的编制方法,增强学生对全面预算管理体系的感性认识。

二、实训内容

结合本学习单元内容,对身边财务管理水平较好的具体企业进行调研,对其全面预算的主要内容进行综合分析,特别关注企业在现金预算、预计利润表和预计资产负债表的编制情况,并尝试分析编制全面预算对企业的经营绩效产生的影响,并把调研结果形成书面材料,做成 PPT 在班级公开汇报,其他同学组成答辩小组公开答辩。

三、实训要求

1. 对学生进行分组,指定小组负责人,联系合作单位或学生合理利用社会关系自主联系实训(践)单位。

2. 根据本实训(践)教学的目的,拟定调查题目,列出调查提纲,制定调查表格。

3. 实地调查和采访时要注意自己的形象,能准确流利地表达自己的目的和愿望,以便得到对方的配合。

4. 对调查采访资料进行整理和总结,写出一份调查报告(字数 1 500 左右),做成 PPT 在班级公开汇报。

四、评分标准

评分项目	比重	评分标准
课堂参与	40%	我们将在整个过程中记录你的参与度。你的参与分取决于你通过出勤、问问题和回答问题而给整个课程的贡献
任务训练	30%	我们分别在 3 个主题学习单元后面设计了 3 个任务训练,每个占 1/3
案例及讨论题	15%	此部分主要针对学习单元后面的案例和讨论题
小组分析报告与讨论	15%	此部分主要针对技能训练部分,你必需加入一个学习小组分析一个企业全面预算管理的案例
本单元总分	100	(小组互评分数＋教师评分分数)×60％＋个人成绩分数×40％
总成绩比重	10%	

学习单元五

筹资管理

学习单元名称:筹资管理	课时安排:10

5-1 典型工作任务

资金需要量预测 ⟶ 资本成本 ⟶ 杠杆效应 ⟶ 资本结构

5-2 学习单元目标

通过本章的学习,使学生能够了解企业筹资需要量、筹资的方法及各种筹资方式的资本成本,掌握杠杆原理,能计算企业的价值。与此同时培养学生收集、处理财务信息,从中发现问题、解决问题的能力。

5-3 学习单元整体设计

主题学习单元	拟实现的能力目标	须掌握的知识内容	建议学时
5.1 筹资的概述	能够描述企业筹资的分类和原则	(1) 筹资的概念及方式 (2) 企业筹资的分类 (3) 企业筹资的原则	1
5.2 资金需要量的预测	能够运用多种方法,结合具体的公司案例确定该公司需要的资金数额	(1) 定性预测法 (2) 销售百分比法 (3) 资金习性预测法	2
5.3 资本成本	能够结合具体的企业的筹资方式确定该筹资方式的资本成本	(1) 资本成本概述 (2) 债务资本成本 (3) 权益资本成本	2
5.4 杠杆效应	能运用结合具体公司运用公式法和简化法分别计算公司的经营杠杆、财务杠杆、总杠杆系数,并进行评价	(1) 经营杠杆效应 (2) 财务杠杆效应 (3) 总杠杆效应	2
5.5 资本结构	能确定具体公司的最佳资本结构	(1) 资本结构的含义 (2) 资本结构的优化	2
	工作任务/技能训练	自选一家公司,对其筹资方式和筹资的资本成本进行分析	1

☞【案例引入】

20世纪60年代,28岁的阿克森还在纽约自己的律师事务所工作。面对众多的大富翁,阿克森不禁对自己的清资处境感到失落。这种日子不能再过下去了,他决定要闯荡社会。有什么好办法呢?左思右想,他想到了借贷。

他来到律师事务所,处理完几件事后,关上大门到邻街的一家银行去。找到这家银行的借贷部经理,阿克森声称要借一笔钱,修缮律师事务所。在美国,律师人头热,关系广,有很高的社会地位。因此,当他走出银行大门的时候,他的手中已握有1万美元的现金支票了。阿克森又进入了另一家银行,在那里存进了刚才拿到手的一万美元。完成这一切,前后总共不到1小时。

之后,阿克森又走了两家银行,重复了刚才的做法。这两笔共2万美元的借款利息用他的存款利息相抵,大体上也差不了多少。几个月后,阿克森就把存款取了出来,还了债。这样的一出一进阿克森便在4家银行建立了初步信誉。此后阿克森便在更多的银行玩弄这种短期借贷和提前还债的把戏,而且数额越来越大,不到一年光景,阿克森的银行信用已十分可靠了。凭着他的一纸签条,就能一次借出10万美元。信誉就这样出来了。有了可靠的信誉。还愁什么呢?

不久以后,阿克森又借钱了,他用借来的钱买下了费城一家濒临倒闭的公司。60年代的美国,充满着大好的机会,只要你用心,赚钱是丝毫没有问题的。8年以后,阿克森拥有的资产达到了1.5亿美元。

(资料来源:http:// www.pingan.com 以借养借做成大生意)
阿克森在短短八年时间资产的巨大增幅告诉我们什么?你认为筹资的方式有哪些?

主题学习单元5.1　筹资的概述

【任务5-1】　一个中国老太太和一个美国老太太在天堂相遇。中国老太太说:"我攒够了30年的钱,晚年终于买了一套大房子。"美国老太太说:"我住了30年的大房子,临终前终于还清了全部贷款。"这个故事在20世纪末广为流传。请问这个故事告诉我们什么道理?

一、筹资的概念及方式

筹资活动是资金运转的起点,任何一个企业,为了形成生产经营能力,保证生产经营正常运行,必须拥有一定数量的资金。资金是企业的血液,是企业设立、生存和发展的物质基础,是企业开展生产经营业务活动的基本前提,没有资金,企业将难以生存,更不可能发展。

企业筹资,是指企业为了满足其经营活动、投资活动、资本结构管理和其他需要,运用一定的筹资方式,筹措和获取所需资金的一种行为。

筹资方式是指企业筹集资金所采用的具体形式,目前我国企业的筹资方式主要有以下几种,如图5-1所示。

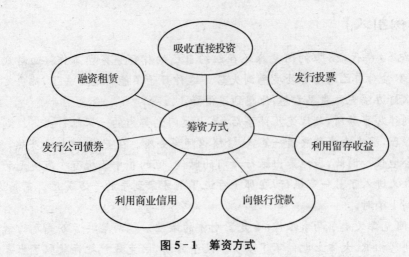

图 5-1 筹资方式

1. 吸收直接投资

吸收直接投资。按照投资者共同投资、共同经营、共担风险、共享收益原则,直接吸收资金的一种融资方式,是大多数小企业筹资的主要方式。优点是:手续简便,出资者是企业所有者、共享经营管理权。

2. 发行股票

发行股票,即股份公司通过发行股票筹措权益性资本的一种筹资方式。

3. 利用留存收益

留存收益是公司在经营过程中所创造的,但由于公司经营发展的需要或由于法定的原因等,没有分配给所有者而留存在公司的盈利。留存收益是指企业从历年实现的利润中提取或留存于企业的内部积累,它来源于企业的生产经营活动所实现的净利润,包括企业的盈余公积和未分配利润两部分,是企业资金的一项重要来源,它实际上是股东对企业进行追加投资。

4. 向银行借款

向银行借款是企业根据借款合同从有关银行或非银行的金融机构借入的需要还本付息的款项。

5. 利用商业信用

商业信用是企业在商品交易中由于延期付款或延期交货所形成的信贷关系,它是短期资金筹集的重要方式。

6. 发行公司债券

公司债券是指公司依照法定程序发行的,约定在一定期限还本付息的有价证券。发行债券的公司和债券投资者之间是一种债权债务关系。

7. 融资租赁

融资租赁是由租赁公司按承租单位要求出资购买设备,在较长的合同期内提供给承租单位使用的融资信用业务,它是以融通资金为主要目的的租赁。即它是以融物为形式,融资为实质的经济行为。

二、筹资的分类

企业筹资可按不同的标准进行分类,主要分类如表 5 - 1。

表 5 - 1　筹资的分类表

标志	类型	说明
所取得资金的权益特性	股权筹资	股权筹资形成股权资本。股权资本也称权益资本、自有资本、主权资本。是企业依法长期拥有、能够自主调配运用的资本
	债务筹资	债券筹资形成债务资本,是企业按合同取得的在规定期限内需要清偿的债务
	其他筹资(衍生工具筹资)	衍生工具筹资是以股权或债权为基础产生的新的融资方式,如我国上市公司目前最常见的可转换债券融资、认股权证融资
是否借助于中介	直接筹资	是直接与资金供应者协商筹集资金。直接筹资方式主要有发行股票、发行债券、吸收直接投资等
	间接筹资	是企业通过银行和非银行金融机构而筹集资金。间接筹资方式主要有银行借款、融资租赁等
资金的来源范围	内部筹资	是指企业通过利润留存而形成的筹资来源(一般无筹资费用)
	外部筹资	是指向企业外部筹措资金而形成的筹资来源
所筹集资金的使用期限	长期筹资	是指企业筹集使用期限在 1 年以上的资金筹集活动
	短期筹资	是指企业筹集使用期限在 1 年以内的资金筹集活动

三、筹资的原则

(一)筹措及时

通过预算手段完成需求时间的测定,根据资金需求的具体情况,合理安排资金筹集时间,适时获得所需资金,防止因筹资不及时而影响生产经营,又防止取得时间滞后,错过资金投放时间。

(二)来源经济

综合考察各种筹资渠道和筹资方式的难易程度、资金成本和筹资风险,研究各种资金来源的构成,求得资金来源的最优组合,以降低筹资的综合成本。

(三)结构合理

综合考虑股权资本与债务资金的关系、长期资金与短期资金的关系、内部筹资与外部筹资的关系,合理安排资本结构,保持适当偿债能力,防范企业财务危机,提高筹资效益。

(四)规模适当

通过预测手段预测资金需要量。筹资规模与资金需要量要匹配,避免筹资不足影响生产经营正常进行,又要防止过多造成资金闲置。

◆ **练习 5.1.1**

【单项选择题】 下列各项中,属于外部权益筹资的是(　　)。

A. 利用商业信用　　　　　　　　B. 吸收直接投资

C. 利用留存收益　　　　　　　　D. 发行债券

◆ **练习 5.1.2**

【单项选择题】 关于企业筹资的分类,不正确的是(　　)。

A. 按企业取得资金的权益特性不同,分为股权筹资、债券筹资及其他筹资

B. 按资金来源范围不同,分为内部筹资和外部筹资

C. 按筹集资金的使用期限不同,分为长期筹资和短期筹资

D. 按能否直接取得货币资金,分为直接筹资和间接筹资

◆ **练习 5.1.3**

【判断题】 筹资渠道解决的是资金来源问题,筹资方式解决的是通过何方式取得资金的问题,它们之间不存在对应关系。(　　)

◆ **练习 5.1.4**

【任务训练】 假如你作为企业的财务负责人,你认为企业在筹资时应考虑哪些问题。

主题学习单元 5.2　资金需要量的预测

一、定性预测法

企业在筹资之前,应当采用一定的方法预测资金需要量,以保证企业生产经营活动对资金的需要,避免发生融资失败、现金周转不灵等问题。企业资金需要量的预测方法包括定性预测法和定量预测法,定量预测法常用方法主要包括销售百分比法与资金习性预测法。

定性预测法是指利用直观的资料,依靠个人的经验对未来资金需要量作出预测。定性预测法一般适用于企业缺乏完备准确的历史资料;预测方式主要依靠个人的经验、主观分析和判断能力,定性预测法虽然十分实用,但它不能揭示资金需要量与有关因素之间的数量关系。

二、销售百分比法

【任务 5-2】 大龙公司 2009 年销售收入为 20 000 万元,销售净利润率为 12%,净利润的 60% 分配给投资者。2009 年 12 月 31 日的资产负债表(简表)如表 5-2 所示。

表 5-2　资产负债表(简表)

2009 年 12 月 31 日　　　　　　　　　　　　单位:万元

资产	期末余额	负债及所有者权益	期末余额
货币资金	1 000	应付账款	1 000
应收账款净额	3 000	应付票据	2 000
存货	6 000	长期借款	9 000
固定资产净值	7 000	实收资本	4 000
无形资产	1 000	留存收益	2 000
资产总计	18 000	负债与所有者权益总计	18 000

该公司 2010 年计划销售收入比上年增长 30%,公司有足够的生产能力,无需追加固定资产投资。据历年财务数据分析,公司流动资产与流动负债随销售额同比率增减。假定该公司 2010 年的销售净利率和利润分配政策与上年保持一致,适用的企业所得税税率为 25%。预测 2010 年需要对外筹集的资金量。

(一)基本原理

假设:某些资产和某些负债随销售额同比例变化(或者销售百分比不变)。

当企业销售规模扩大时,需要增加流动资产,则企业需要筹措资金,这部分资金可以通过留存收益取得,当留存收益不能满足资金需要时,企业可以通过外部融资取得。

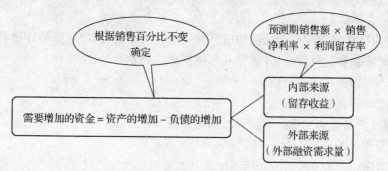

图 5-2　基本原理

随销售额同比例变化的资产(敏感资产):现金、应收账款、存货等项目。

随销售额同比例变化的负债(敏感负债):应付票据、应付账款等项目,不包括短期借款、短期融资券、长期负债等筹资性负债。

说明:当企业销售规模扩大很多,原有的生产能力不能满足生产需求时,则企业不仅需筹集流动资金,还需要筹集长期资产。

(二)计算方法

$$外部融资需求量 = 增加的资产 - 增加的负债 - 增加的留存收益$$
$$= A/S_1 \times \Delta S - B/S_1 \times \Delta S - S_2 \times P \times E$$

式中,A 为随销售变化的资产(敏感资产);B 为随销售变化的负债(敏感负债);S_1 为基期销售额;S_2 为预测期销售额;ΔS 为销售的变动额;P 为销售净利率;E 为利润留存比率;

$\dfrac{A}{S_1}$为敏感资产占基期销售额的百分比;$\dfrac{B}{S_1}$为敏感负债占基期销售额的百分比。

（三）基本步骤

应用销售百分比法预测资金需要量通常需经过以下步骤：

（1）确定随销售额变动而变动的敏感性资产和敏感性负债,确定其与销售额的稳定百分比

$$各项销售百分比＝基期资产（负债）÷基期销售收入$$

（2）预计需要增加的资产和需要增加的负债

$$增加的资产＝增量收入×基期敏感资产占基期销售额的百分比$$
$$增加的负债＝增量收入×基期敏感负债占基期销售额的百分比$$

（3）确定需要增加的资金数额

$$需要增加的资金量＝增加的资产－增加的负债$$

（4）预计增加的留存收益

$$增加的留存收益＝预计销售收入×销售净利率×利润留存率$$

（5）根据相关指标的约束确定对外筹资数额

$$外部融资需求量＝需要增加的资金量－增加的留存收益$$

【任务 5－2 解析】

首先,确定随销售额变动而变动的敏感性资产为货币资金、应收账款净额和存货,敏感性负债为应付账款和应付票据,并确定其与销售额的稳定百分比。

敏感资产与销售额的百分比＝(1 000＋3 000＋6 000)/20 000＝50％

敏感负债与销售额的百分比＝(1 000＋2 000)/20 000＝15％

其次,预计需要增加的资产和需要增加的负债 。

增加的资产＝20 000×30％×50％＝3 000(万元)

增加的负债＝20 000×30％×15％＝900(万元)

然后,确定需要增加的资金数额。

需要增加的资金量＝3 000－900＝2 100(万元)

接着,预计增加的留存收益。

增加的留存收益＝20 000×(1＋30％)×12％×(1－60％)＝1 248(万元)

最后,根据相关指标的约束确定对外筹资数额。

外部融资需求量＝2 100－1 248＝852(万元)

三、资金习性预测法

资金习性预测法是指根据资金习性预测未来资金需要量的方法。所谓资金习性,是指资金的变动与产销量变动之间的依存关系。按照依存关系,资金可以分为不变资金、变动资金和半变动资金。

不变资金:在一定的产销量范围内,不受产销量变化的影响,保持固定不变的那部分资

金,包括为维持营业而占用的最低数额的现金、原材料的保险储备、必要的成品储备,以及厂房、机器设备等固定资产占用的资金(图5-2)。

变动资金:随产销量的变动而同比例变动的那部分资金,包括直接构成产品实体的原材料、外购件等占用的资金,以及最低储备以外的现金、存货、应收账款等(图5-3)。

半变动资金:虽然受产销量变化影响,但不成同比例变动的资金,如一些辅助材料所占用的资金,半变动资金可采用一定的方法划分为不变资金和变动资金两部分。

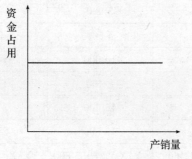
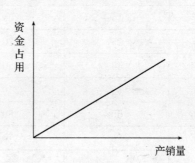

图5-3 不变资金与产销量关系   图5-4 变动资金与产销量关系

设产销量为自变量 x,资金占用量为因变量 y,它们之间的关系可用下式表示:

$$y = a + bx$$

式中,a 为不变资金;b 为单位产销量所需变动资金。

估计参数 a 和 b 的方法有以下两种:第一种方法是根据资金占用总额与产销量的关系预测,即回归直线分析法;第二种方法是逐项目分析法,俗称高低点法。

(一)根据资金占用总额与产销量的关系预测——回归直线分析法

【任务5-3】

大龙公司历年产销量和资金变化情况如表5-3所示,2010年预计销售量为60万件,需要预计2010年的资金需要量。

表5-3 产销量与资金变化情况表

年份	产销量(X_i)(万件)	资金占用(Y_i)(万件)
2004年	15	200
2005年	25	220
2006年	40	250
2007年	35	240
2008年	55	280
2009年	50	270

回归直线分析法是根据若干期业务量和资金占用的历史资料,运用最小平方法原理计算不变资金(a)和单位销售额的变动资金(b)。其计算公式为:

$$a = \frac{\sum X_i^2 \sum Y_i - \sum X_i \sum X_i Y_i}{n \sum X_i^2 - (\sum X_i)^2}$$

$$b = \frac{n \sum X_i Y_i - \sum X_i \sum Y_i}{n \sum X_i^2 - (\sum X_i)^2}$$

【任务 5-3 解析】 根据表 5-3 整理出表 5-4。

表 5-4　资金需要量预测表

年度	产销量(X_i)(万件)	资金占用(Y_i)(万元)	$X_i Y_i$(万元)	X_i^2(万元)
2004 年	15	200	3 000	225
2005 年	25	220	5 500	625
2006 年	40	250	10 000	1 600
2007 年	35	240	8 400	1 225
2008 年	55	280	15 400	3 025
2009 年	50	270	13 500	2 500
合计 $n=6$	$\sum X_i = 220$	$\sum Y_i = 1\ 460$	$\sum X_i Y_i = 55\ 800$	$\sum X_i^2 = 9\ 200$

把表 5-4 中的资料代入公式,解得:

$$a = \frac{\sum X_i^2 \sum Y_i - \sum X_i \sum X_i Y_i}{n \sum X_i^2 - (\sum X_i)^2} = \frac{9\ 200 \times 1\ 460 - 220 \times 55\ 800}{6 \times 9\ 200 - (220)^2} = 170$$

$$b = \frac{n \sum X_i Y_i - \sum X_i \sum Y_i}{n \sum X_i^2 - (\sum X_i)^2} = \frac{6 \times 55\ 800 - 220 \times 1\ 460}{6 \times 9\ 200 - (220)^2} = 2$$

把 $a=170,b=2$ 代入 $y=a+bx$ 求得:

$y=170+2x$

把 2010 年预计销售量 60 万件代入上式,得出 2010 年资金需要量为:$170+2 \times 60 = 290$(万元)

(二)逐项目分析法——高低点法

【任务 5-4】 大龙公司现金和销售收入变化情况如表 5-5。

表 5-5　现金与销售收入变化情况表

单位:万元

年度	销售收入 X_i	现金占用 Y_i
2005 年	2 000 000	110 000
2006 年	2 400 000	130 000
2007 年	2 600 000	140 000
2008 年	2 800 000	150 000
2009 年	3 000 000	160 000

根据以上资料,采用高低点法确定资金占用与产销量的关系。

这种方法是根据资金占用项目(如现金、存货、应收账款等)同产销量之间的关系,把各项目的资金分为变动资金和不变资金,然后汇总。

采用先分项后汇总的方法预测时,首先应根据销售收入和某项资金总额历史资料,先估计出各项不变资金 a_i 和各项单位变动资金 b_i,通常采用高低点法,即选用最高收入期和最低收入期的资金占用量之差,同这两个收入期的销售额之差进行对比,先求 b_i 的值,然后代入原直线方程求出 a_i 的值,从而估计推测资金发展趋势。计算公式为:

$$b_i = \frac{\text{最高业务量期的资金占用} - \text{最低业务量期的资金占用}}{\text{最高业务量} - \text{最低业务量}}$$

$$a_i = \text{最高业务量期的资金占用} - b \times \text{最高业务量}$$

或:$= \text{最低业务量期的资金占用} - b \times \text{最低业务量}$

然后计算全部的不变资金 a 和全部的单位变动资金 b,再将预期销售收入代入 $y = a + bx$,预测出资金总额。这里,a 和 b 用如下公式得到:

$$a = (a_1 + a_2 + \cdots + a_m) - (a_{m+1} + \cdots + a_n)$$
$$b = (b_1 + b_2 + \cdots + b_m) - (b_{m+1} + \cdots + b_n)$$

式中,$a_1, a_2, \cdots, a_m$ 分别代表各项资产项目不变资金,$a_{m+1}, \cdots, a_n$ 分别代表各项自然负债(通常为无息流动负债)项目的不变资金。$b_1, b_2, \cdots, b_m$ 分别代表各项资产项目单位变动资金,$b_{m+1}, \cdots, b_n$ 分别代表各项自然负债项目的单位变动资金。

【任务 5-4 解析】　根据以上资料,采用高低点法确定资金占用与产销量的关系:

$$b_1 = \frac{160\,000 - 110\,000}{3\,000\,000 - 2\,000\,000} = 0.05$$

$a_1 = 160\,000 - 0.05 \times 3\,000\,000 = 10\,000(万元)$

或 $= 110\,000 - 0.05 \times 2\,000\,000 = 10\,000(万元)$

存货、应收账款、流动负债、固定资产等也可根据历史资料作这样的划分,然后汇总列于表 5-6 中。

表 5-6　资金需要量预测表(分项预测)

单位:万元

项目	年度不变资金(a)	每一元销售收入所需变动资金(b)
流动资产		
现金	10 000	0.05
应收账款	60 000	0.14
存货	100 000	0.22
小计	170 000	0.41
减:经营流动负债		
应付账款及应付费用		
	80 000	0.11
净资金占用	90 000	0.3
固定资产		
厂房、设备	510 000	0
所需资金合计	600 000	0.3

根据表 5-6 的资料得出预测模型为：

$$y=600\,000+0.30x$$

如果第 2010 年的预计销售收入为 3500 000 万元，则

2010 年的资金需要量＝600 000＋0.3×3 500 000＝1 650 000（万元）

◆ **练习 5.2.1**

【单项选择题】 若企业 2010 年的经营性资产为 500 万元，经营性负债为 200 万元，销售收入为 1 000 万元，若经营性资产、经营性负债占销售收入的百分比不变，销售净利率为 10%，股利支付率为 40%，若预计 2010 年销售收入增加 50%，则需要从外部筹集的资金是（ ）万元。

A. 90　　　　　　B. 60　　　　　　C. 110　　　　　　D. 80

◆ **练习 5.2.2**

【任务训练】 试讨论企业提前预测资金需要量的目的是什么。

主题学习单元 5.3　资本成本

【任务 5-5】 2006 年，由日本国际协力机构、中国人民银行及国家发改委中小企业司共同推出的有关中国中小企业金融制度的两个报告表明，由于信贷权力保护有效性的严重不足、贷款权限高度集中，以及中小金融机构对中小企业的资金支持不足等现象的存在，中国的中小企业借款融资的成本普遍高于银行贷款利率的 40%。由于 2006 年银行的贷款利率一般为 6%～7%，所以中小企业的贷款利率可能达到 10%。不仅仅中小企业，中国许多大型企业和国有企业也不断发出贷款难和贷款成本高的抱怨。自从中国股票市场在 1990 年恢复以来，许多散业都力求获得上市资格，以能够利用股票市场筹措到所需的资金，而且不少人认为，股票市场筹集资金（资本）的成本要低于贷款融资。那么请问资本成本是什么？

一、资本成本的概述

（一）资本成本的概念

资本成本是指企业为筹集和使用资金而付出的代价。在市场经济条件下，企业不能无偿使用资金，必须向资金的提供者付出一定数额的费用作为补偿。资本成本是资本所有权与使用权分离的结果。资本成本表现为资金使用者取得资金使用权所付出的代价。

资本成本包括用资费用和筹资费用两部分内容：

（1）用资费用。用资费用是指企业在生产经营、投资等活动中为使用资金所付出的代价，如向股东支付的股利、向债权人支付的利息等。用资费用是因为占用了他人的资金而必须支付的，它构成了资本成本的主要内容。

（2）筹资费用。筹资费用是指企业在筹措资金过程中为获取资金而支付的代价，如向银行借款的手续费，因发行股票、债券而支付的发行费等。筹资费用是在筹措资金时一次性支付的，在用资过程中不再发生。

（二）资本成本的作用

1. 资本成本是企业筹资决策的重要依据

企业的资本可以从各种渠道取得，其筹资的方式也多种多样，如吸收直接投资、发行股票、银行借款等。通过不同渠道和方式所筹措的资本，将会形成不同的资本结构，由此产生不同的财务风险和资本成本。但不管选择何种渠道，采用哪种方式，主要考虑的因素还是资本成本。

随着筹资数量的增加，资本成本将随之变化。当筹资数量增加到增资的成本大于增资的收入时，企业便不能再追加资本。因此，资本成本是限制企业筹资数额的一个重要因素。

2. 资本成本是评价和选择投资项目的重要标准

资本成本实际上是投资者应当取得的最低报酬水平。只有当投资项目的收益高于资本成本的情况下，才值得为之筹措资本；反之，就应该放弃该投资机会。

3. 资本成本是衡量企业资金效益的临界基准

如果一定时期的综合资本成本率高于总资产报酬率，就说明企业资本的运用效益差，经营业绩不佳；反之，则相反。

（三）资本成本的影响因素

投资者要求的报酬率＝无风险报酬率＋风险报酬率
＝纯利率＋通货膨胀率＋风险报酬率

在市场经济环境中，多方面因素的综合作用决定着企业资本成本的高低，其中主要的有：总体经济环境、证券市场条件、企业内部的经营和融资状况、项目融资规模。

1. 总体经济环境

总体经济环境决定了整个经济中资本的供给和需求，以及预期通货膨胀的水平。总体经济环境变化的影响，反映在无风险报酬率上。显然，如果整个社会经济中的资金需求和供给发生变动，或者通货膨胀水平发生变化，投资者也会相应改变其所要求的收益率。具体说，如果货币需求增加，而供给没有相应增加，投资人便会提高其投资收益率，企业的资本成本就会上升；反之，则会降低其要求的投资收益率，使资本成本下降。如果预期通货膨胀水平上升，货币购买力下降，投资者也会提出更高的收益率来补偿预期的投资损失，导致企业资本成本上升。

2. 证券市场条件

证券市场条件影响证券投资的风险。证券市场条件包括证券的市场流动难易程度和价格波动程度。如果某种证券的市场流动性不好，投资者想买进或卖出证券相对困难，变现风险加大，要求的收益率就会提高；或者虽然存在对某证券的需求，但其价格波动较大，投资的风险大，要求的收益率也会提高。

3. 企业内部的经营和融资状况

企业内部的经营和融资状况，指经营风险和财务风险的大小。经营风险是企业投资决策的结果,表现在资产收益率的变动上;财务风险是企业筹资决策的结果,表现在普通股收益率的变动上。如果企业的经营风险和财务风险大,投资者便会有较高的收益率要求。

4. 项目融资规模

融资规模是影响企业资本成本的另一个因素。企业的融资规模大,资本成本较高。比如,企业发行的证券金额很大,资金筹集费和资金占用费都会上升,而且证券发行规模的增大还会降低其发行价格,由此也会增加企业的资本成本。

二、债务资本成本

债务资本成本包括银行借款资本成本和公司债券资本成本。特别需要注意的是,若资金来源为负债,其每年付出的代价是利息,由于利息是税前列支的,具有减况效应,实际承担每年的用资费用=年支付的用资费用×(1-所得税率)。实际运用中一般计算税后资本成本,税后资本成本与权益资本成本具有可比性。

资本成本一般用相对数表示,在不考虑资金时间价值的情况下,其一般模型为用资费用与实际筹得的资金(指筹资总额减去筹资费用的差额)的比率:

$$资本成本 = \frac{每年的用资费用}{筹资总额 - 筹资费用} = \frac{每年的用资费用}{筹资净额}$$

为了方便,债务资本成本通常采用不考虑资金时间价值的一般公式计算,但是对于金额大,时间超过一年的长期资本,采用折现法计算更加准确。将债务未来还本付息的折现值与目前筹资净额相等时的折现率作为税前资本成本。即:

筹资净额现值-未来资本清偿额现金流量现值=0

得:税前资本成本=采用的折现率

税后资本成本=税前资本成本×(1-所得税税率)

对于银行借款和公司债券而言,其筹资净额即为筹资总额扣除筹资费用的差,未来资本清偿额就是每年支付的利息费用(税前),最后一年还包含到期的本金。如图所示:

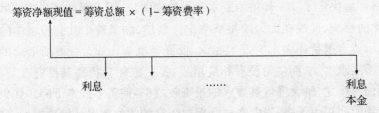

因此,折现模式下,银行借款和公司债券的资本成本(税前)的计算公式可写成:

$$M \times (1-f) = \sum_{t=1}^{n} \frac{I_t(1-T)}{(1+K_b)^t} + \frac{M}{(1+K_b)^n}$$

式中:M 为筹资总额,f 为筹资费率,I_t 为 t 年支付的利息,T 为所得税率,K_b 为需求的税前资本成本率。

然后再根据求出的税前资本成本 K_b,求出税后资本成本 $K_{bt} = K_b \times (1-T)$

(一)银行借款资本成本

【任务 5-6】 大宇公司从银行取得一笔长期借款 1 000 万元,手续费 0.2%,年利率为 5%,期限是 3 年,到期还本,公司所得税率 25%,则该笔银行借款的资本成本是多少?

银行在借款过程中会发生筹资费用,银行借款的利息在税前支付,具有减税效应,一般计算税后资本成本,税后资本成本与权益资本成本具有可比性。不考虑资金时间价值,银行借款的资本成本一般公式为:

$$银行借款资本成本 = \frac{银行借款筹资总额年利息 \times (1-所得税税率)}{银行借款筹资总额 \times (1-银行借款筹资费率)} \times 100\%$$

【任务 5-6 解析】 不考虑资金的时间价值,则该笔银行借款的资本成本为:

$$银行借款资本成本 = \frac{1\,000 \times 5\% \times (1-25\%)}{1\,000 \times (1-0.2\%)} \times 100\% = 3.76\%$$

若考虑资金的时间价值,该笔银行借款的资本成本为:

$$M \times (1-f) = \sum_{t=1}^{n} \frac{I}{(1+K_b)^t} + \frac{M}{(1+K_b)^n}$$

$1\,000 \times (1-0.2\%) = 1\,000 \times 5\% \times (P/A, K_b, 3) + 1\,000 \times (P/F, K_b, 3)$
设折现率 = 5%,
等式右边 = $1\,000 \times 5\% \times (P/A, 5\%, 3) + 1\,000 \times (P/F, 5\%, 3) = 999.96$
设折现率 = 6%,
等式右边 = $1\,000 \times 5\% \times (P/A, 6\%, 3) + 1\,000 \times (P/F, 6\%, 3) = 973.25$
按内插法计算,得 $K_b = 5.07\%$
$K_{bt} = K_b \times (1-T) = 5.07\% \times (1-25\%) = 3.80\%$

(二)公司债券资本成本

【任务 5-7】 恒通公司发行一笔期限为 3 年的债券,债券面值为 1 000 万元,票面利率为 8%,每年付息一次,发行费率为 3%,所得税率为 25%,债券按 1 100 万元的价格发行,计算该笔债券的资本成本。

公司债券可以溢价发行、折价发行和平价发行。其利息在税前支付,具有减税效应,债券的筹资费用一般较高,这类费用主要包括申请债券发行的手续费、债券注册费、印刷费、上市费及推销费等。不考虑资金时间价值,公司债券的资本成本一般公式为:

$$公司债券资本成本 = \frac{债券面值年利息 \times (1-所得税税率)}{债券筹资额 \times (1-债券筹资费率)} \times 100\%$$

【任务 5-7 解析】 不考虑资金的时间价值,该笔公司债券的资本成本为:

$$公司债券资本成本 = \frac{1\,000 \times 8\% \times (1-25\%)}{1\,100 \times (1-3\%)} \times 100\% = 5.62\%$$

若考虑资金的时间价值,该项公司债券的资本成本计算如下:

$$1\,100 \times (1-3\%) = \sum_{t=1}^{3} \frac{1\,000 \times 8\%}{(1+K_b)^t} + \frac{1\,000}{(1+K_b)^3}$$

设折现率 = 5%,

$$\sum_{t=1}^{3} \frac{1\,000 \times 8\%}{(1+5\%)^t} + \frac{1\,000}{(1+5\%)^3} = 1\,081.66$$

设折现率$=6\%$,

$$\sum_{t=1}^{3} \frac{1\,000 \times 8\%}{(1+6\%)^t} + \frac{1\,000}{(1+6\%)^3} = 1\,053.44$$

按内插法计算,得 $K_b = 5.52\%$

$K_{lx} = K_b \times (1-T) = 5.52\% \times (1-25\%) = 4.14\%$

三、权益资本成本

(一)普通股资本成本

公司需向普通股股东支付股利,由于各期股利不一定相同,股利常随着公司的收益波动。

测算普通股的资本成本率概括起来一般有两种:股利折现模型和资本资产定价模型。

股利折现模型适用于可对未来股利有效预测的情况,资本资产定价模型适用于无法预测企业未来的股利,但可以取得企业系统风险超额受益的有关数据,如 β 值情况。

1. 折现模型

【任务 5-8】　大龙公司发行普通股,每股发行价 15 元,筹资费率 10%。预计第一年分派现金股利每股 1.5 元,以后每年股利增长 2.5%,计算其资本成本率。

股利折现模型的基本形式是:

$$P_0(1-f) = \sum_{t=1}^{n} \frac{D_t}{(1-K_s)^t}$$

式中,P_0 为普通股筹资总额;f 为普通股筹资费率;D_t 为普通股第 t 年的股利;K_s 为普通股投资必要报酬率,即普通股资本成本。

运用上面模型计算普通股资本成本率,因具体的股利政策而有所不同。在股利固定增长的情况下,增长率用 g 表示,则资本成本率可用下式计算:

$$K_s = \frac{D_0(1+g)}{P_0(1-f)} + g = \frac{D_1}{P_0(1-f)} + g$$

【任务 5-8 解析】　大龙公司普通股资本成本为:

$$K_s = \frac{1.5}{15 \times (1-10\%)} \times 100\% + 2.5\% = 13.61\%$$

在公司股利固定不变的情况下,每年股利为 D,则资本成本率可用下式计算:

$$K_s = \frac{D}{P_0(1-f)}$$

【活动题 5-1】　大龙公司拟发行一批普通股,发行价格 12 元,每股筹资费用 2 元,预计每年分派现金股利每股 1.2 元,计算该普通股的资本成本率。

$$K_s = \frac{1.2}{12-2} \times 100\% = 12\%$$

2. 资本资产定价模型

【任务 5 - 9】　假定大龙公司普通股股票的 β 系数为 1.2，无风险利率为 5%，市场投资组合的期望收益率为 10%，则按资本资产定价模型计算该公司的普通股股票的资本成本是多少？

假设资本市场有效，股票市场价格与价值相等，则普通股资本成本为：

$$K_s = R_s = R_f + \beta(R_m - R_f)$$

式中，R_f 为无风险报酬率；R_m 为市场平均报酬率；股票的贝塔系数为 β。

【任务 5 - 9 解析】　该公司的普通股股票的资本成本为：

$$K_s = 5\% + 1.2 \times (10\% - 5\%) = 11\%$$

（二）留存收益资本成本

一般企业不会把所有的收益都分配给股东，留存收益是企业资金的重要来源，留存收益实质是股东向企业追加的投资，留存收益的资本成本率表现为股东追加投资要求的报酬率。利用留存收益来筹资无需发生筹资费用，其资本成本的计算与普通股成本相同，也分为股利增长模型法和资本资产定价模型法，不同点在于不考虑筹资费用。

【任务 5 - 10】　北新公司普通股目前的股价为 10 元/股，筹资费率为 6%，刚刚支付的每股股利为 2 元，股利固定增长率 2%，则该企业利用留存收益的资本成本为多少？

【任务 5 - 10 解析】　留存收益资本成本 $= \dfrac{2 \times (1+2\%)}{10} + 2\% = 22.4\%$

【总结】　对于个别资本成本，是用来比较个别筹资方式的资本成本高低的，个别资本成本的从低到高排序：

长期借款＜债券＜留存收益＜普通股

四、平均资本成本

【任务 5 - 11】　大龙公司 2005 年期末的长期资本账面总额为 1 000 万元，其中银行长期借款 300 万元，占 30%；长期债券 250 万元，占 25%；普通股 450 万元（共 200 万股，每股面值 1 元，市价 8 元），占 45%。长期贷款、长期债券和普通股的个别资本成本分别为：5%、6%、9%。假定普通股市场价值为 1 600 万元，债务市场价值等于账面价值。求该公司的平均资本成本。

企业可以从多种渠道，用多种方式来筹集资金，而各种方式的资本成本是不一样的。为了正确进行筹资和投资决策，就必须计算企业的加权平均资本成本。平均资本成本是以各项个别资本在企业总资本中的比重为权数，对各项个别资本成本率进行加权平均而得到的总资本成本率。其计算公式为：

$$K_W = \sum_{j=1}^{n} K_j W_j$$

式中，K_W 为综合资本成本；K_j 为第 j 种个别资本成本；W_j 为第 j 种个别资本在全部资本中的比重。

个别资本在全部资本中的比重通常可按账面价值、市场价值、目标价值等计算。若以账面价值为基础，资料容易取得，且计算结果比较稳定，但是不能反映目前从资本市场上筹集资本的现时机会成本,不适合评价现时的资本结构;若以市场价值为基础,能够反映现时的资本成本水平,但是现行市价处于经常变动之中,不容易取得,而且现行市价反映的只是现时的资本结构,不适用未来的筹资决策;若以目标价值为基础,能体现期望的资本结构,据此计算的加权平均资本成本更适用于企业筹措新资金,但是很难客观合理地确定目标价值。

【任务 5-11 解析】　按账面价值计算:

$$K_W = 5\% \times 30\% + 6\% \times 25\% + 9\% \times 45\% = 7.05\%$$

按市场价值计算:

$$K_W = \frac{5\% \times 300 + 6\% \times 250 + 9\% \times 1\,600}{300 + 250 + 1\,600} = 8.09\%$$

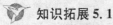 知识拓展 5.1

中西方对资本成本的不同理解

在我国理财学中,资本成本可能是理解最为混乱的一个概念。人们对它的理解往往是基于表面上的观察。比如,许多人觉得借款利率是资本成本的典型代表,为数不少的上市公司由于可以不分派现金股利而以为股权资本是没有资本成本的。在大多数的理财学教材中,关于资本成本最常见的定义是:资本成本是指企业为筹集和使用资金而付出的代价,包括资金筹集费用和资金占用费用两部分。

出现这种情况是因为,我国的财务管理理论是从原苏联引进的,因此按照原苏联的做法,将财务作为国民经济各部门中客观存在的货币关系包括在财政体系之中。虽然其后的学科发展打破了原苏联的财务理论框架,但财务一直是在大财政格局下的一个附属学科。学术界普遍认为,财务管理分为宏观财务和微观财务两个层次,并把微观财务纳入宏观财务体系,以财政职能代替财务职能。在这种学科背景下,企业筹措资金时只考虑资金筹集和使用成本,没有市场成本意识和出资者回报意识,从而得出与西方理论界迥异的资本成本概念。

现代财务管理思想来自西方微观经济学,财务管理与公共财政完全分离,是一种实效性的企业财务,即西方的财务概念都是指企业财务。财务管理以资本管理为中心,以经济求利原则为基础,着重研究企业管理当局如何进行财务决策、怎样使企业价值最大化。在这种市场化背景下,股东的最低回报率即资本成本就成为应有之义了。西方理财学界对资本成本的定义为:资本成本是企业为了维持其市场价值和吸引所需资金而在进行项目投资时所必须达到的报酬率,或者是企业为了使其股票价格保持不变而必须获得的投资报酬率。可以说,对资本成本的理解偏差是我国理财学发展不成熟的一个重要表现。

（资料来源:中华会计网 http://www.canet.com.cn）

练习 5.3.1

【单项选择题】　某公司普通股目前的股价为 10 元/股,筹资费率为 6%,刚刚支付的每股股利为 2 元,股利固定增长率 2%,则该企业利用留存收益的资本成本为（　　）。

A. 22.40%　　　　B. 22.00%　　　　C. 23.70%　　　　D. 23.28%

练习 5.3.2

【单项选择题】　某公司长期借款的筹资净额为 95 万元,筹资费为筹资总额的 5%,年利率为 4%,所得税率为 25%,假设采用一般模式计算,则该长期借款的筹资成本为(　　)。

    A. 3%　　　　　　B. 3.16%　　　　　　C. 4%　　　　　　D. 4.21%

◆ **练习 5.3.3**

　　【单项选择题】　某公司拟发行债券,债券面值为 1 000 元,5 年期,票面利率为 8%,每年付息一次,到期还本,按溢价 10% 发行,债券发行费用为发行额的 5%,该公司适用的所得税率为 30%,假设用贴现模式计算,则该债券的资金成本为(　　)。

    A. 5.8%　　　　　　B. 6.29%　　　　　　C. 4.58%　　　　　　D. 8.5%

◆ **练习 5.3.4**

　　【多项选择题】　下列各项中会直接影响企业平均资本成本的有(　　)。

    A. 个别资本成本　　　　　　　　　　B. 各种资本在资本总额中占的比重

    C. 筹资规模　　　　　　　　　　　　D. 企业的经营杠杆

◆ **练习 5.3.5**

　　【任务训练】　假设你为某企业财务管理工作人员,要求描述该企业的筹资方式,并讨论该企业的资本成本率。

主题学习单元 5.4　杠杆效应

一、经营杠杆效应

　　在日常生活中,我们可以看到这样的现象:人们通过杠杆,只需要使用较小的力量就可以将较重的物体移动起来,这就是自然界中的杠杆效应。其实在财务管理中也存在着物理学中的杠杆效应,表现为由于特定固定支出或费用的存在而导致的,当某一财务变量以较小幅度变动时,另一相关变量会以较大幅度变动。杠杆效应既可以产生超额利益,也可能带来杠杆风险。财务管理中的杠杆效应有三种形式,即经营杠杆、财务杠杆和总杠杆。

　　下面引入息税前利润(EBIT)这一术语来帮助了解财务管理中三种杠杆效应的原理。所谓息税前利润是指企业支付利息和交纳所得税之前的利润,我们用息税前利润来表示资产总报酬。

　　其计算公式为:$EBIT = S - V - F = (P - V_C)Q - F = M - F$

　　式中,S 为销售额;V 为变动性经营成本;F 为固定性经营成本;Q 为产销业务量;P 为销售单价;V_C 为单位变动成本;M 为边际贡献。

　　【任务 5-12】　大龙公司 2009 年销售产品 120 万件,销售单价 800 元,单位变动成本

500元,固定性经营成本总额1 500万元。试计算2009年大龙公司的息税前利润。

【任务5-12解析】 2009年大龙公司的息税前利润＝(800－500)×120－1 500＝34 500(万元)

(一)经营杠杆

由于固定性经营成本的存在而导致企业的资产报酬(息税前利润)变动率大于业务量变动率的杠杆效应,称为经营杠杆。由于经营杠杆反映了资产报酬的波动性,对经营风险的影响最为综合,所以通常用来衡量经营风险的大小。

企业的经营风险跟其利用固定性经营成本的程度有关。如果产品成本中存在固定性经营成本,在其他条件不变的情况下,产销业务量的增加虽然不会改变固定成本总额,但会降低单位产品分摊的固定成本,从而提高单位产品利润,使息税前利润的增长率大于产销业务量的增长率,进而产生经营杠杆正面效应;反之,业务产销量的减少会提高单位产品分摊的固定成本,降低单位产品利润,使息税前利润的下降率也大于产销业务量的降低率。这就产生了经营杠杆的负面效应。如果不存在固定性经营成本时,所有成本都是变动性经营成本,边际贡献等于息税前利润,此时息税前利润变动率与产销业务量的变动率完全一致,不存在经营杠杆效应。

(二)经营杠杆系数

只要企业存在固定性经营成本,就存在经营杠杆效应。不同的产销业务量,其经营杠杆效应的大小程度是不一致的。我们使用经营杠杆系数(DOL)这一指标来衡量经营杠杆效应大小程度。

1. 定义公式

经营杠杆系数(DOL)是息税前利润变动率与产销业务量变动率的比。计算公式为:

$$DOL=\frac{\Delta EBIT/EBIT}{\Delta Q/Q}$$

2. 经营杠杆系数简化公式推导

假设基期的息税前利润 $EBIT=PQ-V_CQ-F$,产销量变动 ΔQ,导致息税前利润变动,$\Delta EBIT=(P-V_C)\times\Delta Q$,代入经营杠杆系数公式:

$$经营杠杆系数(DOL)=\frac{(P-V_C)\times\Delta Q/EBIT}{\Delta Q/Q}=\frac{(P-V_C)\times Q}{EBIT}=\frac{M}{M-F}=\frac{基期边际贡献}{基期息税前利润}$$

3. 简化公式

报告期经营杠杆系数＝基期边际贡献/基期息税前利润

$DOL=$ 基期边际贡献/基期息税前利润 $=M/EBIT=M/(M-F)=(EBIT+F)/EBIT$

采用简化公式计算某年的经营杠杆系数,应取用的是上年基期的数据。

(三)经营杠杆与经营风险

经营风险是指企业由于生产经营上的原因而导致的资产报酬波动的风险。经营杠杆本身并不是资产报酬不确定的根源,只是资产报酬波动的表现,引起企业经营风险的主要原因是市场需求和生产成本等因素的不确定性。但经营杠杆放大了市场和生产等不确定因素对利润变动的影响,故企业经营风险大小与经营杠杆有重要关系。经营杠杆系数越高,表明资产报酬波动程度越大,经营风险也就越大。

根据经营杠杆系数的计算公式,有:

$$DOL = \frac{EBIT + F}{EBIT} = 1 + \frac{固定经营成本}{息税前利润}$$

从上面计算公式可以得出:

(1) 在企业不发生经营性亏损、息税前利润为正的前提下,经营杠杆系数最低为1,不会为负数;只要有固定性经营成本存在,经营杠杆系数总是大于1。

(2) 影响经营杠杆的包括企业成本结构中的固定成本比重;息税前利润水平(其受产品销售数量、销售价格、单位变动成本)和固定成本总额高低的影响两个因素。固定成本比重较高、成本水平越高、产品销售数量和销售价格水平越低,经营杠杆效应越大,反之亦然。

【任务 5-13】 大龙公司生产甲产品,固定成本为 50 万元,单位变动成本为 10 元,销售单价为 20 元,当企业分别销售 8 万件、10 万件和 20 万件,试计算大龙公司的经营杠杆系数,并简单分析该集团的经营风险变化。

【任务 5-13 解析】 $DOL = \dfrac{EBIT + F}{EBIT} = 1 + \dfrac{固定成本}{息税前利润}$

$$DOL_1 = 1 + \frac{50}{8 \times (20 - 10) - 50} = 2.67$$

$$DOL_2 = 1 + \frac{50}{10 \times (20 - 10) - 50} = 2$$

$$DOL_3 = 1 + \frac{50}{20 \times (20 - 10) - 50} = 1.33$$

上述结果表明:在固定成本、单价、单位变动成本不变的情况下,销售量越小,经营杠杆系数越大,经营风险也就越大;反之,销售量越大,经营杠杆系数越小,经营风险也就越小。该任务表明,随着集团销售量的从 8 万件增加到 20 万件,其经营杠杆系数从 2.67 降低到 1.33,即销售量增加,公司的经营风险会逐渐减少。

◆ **练习5.4.1**

【单项选择题】 下列各项中,不影响经营杠杆系数的是(   )。

A. 产品销售数量　　　　　　　　B. 产品销售价格

C. 固定成本　　　　　　　　　　D. 利息费用

◆ **练习5.4.2**

【判断题】 经营杠杆能够扩大市场和生产等因素变化对利润变动的影响。(   )

二、财务杠杆效应

(一)财务杠杆

由于固定性资本成本的存在而导致企业的普通股收益(或每股收益)变动率大于息税前利润变动率的杠杆效应,我们称之为财务杠杆。这一现象表现为当有固定利息费用等资本成本存在时,如果其他条件不变,息税前利润的增加虽然不改变固定利息费用总额,但会降低每一元息税前利润分摊的利息费用,从而提高每股收益,使得每股收益的增长率大于息税前利润的增长率，产生财务杠杆效应。当不存在固定利息、股息等资本成本时，息税前利润就是利润总额，此时利润总额变动率与息税前利润变动率完全一致。

由于财务杠杆反映了股权资本报酬的波动性，通常用它来衡量企业财务风险的大小。我们用普通股收益或每股收益表示普通股权益资本报酬，则有：

$$TE = (EBIT - I)(1 - T)$$

$$EPS = (EBIT - I)(1 - T)/N$$

上式中，TE 为全部普通股净收益；EPS 为每股收益；I 为债务资本利息；T 为所得税税率；N 为普通股股数。通过公式可以看出影响普通股收益的因素包括资本报酬、资本成本、所得税税率等因素。

(二)财务杠杆系数

只要企业存在固定性资本成本(如固定利息、股息、固定融资费等)的负担，就存在财务杠杆效应。在固定的资本成本水平上，不同的息税前利润水平，对固定的资本成本的承受负担不同，其财务杠杆效应的大小程度是不一致的。我们常使用财务杠杆系数(DFL)这一指标来衡量财务杠杆效应的大小。

财务杠杆系数(DFL)，是每股收益变动率与息税前利润变动率的比，计算公式为：

(1) $DFL = $ 每股收益变动率/息税前利润变动率 $= (\Delta EPS/EPS) \div (\Delta EBIT/EBIT)$

(2) 不考虑优先股股息，可推导出：$DFL = \dfrac{EBIT}{EBIT - I}$

同样地，计算某年的财务杠杆系数应取用上年(基期)的数据。

从上面公式中可以得出：

影响财务杠杆的因素包括：企业资本结构中债务资本比重；普通股收益水平；所得税税率。其中，普通股收益水平又受息税前利润、固定资本成本(利息)高低的影响。债务成本比重越高，固定的资本成本支付额越高，息税前利润水平越低，财务杠杆效应越大；反之亦然。

【任务 5‑14】 有甲、乙、丙三家经营业务相同的公司，资本总额均为 3 000 万元。三家公司的资本结构如下：甲公司无负债；乙公司负债比例为 40%，负债的年利率为 8%；丙公司负债比例为 60%；负债的年利率为 10%。假定三家公司的产销量相同，息税前利润都是 300 万元，求三家公司的财务杠杆系数分别为多少？

【任务 5‑14 解析】

$$DFL = \frac{EBIT}{EBIT - I}$$

甲公司 $DFL = 300/(300 - 0) = 1$

乙公司 $DFL = 300/(300 - 3\,000 \times 40\% \times 8\%) = 1.47$

丙公司 $DFL = 300/(300 - 3\,000 \times 60\% \times 10\%) = 2.5$

【任务 5‑15】 大龙公司资产总额为 1 000 万元，负债与自有资金的比例为 3：7，普通股股数 100 万股，没有优先股，借款年利率为 10%，企业基期总资产息税前利润率为 15%。企业预计计划期总资产息税前利润率将由 15% 增长到 20%，所得税税率为 25%，问每股收益将增长为多少，并计算其财务杠杆系数。

【任务 5 - 15 解析】

表 5 - 7　财务杠杆系数计算

单位:元

项目	基期	计划期
EBIT	1 500 000	2 000 000
利息	300 000	300 000
税前利润	1 200 000	1 700 000
所得税	300 000	425 000
税后利润	900 400	1 275 000
普通股股数	1 000 000	100 000
每股收益	0.9	1.275

息税前利润增长率＝(2 000 000—1 500 000)/1 500 000＝33.33%

每股收益增长率＝(1.275—0.9)/0.9＝41.67%

财务杠杆系数＝41.67%÷33.33%＝1.25

从上表中可以看出,其系数为 1.25。

（三）财务杠杆与财务风险

财务风险是指企业由于负债筹资导致的丧失偿付能力的风险。在负债比例较高时企业利息支出增速超过了息税前利润增加速度的情况下,将引起净收益减少的负面作用,而这种风险将由普通股股东承担。由于财务杠杆的作用,当企业的息税前利润下降时,企业仍然需要支付固定的资本成本,导致普通股剩余收益以更快的速度下降。财务杠杆放大了资产报酬变化对普通股收益的影响,财务杠杆系数越高,表明普通股收益的波动程度越大,财务风险也就越大。只要有固定性资本成本存在,财务杠杆系数总是大于 1。企业利用财务杠杆,既可能取得好的效果,普通股股东获得超过资本成本的超额收益;反之也可能产生坏的效果;因此企业要适度负债,控制负债比率,即通过合理安排资本结构,使财务杠杆利益抵消风险增大所带来的不利影响。

利用财务杠杆的原理可知:息税前利润变动后的 EPS＝变动前的 $EPS(1+DFL×$ 息税前利润变动百分比)。

◆ 练习 5.4.3

【单项选择题】　如果企业的资本来源全部为自有资本,且没有优先股存在,则企业财务杠杆系数(　　)。

A. 等于 0　　　　　　　　　　　B. 等于 1

C. 大于 1　　　　　　　　　　　D. 小于 1

◆ 练习 5.4.4

【多项选择题】　若不存在优先股,下列各项中,影响财务杠杆系数的因素有(　　)。

A. 产品边际贡献总额　　　　　　B. 所得税税率

C. 固定成本　　　　　　　　　　D. 财务费用

◆ 练习 5.4.5

【单项选择题】 某企业某年的财务杠杆系数为 2.5,息税前利润($EBIT$)的计划增长率为 10%,假定其他因素不变,则该年普通股每股收益(EPS)的增长率为(   )。

A. 4%

B. 5%

C. 20%

D. 25%

三、总杠杆效应

(一)总杠杆

由于固定经营成本和固定资本成本的存在,导致普通股每股收益变动率大于产销业务量的变动率的杠杆效应,我们称之为总杠杆。

经营杠杆和财务杠杆可以独自发挥作用,也可以综合发挥作用,总杠杆是用来反映两者之间共同作用结果的,即权益资本报酬与产销业务量之间的变动关系。由于固定性经营成本的存在,产生经营杠杆效应,导致产销业务量变动对息税前利润变动有放大作用;同样,由于固定性资本成本的存在,产生财务杠杆效应,导致息税前利润变动对普通股每股收益有放大作用。两种杠杆共同作用,将导致产销业务量的变动引起普通股每股收益更大的变动。

(二)总杠杆系数

只要企业同时存在固定性经营成本和固定性资本成本,就存在总杠杆效应。产销量变动通过息税前利润的变动,传导至普通股收益,使得每股收益发生更大的变动。我们使用总杠杆系数(DTL)这一指标来反映总杠杆效应的程度。总杠杆系数是经营杠杆系数和财务杠杆系数的乘积,是普通股每股收益变动率相当于产销量变动率的倍数,计算公式为:

(1)定义公式

$$DTL = \frac{\Delta EPS/EPS}{\Delta Q/Q}$$

$$DTL = DOL \cdot DFL$$

(2)简化公式:$DTL = M_0/(M_0 - F - I)$

同样地,计算某年的总杠杆系数,应取用上年(基期)的数据。

(三)总杠杆与公司风险

企业的风险包括经营风险和财务风险。总杠杆系数反映了经营杠杆与财务杠杆之间的关系,用以评价企业的整体风险水平。在其他因素不变的情况下,总杠杆系数越大,总风险越大;总杠杆系数越小,总风险越小。在总杠杆系数一定的情况下,经营杠杆系数与财务杠杆系数此消彼长。

一般来说,在企业的初创阶段,产品市场占有率低,产销业务量小,经营杠杆系数大,此时企业筹资主要依靠权益资本,在较低程度上使用财务杠杆;在企业扩张成熟期,产品市场占有率高,产销业务量大,经营杠杆系数小,此时,企业资本结构中可扩大债务资本,在较高程度上使用财务杠杆。而在固定资产比重较大的资本密集型企业,经营杠杆系数高,经营风险大,企业筹资主要依靠权益资本,以保持较小的财务杠杆系数和较低的财务风险;变动成本比重较大的劳动密集型企业,经营杠杆系数低,经营风险小,企业筹资主要依靠债务资本,保持较大的财务杠杆系数和财务风险。

总杠杆效应的意义有两个方面:一是能够说明产销业务量变动对普通股收益的影响,据以预测未来的每股收益水平;二是揭示了财务管理的风险管理策略,即在维持一定的风险状况水平的情况下,需要保持一定的总杠杆系数,经营杠杆和财务杠杆可以有不同的组合,这需要管理层统筹考虑并进行风险搭配组合进行风险管理。

【任务 5 - 16】　大龙公司全部资本为 800 万元,债务资本比率为 0.4,债务利率为 12%,固定成本总额为 80 万元,变动成本率为 60%,在销售额为 400 万元时,息税前利润为 80 万元。试分别计算该集团的经营杠杆系数、财务杠杆系数及总杠杆系数。

【任务 5 - 16 解析】

$$经营杠杆系数(DOL) = \frac{PQ - VcQ}{EBIT} = \frac{400 - 400 \times 60\%}{80} = 2$$

$$财务杠杆系数\ DFL = \frac{EBIT}{EBIT - I} = \frac{80}{80 - 800 \times 0.4 \times 12\%} = 1.92$$

总杠杆系数(DTL) = DOL × DFL = 2 × 1.92 = 3.84

【任务 5 - 17】　某企业只生产和销售 A 产品,其总成本习性模型为 $y = 10\,000 + 3x$。假定该企业从未发行过优先股,未来几年也不打算发行优先股。2009 年度 A 产品销售量为 10 000 件,每件售价为 5 元,按市场预测 2010 年 A 产品的销售数量将增长 10%。试计算:

(1) 计算 2009 年该企业的边际贡献总额;

(2) 计算 2009 年该企业的息税前利润;

(3) 计算 2010 年的经营杠杆系数;

(4) 计算 2010 年的息税前利润增长率;

(5) 假定企业 2009 年发生负债利息 5 000 元,2010 年保持不变,计算 2010 年的总杠杆系数。

【任务 5 - 17 解析】

(1) 2009 年该企业的边际贡献总额

= 10 000 × 5 - 10 000 × 3 = 20 000(元)

(2) 2009 年该企业的息税前利润

= 20 000 - 10 000 = 10 000(元)

(3) 2010 年的经营杠杆系数

= 20 000 ÷ 10 000 = 2

(4) 2010 年的息税前利润增长率

= 2 × 10% = 20%

(5) 2010 年的财务杠杆系数

= 10 000/(10 000 - 5 000) = 2

2010 年的总杠杆系数 = 2 × 2 = 4

【活动题 5 - 2】　请思考关于三大杠杆之间的关系以及杠杆系数的基本公式。

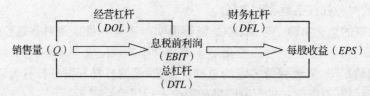

图 5-5　三大杠杆之间关系

◆ **练习 5.4.6**

【单项选择题】　如果企业一定期间内的固定性经营成本和固定资本成本均不为零,则由上述因素共同作用而导致的杠杆效应属于(　　)。

A. 经营杠杆效应　　　　　　　　　B. 财务杠杆效应

C. 总杠杆效应　　　　　　　　　　D. 风险杠杆效应

◆ **练习 5.4.7**

【单项选择题】　某企业某年的财务杠杆系数为 2.5,经营杠杆系数为 2,销量的计划增长率为 10%,假定其他因素不变,则该年普通股每股收益(EPS)的增长率为(　　)。

A. 20%　　　　　B. 25%　　　　　C. 30%　　　　　D. 50%

◆ **练习 5.4.8**

【多项选择题】　在边际贡献大于固定成本的情况下,下列措施中有利于降低企业整体风险的有(　　)。

A. 增加产品销量　　　　　　　　　B. 提高产品单价

C. 提高资产负债率　　　　　　　　D. 节约固定成本支出

主题学习单元 5.5　资本结构

资本结构及其管理是企业筹资决策的核心问题。企业应综合考虑有关影响因素,运用适当的方法确定最佳资本结构,提高企业价值。如果企业现有资本结构不合理,应通过筹资活动优化调整资本结构,使其趋于科学合理。

一、资本结构的含义

(一)资本结构的定义

资本结构是指企业资本总额中各种资本的构成及其比例关系。在企业筹资管理活动中,资本结构有广义和狭义之分。广义的资本结构是指企业全部资本价值的构成及其比例关系,包括全部债务与股东权益的构成比率;狭义的资本结构是指企业长期负债与股东权益资本构成比率。本书所指的资本结构是指狭义的资本结构,所以资本结构问题总的来说也就是负债资本的比例问题,即债务资本在企业全部资本中所占的比重。

(二)影响资本结构的因素

资本结构是一个产权结构问题,是资本在企业经济组织形式中的资源配置结果。不同的资本结构会给企业带来不同的后果,因此资本结构的变化直接影响着社会资本所有者的利益。影响资本结构的因素归纳如下六点:

1. 企业经营状况的稳定性和成长率

企业产销业务量的稳定程度会对企业的资本结构造成影响,表现为若产销业务量稳定,企业可以较多地负担固定的财务费用;产销业务量和盈余存在周期性,则要负担固定的财务费用将承担较大的财务风险。产销业务量能够以较高的水平增长,企业可以采用高负债的资本结构,以提升权益资本的超额报酬。

2. 企业的财务状况和信用等级

企业财务状况良好、信用等级高,债权人愿意向企业提供信用,企业就容易获得债务资本;企业的财务状况欠佳、信用等级不高,债权人投资风险大,这样会降低企业获得信用的能力,并会加大债务资本筹资的资本成本。

3. 企业资产结构

资产结构是企业筹集资本后进行资源配置和使用后的资金占用结构,包括长短期资产及长短期资产内部的构成和比例。资产结构对企业资本结构的影响主要包括:拥有大量固定资产的企业主要通过长期负债和发行股票筹集资金;拥有较多流动资产的企业更多地依赖流动负债筹集资金;资产适合于抵押货款的企业负债较多,以研发为主的企业则负债较少。

4. 企业投资人和管理当局的态度

从企业所有者角度看,若企业股权分散,企业可能更多采用权益资本筹资来分散企业风险;若企业为少数股东控制,由于股东重视企业控股权问题,为防止控股权稀释,一般尽量避免普通股筹资,优先考虑采用优先股或债务资本筹资。从企业管理当局角度看,稳健的管理当局好过于选择负债比例较低的资本结构,因为他们考虑到高负债资本结构的财务风险高,一旦出现财务危机甚至经营失败,管理当局将面临公司被兼并收购威胁或被董事会解聘。

5. 行业特征和企业发展周期

产品市场稳定的成熟产业经营风险低,可通过提高债务资本比重来发挥财务杠杆的作用。高新技术企业产品、技术、市场尚不成熟,经营风险高,因此可采取降低债务资本比重的方法来控制财务杠杆风险,由此可见不同行业资本结构差异很大。而在同一企业的不同发展阶段,资本结构安排也是不同的,在企业初创阶段,经营风险高,应控制债务比重;企业发展或成熟阶段,产品产销业务量稳定或持续增长,经营风险低,可适度增加债务比重,发挥财务杠杆效应,在企业收缩阶段考虑到产品市场占有率下降,经营风险逐步加大,应采取逐步降低债务比重的措施来保证经营现金流量能够偿付到期债务,减少企业破产风险。

6. 经济环境的税务政策和货币政策

企业在做资本结构决策必然要研究理财环境因素,尤其是宏观经济状况。政府调控经济的手段包括财政税收政策和货币金融政策,若所得税税率较高时,债务资本抵税作用大,企业可以充分利用这种作用以提高企业价值。当国家实行紧缩的货币政策时,市场利率高,企业债务资本成本加大。

◆ 练习 5.5.1

【多项选择题】 根据现有资本结构理论,下列各项中,属于影响资本结构决策因素的有( )。

A. 企业资产结构

B. 企业财务状况

C. 企业产品销售状况

D. 企业技术人员学历结构

二、资本结构的优化

不同的资本结构会给企业带来不同的结果。企业利用债务资本进行举债经营具有双重作用,既可以发挥财务杠杆效应,也可能带来财务风险,因此企业必须权衡财务风险和资本成本的关系,确定最佳的资本结构。所谓最佳资本结构,是指在一定条件下使企业平均资本成本率最低、企业价值最大的资本结构。从理论上讲,最佳资本结构是存在的,但由于企业内部条件和外部环境的经常性变化,动态地保持最佳资本结构十分困难。因此在实践中企业想方设法地追求资本结构优化。

资本结构优化,要求企业权衡负债的低资本成本和高财务风险的关系,确定合理的资本结构。资本结构优化的目标是降低平均资本成本率或提高普通股每股收益。下面介绍资本结构优化的三种方法,即每股收益分析法、平均资本成本比较法、公司价值分析法。

(一) 每股收益分析法

每股收益(EPS)受到经营利润水平、债务资本成本水平等因素的影响,分析每股收益与资本结构的关系,可以找到每股收益无差别点。所谓每股收益无差别点,是指不同筹资方式下每股收益都相等时的息税前利润或业务量水平。根据每股收益无差别点,可以分析判断在什么样的息税前利润水平或产销量水平前提下,适于采用何种筹资组合方式,进而确定企业的资本结构安排。

运用每股收益无差别点进行资本结构优化分析时,考虑在不同筹资方案下每股收益(EPS)相等($EPS_1 = EPS_2$)时的 $EBIT$ 水平。用公式表示如下:

$$EPS = \frac{(\overline{EBIT} - I_1) \times (1-T)}{N_1} = \frac{(\overline{EBIT} - I_2)(1-T)}{N_2}$$

$$\overline{EBIT} = \frac{N_2 \cdot I_1 - N_1 \cdot I_2}{N_2 - N_1}$$

式中:$\overline{EBIT}$ 为息税前利润平衡点,即每股收益无差别点;

I 为两种筹资方式下的债务利息;

N 为两种筹资方式下普通股股数;

T 为所得税税率。

在进行每股收益分析时,使用的决策原则是:如果预期的息税前利润(或销售额)大于每股收益无差别点的息税前利润(或销售额),则运用负债筹资方式;如果预期的息税前利润(或销售额)小于每股收益无差别点的息税前利润(或销售额),则运用权益筹资方式。每股收益无差别点法可用于资本规模不大、资本结构不太复杂的股份有限公司。每股收益无差别点法进行资本结构优化的原则是比较不同融资方式下能否给普通股股东带来最大的净收益,在运用该方法时,没有考虑到高收益背后高风险因素。实际上当每股收益的增长不足于抵消风险增加所需的报酬时,股价依然会表现不佳。

【任务 5 - 18】 大龙公司目前拥有资本 1 000 万元,其结构为:负债资金 20%(年利息为 20 万元),普通股权益资金 80%(发行普通股 10 万股,每股面值 80 元),所得税率为 25%。现准备追加筹资 400 万元,有两种筹资方案可供选择:

(1) 全部发行普通股,增发 5 万股,每股面值 80 元;

(2) 全部筹措长期债务,利率为 10%,利息为 40 万元。

试计算如下:

(1) 计算每股收益无差别点及无差别点的每股收益。

(2) 如果企业追加筹资后,息税前利润预计为 160 万元,应采用哪个方案筹资?

【任务 5-18 解析】

(1) $EBIT = \dfrac{N_2 \cdot I_1 \cdot - N_1 \cdot I_2}{N_2 - N_1}$

$= \dfrac{(10+5) \times (20+40) - 10 \times 20}{(10+5) - 10} = 140(万元)$

此时每股收益为:

$EPS = \dfrac{(EBIT - I) \times (1-T)}{N}$

$= \dfrac{(140-20)(1-25\%)}{10+5} = 6(元)$

(2) 通过计算说明,当息税前利润大于 140 万元时,应运用负债筹资可获得较高的每股利润;当息税前利润小于 140 万元时,应运用权益筹资可获得较高的每股利润。已知追加筹资后,息税前利润预计为 160 万元,因此,应采用方案(2),即采用全部筹措长期债务方案。

【任务 5-19】 光华公司目前的资本结构为:总资本 1 000 万元,其中债务资本 400 万元(年利息 40 万元),普通股资本 600 万元(600 万股,面值 1 元,市价 5 元)。企业由于扩大规模经营,需要追加筹资 800 万元,所得税率 20%,不考虑筹资费用。有三个筹资方案:

甲方案:增发普通股 200 万股,每股发行价 3 元;同时向银行借款 200 万元,利率保持原来的 10%;

乙方案:增发普通股 100 万股,每股发行价 3 元;同时溢价发行债券 500 万元面值为 300 万元的公司债券,票面利率 15%;

丙方案:不增发普通股,溢价发行 600 万元面值为 400 万元的公司债券,票面利率 15%;由于受到债券发行数额的限制,需要补充向银行借款 200 万元,利率为 10%。

要求:根据以上资料,对三个筹资方案进行选择。

【任务 5-19 解析】

(1) 分别计算息税前利润平衡点

甲、乙方案比较:

$$\dfrac{(EBIT - 40 - 20) \times (1 - 20\%)}{600 + 200} = \dfrac{(EBIT - 40 - 45) \times (1 - 20\%)}{600 + 100}$$

解之得:$EBIT = 260(万元)$

乙、丙方案比较:

$$\dfrac{(EBIT - 40 - 45) \times (1 - 20\%)}{600 + 100} = \dfrac{(EBIT - 40 - 80) \times (1 - 20\%)}{600}$$

解之得：$EBIT=330$（万元）

甲、丙方案比较：

$$\frac{(EBIT-40-20)\times(1-20\%)}{600+200}=\frac{(EBIT-40-80)\times(1-20\%)}{600}$$

解之得：$EBIT=300$（万元）

（2）决策

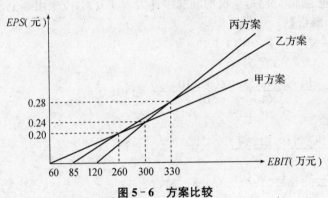

图 5-6　方案比较

当 $EBIT<260$ 万元时，应选择甲筹资方案；

当 $260<EBIT<330$ 万元时，应选择乙筹资方案；

当 $EBIT>330$ 万元时，应选择丙筹资方案。

（二）平均资本成本比较法

平均资本成本比较法是通过计算和比较各种可能的筹资组合方案的平均资本成本，选择平均资本成本最低的方案。能够降低平均资本成本的资本结构，就是合理的资本结构。这种方法侧重于从资本投入的角度对筹资方案和资本结构进行优化分析。平均资本成本比较法一般适用于资本规模较小、资本结构较为简单的非股份有限公司。

在运用平均资本成本比较法时可以通过计算综合资本成本 K（$K_w=\sum K_jW_j$），从中选择 K 最低的方案。

【任务 5-20】　大龙公司在初创时拟筹资 500 万元，现有甲、乙两个备选筹资方案，有关资料如表 5-8。

表 5-8　甲、乙两个备选方案表

单位：万元

筹资方式	甲筹资方案		乙筹资方案	
	筹资额	资金成本（%）	筹资额	资金成本（%）
长期借款	80	7	110	7.5
长期债券	120	8.5	40	8.5
普通股	300	14	350	15
合计	500		500	

试分别计算甲、乙两个筹资方案的平均资金成本，并确定最优筹资方案。

【任务5－20解析】

甲方案:各种筹资方式的筹资比例:

长期借款:80/500＝0.16;长期债券:120/500＝0.24;普通股:300/500＝0.60

综合资金成本:7%×0.16＋8.5%×0.24＋14%×0.60＝11.56%

乙方案:各种筹资方式的筹资比例:

长期借款:110/500＝0.22;长期债券:40/500＝0.08;普通股:350/500＝0.70

综合资金成本:7.5%×0.22＋8.5%×0.08＋15%×0.70＝12.83%

由以上计算结果可知,甲方案的综合资金成本较低,因此最优筹资方案是甲方案。

(三)公司价值分析法

公司价值分析法是在考虑公司市场风险的基础下,以公司市场价值为标准,进行优化资本结构的方法。即能够提升公司价值的资本结构,就是合理的资本结构。这种方法与每股收益分析法和平均资本成本比较法相比,充分考虑了市场反应、公司的风险和资本成本等因素的影响,主要用于对现有资本结构进行调整,适用于资本规模较大的上市公司资本结构优化分析。同时,在公司价值最大的资本结构下,公司的平均资本成本率也是最低的。

设:V 表示公司价值,B 表示债务资本价值,S 表示权益资本价值。公司价值应该等于债务与权益资本的市场价值。

$$V = S + B$$

假设公司各期的 $EBIT$ 永续不变,股东要求的回报率(K_s)不变,每年股东支付率100%债务资本的市场价值等于其面值,权益资本的市场价值可通过下式计算:

$$S = \frac{(EBIT - I) \cdot (1 - T)}{K_s}$$

且

$$K_s = R_s = R_f + \beta(R_m - R_f)$$

此时

$$K_W = K_b \cdot \frac{B}{V}(1 - T) + K_s \cdot \frac{S}{V}$$

【任务5－21】 某公司年息税前利润为 400 万元,资本总额账面价值 1 000 万元。假设无风险报酬率6%,证券市场平均报酬率10%,所得税率40%。经测算,不同债务水平下的权益资本成本率和债务资本成本率如表5－9。

表5－9　不同债务水平对公司债务资本成本率和权益资本成本率

单位:百万元

债券的市场价值 B	税前债务资本成本 K_b	股票 β 系数	权益资本成本 K_s
0		1.50	12%
200	8%	1.55	12.2%
400	8.5%	1.65	12.6%
600	9.0%	1.80	13.2%
800	10.0%	2.00	14.0%
1 000	12.0%	2.30	15.2%
1 200	15.0%	2.70	16.8%

提示:权益资本成本计算:

债务=0时,权益资本成本=6%+1.5×(10%−6%)=12%

债务=200时,权益资本成本=6%+1.55×(10%−6%)=12.2%,其余类推。

要求:根据表5-9资料,可计算出不同资本结构下的企业总价值和综合资本成本。

【任务5-21解析】

表5-10　公司市场价值和平均资本成本率

单位:万元

债务市场价值	股票市场价值	公司总价值	债务税后资本成本	普通股资本成本	平均资本成本
0	2 000	2 000		12%	12.0%
200	1 889	2 089	4.80%	12.2%	11.5%
400	1 743	2 143	5.1%	12.6%	11.2%
600	1 573	2 173	5.40%	13.2%	11.0%
800	1 371	2 171	6.00%	14.0%	11.1%
1 000	1 105	2 105	7.20%	15.2%	11.4%
1 200	786	1 986	9.00%	16.8%	12.1%

税后债务资本成本=税前债务资本成本×(1−所得税率)

(1) 当债务为0时的股票市场价值 S=净利润/K_s=(400−0)×(1−40%)/12%=2 000(万元)

公司的总市值 S=2 000(万元)

加权平均资本成本=权益资本成本=12%

(2) 当债务为200万元时的股票市场价值 S=(400−200×8%)×(1−40%)/12.2%=1 889(万元)

B=200(万元)

V=200+1 889=2 089(万元)

$$K_w=K_债×W_债+K_权×W_权=4.8\%×\frac{200}{2\ 089}+12.2\%×\frac{1\ 889}{2\ 089}=11.5\%,其余类推。$$

从表5-10中可以看到,在没有债务的情况下,公司的总价值就是其原有股票的市场价值。当公司用债务资本部分地替换权益资本时,一开始公司总价值上升,加权平均资本成本下降;在债务达到600万元时,公司总价值最高,加权平均资本成本最低;债务超过600万元后,公司总价值下降,加权平均资本成本上升。因此,债务为600万元时的资本结构是该公司的最佳资本结构。

◆ **练习5.5.2**

【单项选择题】 下列各项中,运用普通股每股收益无差别点确定最佳资本结构时,需计算的指标是( )。

A. 息税前利润

B. 营业利润

C. 净利润

D. 利润总额

◆ 练习 5.5.3

【多项选择题】 下列各项中,可用于确定企业最优资本结构的方法有( )。

A. 高低点法
B. 公司价值分析法
C. 平均资本成本比较法
D. 每股收益分析法

本学习单元主要框架图

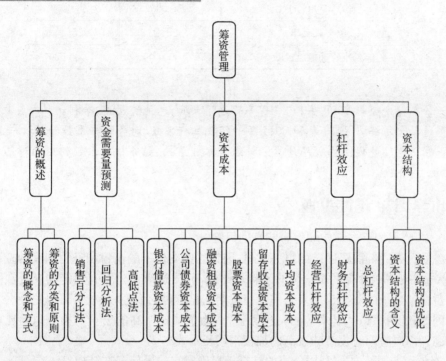

本学习单元关键术语中英文对照

加权平均资本成本	Weighted Average Cost of Capital
资本成本	Cost of Capital
资本结构	Capital Structure
溢价	Premium
股本	Issued Stock
融资租赁	Financial Lease
息税前利润	Earnings Before Interest and Tax
每股收益	Earnings Per Share, *EPS*
经营杠杆系数	Degree of Operational Leverage, *DOL*
财务杠杆系数	Degree of Financial Leverage, *DFL*
总杠杆系数	Degree of Combined Leverage, *DCL*

本学习单元案例讨论

大龙公司 2009 年、2010 年的有关资料见下表:

项目	2009 年	2010 年
销售量(件)	35 000	40 000
销售单价(元/件)	60	60
单位变动成本	42	42
固定经营成本(元)	200 000	200 000
利息费用(元)	50 000	50 000
所得税税率	25%	25%
发行在外的普通股股数(股)	1 000 000	1 000 000

要求：

(1) 计算大龙公司 2009 年和 2010 年的边际贡献、息税前利润、净利润和每股收益；

(2) 计算大龙公司 2010 年和 2011 年的经营杠杆系数、财务杠杆系数和总杠杆系数；

(3) 利用连环替代法按顺序计算分析经营杠杆系数、财务杠杆系数的变动对总杠杆系数的影响。

✎ 本学习单元讨论题

1. 一个公司的资本结构如何影响它的风险？

债务和优先股都需要固定的财务支付，因为这些支付不随销售和经营利润的变化而变化，当公司表现糟糕时有不能偿付的风险。此外，负债意味着公司有约定的义务在特定的时间偿付特定数量的资金。如果它们没有按期支付应付的债务，债权人可以迫使公司走向破产。因此，任何事情都是平等的，我们通常认为负债比率高的公司的财务风险比低负债公司的高。高风险同时也意味着高的加权平均资本成本。

2. 什么是杠杆？如何利用公司的杠杆信息确定它的最佳资本结构？

杠杆与固定成本相关，包括固定经营成本和固定财务成本。因为这些成本是固定的，所以即使公司表现低迷也得支付。可以确定的是公司都在努力使其收入持续地高于这些固定成本。任何事情都有两面性，固定成本比例高的公司比固定成本比例低的公司存在更高的风险。因此，我们可以通过一个公司的固定成本比例来评价它的资本结构，即风险。经营杠杆与一般经营活动的固定成本相关，而财务杠杆则与融资活动的固定成本相关。通过改变一个公司的资本结构，该公司的财务杠杆系数就会随之变化。低的财务(经营)杠杆意味着低的财务(经营)风险，这通常也意味着低的加权平均资本成本。

📡 本学习单元技能实训

一、实训目的

通过实践调查活动，使学生了解筹资管理在财务管理决策与控制中的重要地位，明确企业资金需要量的预测、资本成本、杠杆效应和资本结构的主要内容，增强学生对筹资管理活动的感性认识。

二、实训内容

结合本学习单元内容，对身边企业进行调研，试图通过其利润表及资产负债表的数据对其筹资管理活动的主要内容进行综合分析,特别关注其资本成本、资本结构的情况,并尝试分析其总杠杆效应以及经营杠杆效应、财务杠杆效应分别对总杠杆的影响程度。并把调研结果形成书面材料,做成PPT在班级公开汇报,其他同学组成答辩小组公开答辩。

三、实训要求

1. 对学生进行分组,指定小组负责人,联系合作单位或学生合理利用社会关系自主联系实训(践)单位。

2. 根据本实训(践)教学的目的,拟定调查题目,列出调查提纲,制定调查表格。

3. 实地调查和采访时要注意自己的形象,能准确流利地表达自己的目的和愿望,以便得到对方的配合。

4. 对调查采访资料进行整理和总结,写出一份调查报告(字数1 500左右),做成PPT在班级公开汇报。

四、评分标准

评分项目	比重	评分标准
课堂参与	35%	我们将在整个过程中记录你的参与度。你的参与分取决于你通过出勤、问问题和回答问题而给整个课程的贡献
任务训练	35%	我们分别在5个主题学习单元后面设计了5个任务训练,每个占1/5
案例及讨论题	15%	此部分主要针对学习单元后面的案例和讨论题。
小组分析报告与讨论	15%	此部分主要针对技能训练部分,你必须加入一个学习小组分析一个企业全面预算管理的案例
本单元总分	100	(小组互评分数+教师评分分数)×70%+个人成绩分数×30%
总成绩比重	10%	

学习单元六

项目投资决策

学习单元名称:项目投资决策	课时安排:8

6-1 典型工作任务

项目投资决策方法及应用 → 项目投资财务可行性评价指标分析 → 项目投资财务可行性要素分析 → 项目投资概述

6-2 学习单元目标

项目投资是本书中重点单元(这里所讲的项目投资,不包括股票等证券投资),与货币时间价值和筹资成本等单元的内容联系紧密,常出现在各类考试的计算题以及跨单元综合题中,分值比重高。通过本学习单元的学习,使学生能够了解项目投资活动中的基本程序和决策思路,熟练掌握项目财务可行性要素的估算、财务可行性评价指标的测算、项目投资决策方法及应用等内容,从而具备做出正确投资选择的能力

6-3 学习单元整体设计

主题学习单元	拟实现的能力目标	须掌握的知识内容	建议学时
6.1 项目投资概述	了解投资活动的概念、分类、特点以及影响项目投资决策的各种因素	(1) 投资与项目投资概述 (2) 项目投资的意义和特点 (3) 影响项目投资决策的因素	1
6.2 财务可行性因素的估算	能够结合具体的项目案例,分析和计算影响项目投资财务可行性的各项要素	(1) 成本投入类要素分析 (2) 效益产出类要素分析	2
6.3 项目投资财务可行性评价指标的分析	计算静态回收期、净现值、内部收益率等投资项目财务可行性指标,并能运用这些指标判断投资项目的财务可行性	(1) 财务可行性指标的分类 (2) 投资项目净现金流量的计算 (3) 静态评价指标的计算和意义 (4) 动态评价指标的计算和意义 (5) 运用相关指标评价投资项目的财务可行性	2
6.4 项目投资决策方法及应用	能够结合具体案例,在考虑相关限制条件下,对多个具备财务可行性的方案进行选择决策	(1) 独立方案和互斥方案 (2) 财务可行性评价与项目投资决策的关系 (3) 投资项目决策的几种方法	2
工作任务/技能训练	通过对项目投资案例中的相关指标的计算,同时应用特定的投资决策方法,对投资方案进行判断和选择		1

☞【案例引入】

得力电器制造厂是生产家用小电器的中型企业,该厂生产的小电器款式新颖,质量优良,价格合理,长期以来供不应求。为扩大生产能力,厂家准备新建一条生产线。负责这项投资决策工作的财务总监王刚及财务部人员经过调查研究后,得到如下资料:

(1)该生产线的原始投资为650万元,其中固定资产投资600万元,分2年投入。第1期初投入500万元,第2年初投入100万元,第2年末项目完并可正式投产使用。投产后每年可生产小电器20 000件,每件平均销售价格为400元,每年可获销售收入800万元。该生产线可使用5年,5年后可获残值50万元。该项目投资经营期间要垫支流动资金50万元(于第2年末投入),这笔资金在项目结束时可全部收回。

(2)该生产线生产的产品总成本构成如下。

直接材料费用:200万元。

直接人工费用:300万元。

制造费用:100万元(其中,折旧费用60万元)。

王刚通过对厂内资金来源进行分析,计算出该厂加权平均的资金成本为10%,企业所得税税率为25%。同时还计算出该项目的营业现金流量、现金净流量和净现值,并根据其计算的净现值,对该项目是否可行进行了决策。有关数据如表所示。

表6-1 得力电器制造厂投资项目营业现金流量计算表

单位:万元

项目	第1年	第2年	第3年	第4年	第5年
销售收入	800	800	800	800	800
付现成本	540	540	540	540	540
其中:材料费用	200	200	200	200	200
人工费用	300	300	300	300	300
制造费用	100	100	100	100	100
折旧费用	60	60	60	60	60
税前利润	200	200	200	200	200
所得税(25%)	50	50	50	50	50
税后利润	150	150	150	150	150
营业现金流量	210	210	210	210	210

表6-2 得力电器制造厂投资项目现金净流量计算表

单位:万元

项目	投资建设期			生产期				
	第0年	第1年	第2年	第1年	第2年	第3年	第4年	第5年
初始投资	−500	−100						
流动资金垫支			−50					
营业现金流量				210	210	210	210	210
设备残值								50
流动资金回收								50
现金净流量合计	−500	−100	−50	210	210	210	210	310

王刚认为该项目可行，并将可行性研究报告提交厂部中层干部大会讨论。在讨论会上，厂部中层干部提出以下意见：

要求：(1) 计算该项目净现值。

(2) 对该投资方案的财务可行性予以评价。

(3) 在讨论会上，厂部中层干部提出，在项目投资和使用期间，通货膨胀率大约在10%，将对投资项目的有关方面产生影响（仅考虑折现率的影响）。

主题学习单元 6.1　项目投资概述

【任务 6-1】　从财务管理的角度看投资与项目投资之间是什么关系？判断一项项目投资是否可行，要对哪些因素进行分析？

投资是指特定经济主体（包括国家、企业和个人）为了在未来可预见的时期内获得收益或使资金增值，在一定时期向一定领域的标的物投放足够数额的资金或实物等货币等价物的经济行为。对投资进行分类的方式很多，比如按照投资行为的介入程度，可分为直接投资和间接投资；按照投入领域的不同，可分为生产性投资和非生产性投资；按照投资方向的不同，可分为对内投资和对外投资；按照投资内容的不同，可分为固定资产投资、无形资产投资、流动资金投资、有价证券投资、期货期权投资、信托保险投资、房地产投资等。

项目投资是指在一定时间和预算规定的范围内，为达到既定质量水平而完成某项特定任务的长期投资活动，是对企业有着长远意义的经济行为，也称资本性投资或资本预算。从投资行为的介入程度看，项目投资属于直接投资；从投资领域看，项目投资立足于生产目的；从投资方向看，项目投资是一种企业对其内部的投资。本学习单元引入案例中，新厂房建造计划实际上就是得力电器公司为了满足市场需求，解决生产能力不足的一项重要工程，它是得力电器公司对内直接投资的项目，整个项目的投入涉及厂房、设备等固定资产投资；人员培训等流动资金投资；并且在以后的运行过程中还需要发生维持性费用，可见该计划就是得力电器公司的一项重大的项目投资。

一、项目投资的意义和特点

项目投资具体可包括工程项目投资、开发项目投资、科学研究项目投资、维修项目投资等。与其他形式的投资相比，项目投资包含的内容非常广泛，而且绝大多数项目投资属于一次性投资。例如新建一座厂房，更新改造一条生产线，建造一条输油管道等，都可以作为一个项目投资来看待。这些项目只能单项决策、单项设计，不能成批生产、重复制造。

企业进行项目投资的主要意义：

(1) 项目投资是企业开展正常生产经营活动的物质前提。比如生产企业要想生产销售产品，必须拥有设备、厂房、技术、人工等生产要素，而这些只有通过项目投资来获取。

(2) 通过项目投资，投资者能够扩大其生产规模，加快资本积累速度，提高获利能力，同时还能增强企业抵御风险的能力。

(3) 项目投资还可以优化企业生产结构。企业进行的项目投资决策过程实际上是一个优胜劣汰的过程，通过综合科学的分析，决定该上哪个项目，不该上哪个项目，可以起到加强扶持某些部门或削弱抑制另一些部门的作用,最终使企业形成合理的生产结构,提高企业整体的经济效益。

(4)项目投资可以提升投资者市场竞争能力。在如今市场经济体制下,市场竞争是激烈的,形式上可分为质量竞争、价格竞争、人才竞争等,但从根本上说是投资项目的竞争。一个不具备竞争力的投资项目,是注定要失败的。无论是投资实践的成功经验还是失败教训,都有助于促进投资者自觉遵循市场规律,不断提高其市场竞争力。

与其他投资相比,项目投资具备以下几个特点:

(1)投资内容独特(至少涉及一项固定资产投资);

(2)投资数额较大,时间周期较长(至少1年或一个营业周期以上);

(3)发生频率低(也称一次性),变现能力差,具有较高的投资风险。

由于以上特点的存在,特别是投资数额大,周期长,风险高,这就决定了项目投资在公司投资决策中的重要地位。因此,必须对整个投资项目建成前后可能发生的各项收支进行精确的预测和分析,才能做出该项目是否值得投资的重大决策。

由于本书面向初学者,故本书所涉项目投资的类型较简单,具体如表6-3所示。

表6-3 项目投资类型

类型	特点	分类	涉及的投资内容
新建项目	外延式扩大再生产,以新增生产能力为目的	单纯固定资产投资项目	只有固定资产投资,不考虑流动资金的投入
		完整工业投资项目	不仅包括固定资产投资,而且还有流动资金和无形资产等其他长期资产投资

二、影响项目投资决策的因素

从财务管理人员的角度看,项目投资决策其实就是运用财务管理的专业知识对项目投资方案的财务可行性作出的判断,如果方案具备财务可行性,则应该向董事会提交;反之,则不应提交。本学习单元导入案例中,得力电器公司财务总监王刚所作的各项测算,其实就是对新生产线投资方案是否具备财务可行性所作的分析过程。由此可见对项目投资方案的财务可行性分析是建立在相关指标的计算结果之上的,也可以说项目投资方案是否具备财务可行性,取决于这些指标,因此我们将这些指标称之为财务可行性指标。财务可行性指标有净现值、净现值率、静态投资回收期、获利指数、内部报酬率等,但无论哪一种指标,都会受到净现金流量大小的影响。而一般来说,影响净现金流量大小的要素主要有成本投入因素和效益产出要素。其中,成本投入因素又受到建设投资、流动资金投资、营运成本投资以及相关税金的影响;而效益产出要素则受到诸如营业收入、补贴收入和各项回收额的影响。关于以上两项要素的具体计算和分析我们将在学习单元6.2中详细介绍,这里就不再赘述。

除了净现金流量以外,项目投资的期限(即项目计算期)的长短以及资金投入时点的不同,也会影响项目投资财务可行性的结论。而资金投入时点的不同也标示着投资方式的不同。

（一）项目计算期

项目计算期，即投资项目从投资建设开始到最终清理结束整个过程的全部时间。项目计算期包括建设期和运营期。其中运营期包括试产期和达产期。试产期是指项目投入生产，但生产能力尚未完全达到设计能力时的过渡阶段；达产期是指生产运营达到设计预期水平后的时间。运营期一般应依据项目主要设备的可使用寿命确定。

项目计算期、建设期、运营期三者之间的关系为：

项目计算期(n)＝建设期(s)＋运营期(p)

【任务6-2】 大龙公司准备投资建设一条生产线，计划在建设起点就开始投资，预计2年后建成，试运行一年后正式投入使用，该流水线主要组成部分的使用寿命为15年。根据以上资料，估算该项目相关时期指标。

【任务6-2解析】

建设期＝2年，

试营期＝1年，

运营期＝使用寿命＝15年，

达产期＝运营期－试营期＝15－1＝14年，

项目计算期＝建设期＋运营期＝2＋15＝17年。

（二）项目投资资金的投入方式和时点

资金投入方式和时点的不同，会影响项目投资成本和净现值。从而影响项目投资决策结果。一般来说，企业项目投资的投入方式分为一次性投入和分次投入。

（1）一次性投入是指投资行为集中一次发生在项目计算期第一个年度的年初或年末。

建设起点投入并投产，如图6-1所示：

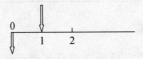

图6-1 建设起点投入

建设起点投入，建设期1年，如图6-2所示：

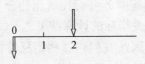

图6-2 建设期1年

（2）分次投入是指投资行为涉及两个或两个以上年度，或虽然涉及一个年度，但投资分别发生在该年的期初和期末。计算净现值时，分次投入的投资要予以折现。

建设期分两次投入，建设期2年，如图6-3所示：

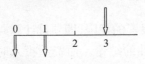

图6-3 建设期2年

综上所述：①如无特殊说明，项目投入一般发生在建设期，并假设在建设起点发生；②分次投入不同于分年投入，一年中可以多次投入。

【活动题6-1】　流动资金的投资通常发生在哪个时点？

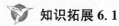知识拓展6.1

项目投资决策程序及项目投资的可行性研究

现实财务管理工作中，项目投资的决策程序一般是：第一，提出投资领域和投资对象；第二，评价投资方案的财务可行性；第三，在财务可行性评价的基础上对若干投资方案进行比较和选择；第四，执行投资方案；第五，在投资方案的执行过程中，对投资方案进行再评价，并及时调整。

所谓可行性是指一项事情能够做到的、有成功把握的可能性。而项目投资的可行性表现在：对环境的不利影响最小，技术上最具先进性和适应性，产品在市场上能够被接受，财务上具有合理性和较强的盈利能力，对国民经济有贡献，能够创造社会效益。所以要研究投资项目是否具有可行性必须做好以下几个方面的分析：(1)建设项目对环境影响的分析。包括自然环境、社会环境和生态环境。(2)产品的未来市场的分析。即未来生产的产品销路情况及变化趋势。(3)技术分析。这项工作较为复杂，专业性较强，需要专业工程师完成。(4)财务可行性分析。

主题学习单元6.2　财务可行性因素的分析

【任务6-3】　财务可行性要素有哪些？如何分类？

财务可行性要素是指在项目的财务可行性评价过程中，计算一系列财务可行性评价指标所必须予以考虑的、与项目直接相关的、能够反映项目投入产出关系的各种经济因素的统称。如前所述，从投入产出的角度看，可将项目投资的财务可行性因素划分为成本投入和效益产出两种类型。

一、成本投入类要素分析

【任务6-4】　建设投资包括什么？为什么流动资金投资又叫垫支资金，垫支的时间有多长？建设投资、流动资金投资、经营成本以及相关税金如何估算？

成本投入类要素是引起企业产生现金流出量的因素，可分为投入阶段的成本投入和产出阶段的成本投入。

（一）投入阶段成本投入

这部分成本投入主要是由建设期和运营期前期发生的原始投资构成的。原始投资（又称初始投资）是指企业为使项目完全达到设计生产能力、开展正常经营而投入的全部现实资金，包括建设投资和流动资金投资两项内容。而反映项目投资总体规模的价值指标称为项目总投资（又称投资总额），它是原始投资与建设期资本化利息之和。即：

原始投资＝建设投资＋流动资金投资
项目总投资＝原始投资＋建设期资本化利息

1. 建设投资的估算

建设投资一般发生在项目建设期内,其构成可用图 6 - 4 表示。

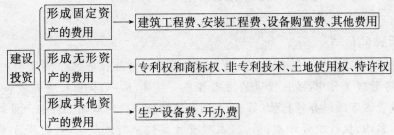

图 6 - 4　建设投资构成图

即建设投资＝形成固定资产费用＋形成无形资产费用＋形成其他资产费用

(1) 形成固定资产的费用

任何项目投资都会涉及形成固定资产费用的投资。形成固定资产的费用是指直接用于购置或安装固定资产应当发生的投资,包括:建筑工程费、设备购置费、安装工程费和固定资产其他费用。

【任务 6 - 5】　大龙公司拟新建一个生产基地,预计建筑投资 6 600 万元,设备购置费 800 万元,设备的安装工程费为设备购置费的 2％,建设单位管理费、研究试验费、勘察设计费、工程评估费、保险费和市政公用建设费等其他费用的开支,按建筑工程费、设备购置费和安装工程费的 0.1％缴纳。根据上述资料可估算该项目各项指标。

【任务 6 - 5 解析】

该基地的建筑工程费＝6 600(万元)

该基地内设备购置费＝800(万元)

该基地的安装工程费＝800×2％＝16(万元)

该基地的其他费用＝(6 600＋800＋16)×0.1％＝7.416(万元)

该基地形成固定资产的费用＝6 600＋800＋16＋7.416＝7 423.416(万元)

(2) 形成无形资产的费用

形成无形资产的费用是指项目投资中为取得无形资产发生的投资。如购买专利权、商标权、非专利技术、土地使用权、特许权等。本学习单元中,如无特殊说明,一般假设形成无形资产的费用在建设期一次性投入。

(3) 形成其他资产的费用

形成其他资产的费用是指除形成固定资产和无形资产的费用,其他在建设投资中发生的费用。

【任务 6 - 6】　大龙公司拟新建一条生产线项目,建设期为 2 年,运营期为 15 年,全部建设投资分别安排在建设起点、建设期第 2 年年初和建设期末三次投入,投资额分别为 310 万元(其中形成无形资产的投资 105 万元,开办费 5 万元)、200 万元和 100 万元,资本化借款利息为 18 万元;流动资金投资安排在建设期末和投产后第一年年末分两次投入,投资额分别为 50 万元和 20 万元。假设大龙公司折旧和摊销采用年限平均法,固定资产净残值 38 万。根据以上资料可以计算出下列指标。

【任务 6-6 解析】

建设投资＝310＋200＋100＝610（万元）

流动资金投入＝50＋20＝70（万元）

原始投资＝610＋70＝680（万元）

固定资产原值＝200＋200＋100＋18＝518（万元）

生产线年折旧额＝（518－38）÷15＝32（万元）

项目总投资＝680＋18＝698（万元）

投资额指标之间的关系可用表 6-4 表示。

表 6-4 投资额指标之间关系表

项目总投资	固定资产原值	建设期资本化利息	建设投资	原始投资
		形成固定资产费用		
	形成无形资产费用			
	形成其他资产费用（生产准备和开办费等）			
	流动资金投资（又称垫支流动资金、营运资金投资）			

注：在利用净利润指标来测算净现金流量时，首先要计算固定资产、无形资产的折旧或摊销额，而要计算折旧或摊销额，必须计算固定资产、无形资产的原值。

◆ **练习 6.2.1**

【单项选择题】 在财务管理中，将企业为使项目完全达到设计生产能力、开展正常经营而投入的全部现实资金称为（　　　）。

A. 投资总额　　　　B. 现金流量　　　　C. 建设投资　　　　D. 原始投资

2. 流动资金投资的估算

一个家庭，只有住房、汽车，是无法满足正常的生活需要，还必须持有一定的流动资金，如现金、银行存款等。项目投资也是一样的，一个项目有了厂房、设备、技术就具备了生产经营的必要条件，但仅有这些还不够，项目的经营过程中必然会需要周转资金。比如企业在将原材料生产成产品，再到售出产品之前，需要投入包括购买原材料、辅助材料等垫支资金，再比如，为了扩大销售而采用的赊销方式，在货款收回之前，产生的赊销产品生产成本的资金垫支。当然，随着经营活动的正常开展，产品的销售、应收账款的回收，这部分资金会重新流回企业，但为了保证下一个营业周期的生产经营，企业还会将收回的资金再次投入，有时随着生产规模的扩大，垫支的流动资金总额还会进一步增加，即追加流动资金投资。直到整个项目终结时，所有流动资金才会随着最后产品的销售而得以真正的收回。本质上流动资金属于垫支周转资金，一般发生在项目投产之后，投入方式可以是一次性投入也可以是分次投入。流动资金投资的估算用以下公式计算：

（1）某年流动资金投资额（垫支数）＝本年流动资金需用额－截至上年的流动资金投资额；

（2）本年流动资金需用额＝该年流动资产需用额－该年流动负债可用额

其中：该年流动资产需用额＝该年存货需用额＋该年应收账款需用额

＋该年预付账款需用额＋该年现金需用额

该年流动负债可用额＝应付账款可用额＋预收账款可用额

【任务 6-7】 大龙公司拟建的生产线项目,预计投产第一年的流动资产需用额为 20 万元,流动负债可用额 15 万元,假设该项流动资产投资发生在建设期末;预计投产后第二年流动资产需用额为 50 万元,流动负债需用额为 35 万元,假定该项流动资产投资发生在投产后第一年年末。根据以上资料请计算下列指标。

【任务 6-7 解析】

投产后第一年的流动资金需用额＝20－15＝5(万元)

第一次流动资金投资额＝5－0＝5(万元)

投产后第二年的流动资金需用额＝50－35＝15(万元)

第二次流动资金投资额＝15－5＝10(万元)

流动资金投资合计＝5＋10＝15(万元)

(二)产出阶段成本投入

项目建设完成后,即进入产出阶段。随着产销活动的正常开展还将发生一定的成本支出,包括经营成本、营业税金及附加和企业所得税。

1. 经营成本的估算

经营成本又称付现的营运成本(简称付现成本),是指在经营期内为满足正常生产经营而动用现实货币资金支付的成本费用。如以付现形式采购的原材料、辅料;发放的人员工资、福利;支付的修理费用、其他付现费用等。本书中,如无特殊说明,可假定经营成本发生在运营期各年的年末。

经营成本的估算公式有加法和减法两种,在估算时选择何种方法,要视已知条件而定。

加法公式:某年经营成本＝该年外购原材料燃料和动力费＋该年工资及福利费＋该年修理费＋该年其他付现费用

减法公式:某年经营成本＝该年不包括财务费用的总成本费用－该年折旧－该年摊销

经营成本的估算与融资方案无关,即项目的经营成本不包括财务费用。故在使用减法估算时,要从该年不包括财务费用的总成本费用入手。

以上公式中的总成本费用也不包括营业税金及附加。

【任务 6-8】 仍按【任务 6-7】资料,项目投产后预计第 1 年外购原材料、燃料和动力费为 80 万元,人工费用 20 万元,其他费用 3 万元,年折旧费 32 万元,年摊销费 7 万元,一次性摊销开办费 5 万元;第 2～6 年每年预计外购原材料、燃料和动力费为 120 万元,人工费用 28 万元,其他费用 5 万元,年折旧费 32 万元,年摊销费 7 万元;第 7～15 年每年不包括财务费用的总成本费用为 220 万元,其中,年预计外购原材料、燃料和动力费为 180 万元,年折旧费 32 万元,年摊销费为 7 万元。根据以上资料,请估算各年经营成本和不包括财务费用的总成本费用指标。

【任务 6-8 解析】

(1) 投产后第 1 年的经营成本＝80＋20＋3＝103(万元)

投产后第 2～6 年每年的经营成本＝120＋28＋5＝153(万元)

投产后第 7～15 年每年的经营成本＝220－32－7＝181(万元)

(2) 投产后第 1 年不包括财务费用的总成本费用＝103＋32＋7＋5＝147(万元)

投产后第 2～6 年每年不包括财务费用的总成本费用＝153＋32＋7＝192(万元)

2. 运营期间相关税金的估算

在现代企业管理中,税务管理是一项重要内容。其目的是通过对企业涉税业务和纳税实务实施的分析、研究、预测、筹划等工作步骤来规范企业纳税行为,降低税收支出,有效防控纳税风险。而运营期间的相关税金的多少,对判断投资项目是否具有财务可行性具有重要意义。

增值税属于价外税,其本身不属于项目成本投入类可行性要素。但是为了估算城市维护建设税和教育费附加,必须首先计算增值税。

运营期间的相关税金的组成和估算公式可用图 6-5 表示。

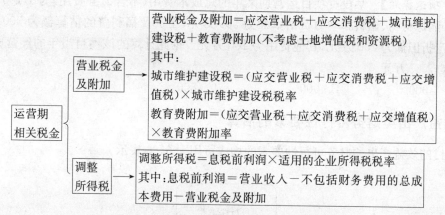

图 6-5　运营期相关税金组成和估算图示

【任务 6-9】　仍按【任务 6-7】资料,预计投产后第 1 年营业收入为 200 万元,第 2~6 年每年预计营业收入为 300 万元,第 7~15 年每年预计营业收入为 450 万元,适用的增值税率为 17%,城建税率 7%,教育费附加率 3%,企业所得税税率 25%。不缴纳营业税和消费税。根据以上资料,请估算相关税金。

【任务 6-9 解析】

(1) 投产后第 1 年的应交增值税 = 销项税 - 进项税 = 200×17% - 80×17% = 20.4 (万元)

投产后第 2~6 年每年的应交增值税 = 300×17% - 120×17% = 30.6(万元)

投产后第 7~15 年每年的应交增值税 = 450×17% - 180×17% = 45.9(万元)

(2) 投产后第 1 年的营业税金及附加 = (20.4+0+0)×(7%+3%) = 2.04(万元)

投产后第 2~6 年每年的营业税金及附加 = (30.6+0+0)×(7%+3%) = 3.06(万元)

投产后第 7~15 年每年的营业税金及附加 = (45.9+0+0)×(7%+3%) = 4.59(万元)

(3) 投产后第 1 年的息税前利润 = 200-147-2.04 = 50.96(万元)

投产后第 1 年的企业调整所得税 = 50.96×25% = 12.74(万元)

投产后第 2~6 年每年的息税前利润 = 300-192-3.06 = 104.94(万元)

投产后第 2~6 年每年的企业调整所得税 = 104.94×25% = 26.235(万元)

投产后第 7~15 年每年的息税前利润 = 450-220-4.59 = 225.41(万元)

投产后第 7~15 年每年的企业调整所得税 = 225.41×25% = 56.352 5(万元)

◆ 练习 6.2.2

【判断题】　根据项目投资的理论,在各类投资项目中,运营期现金流出量中都包括固

定资产投资(　　)

◆ **练习 6.2.3**

【单项选择题】 已知某完整工业投资项目预计投产第一年的流动资产需用数为 100 万元,流动负债可用数为 40 万元;投产第二年的流动资产需用数为 190 万元,流动负债可用数为 100 万元。则投产第二年新增的流动资金投资额应为(　　)万元。

    A. 150　　　　　　B. 90　　　　　　C. 60　　　　　　D. 30

◆ **练习 6.2.4**

【单项选择题】 某投资项目运营期某年的总成本费用(不含财务费用)为 1 100 万元,其中:外购原材料、燃料和动力费估算额为 500 万元,工资及福利费的估算额为 300 万元,固定资产折旧额为 200 万元,其他费用为 100 万元。据此计算的该项目当年的经营成本估算额为(　　)万元。

    A. 1 000　　　　　B. 900　　　　　　C. 800　　　　　　D. 300

二、效益产出类财务可行性要素的估算

项目的效益产出类财务可行性要素的构成可用图 6-6 表示。

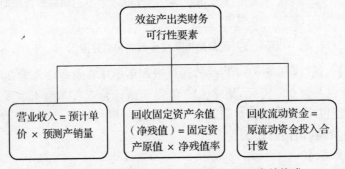

图 6-6　项目的效益产出类财务可行性要素的构成

【任务 6-10】 大龙公司拟建的生产线只生产一种产品,预计销售单价 500 元/台,销售量为第 1 年 2 000 台,第 2~6 年每年 3 000 台,第 7~15 年每年 4 000 台,该生产线的净残值为 60 万元,流动资金在建设期末一次投入 100 万,前 6 年国家每年补贴 10 万元。根据以上资料,请估算该项目效益产出类要素。

【任务 6-10 解析】

投产后第 1 年产出 $=500\times2\,000\times10^{-4}+10=110$(万元)

投产后第 2~6 年产出 $=500\times3\,000\times10^{-4}+10=160$(万元)

投产后第 7~14 年产出 $=500\times4\,000\times10^{-4}=200$(万元)

投产后第 15 年产出 $=500\times4\,000\times10^{-4}+60+100=360$(万元)

◆ **练习 6.2.5**

【多项选择题】 工业投资项目的现金流入主要包括(　　)。

    A. 营业收入　　　　　　　　　　B. 回收固定资产变现净值

    C. 固定资产折旧　　　　　　　　D. 回收流动资金

主题学习单元 6.3　项目投资财务可行性评价指标的分析

本学习单元在主题学习单元 6.2 项目投资财务可行性要素的基础上,介绍如何考虑和利用这些要素计算财务可行性指标,为后面分析和评价项目是否具备财务可行性打下基础。

一、投资项目财务可行性评价指标及其类型

项目投资财务可行性评价指标是指用于衡量和比较项目投资可行性、以便据以进行方案决策的定量化标准与尺度。主要包括:静态投资回收期、总投资收益率、净现值、净现值率和内部收益率,具体性质和分类可用图 6-7 表示。

财务可行性评价指标的分类
- 按是否考虑资金时间价值
  - 静态评价指标(总投资收益率、静态投资回收期)
  - 动态评价指标(净现值、净现值率、内部收益率)
- 按指标性质不同
  - 正指标(越大越好:除静态投资回收期以外的其他指标)
  - 反指标(越小越好:静态投资回收期)
- 按指标在决策中的重要性分类
  - 主要指标(净现值、内部收益率等)
  - 次要指标(静态投资回收期)
  - 辅助指标(总投资收益率)

图 6-7　财务可行性评价指标

◆ **练习 6.3.1**

【单项选择题】　在下列评价指标中,属于非折现正指标的是(　　　)。

A. 静态投资回收期　　　　　　　B. 总投资收益率

C. 内部收益率　　　　　　　　　D. 净现值

◆ **练习 6.3.2**

【多项选择题】　静态投资回收期与净现值的区别表现在(　　　)。

A. 静态投资回收期为辅助指标,净现值为次要指标

B. 静态投资回收期为静态指标,净现值为动态指标

C. 静态投资回收期为反指标,净现值为正指标

D. 静态投资回收期为次要指标,净现值为主要指标

二、项目投资净现金流量的测算

在计算项目投资各项财务可行性评价指标时,都会用到净现金流量(NCF)。

(一)投资项目净现金流量(NCF)的概念和种类

1. 投资项目净现金流量(NCF)的概念

投资项目净现金流量(NCF)是指在项目计算期内由每年现金流入量与同年现金流出量之间的差额所形成的序列指标,它是计算项目投资各项财务可行性指标的重要依据。其公式如下:

$$净现金流量_t＝现金流入量_t－现金流出量_t,(t＝0,1,\cdots,n)$$

建设期和运营期均存在净现金流量。一般来说建设期内因为存在大量投资,现金流出量较大,而很少有效益产出,故净现金流量通常小于或等于零;运营期内的净现金流量则相反,投入不多且比较稳定,而效益产出会不断增加,故净现金流量多大于零。

◆ 练习6.3.3

【判断题】 在项目投资决策中,净现金流量是指经营期内每年现金流入量与同年现金流出量之间的差额所形成的序列指标。( )

2. 投资项目净现金流量(NCF)的种类

净现金流量包括以下两种形式:所得税前净现金流量和所得税后净现金流量。

两种形式的净现金流量之间的关系为:所得税后净现金流量＝所得税前净现金流量－所得税;所得税＝息税前利润(EBIT)×所得税税率。

◆ 练习6.3.4

【单项选择题】 已知某项目每年税前利润均为100万元,所得税率为30%。运营期某年所得税后的净现金流量为200万元,则所得税前的净现金流量为( )万元。

A. 100   B. 70

C. 130   D. 230

(二)确定项目投资净现金流量的方法

确定项目投资净现金流量的方法包括列表法(一般方法)和简化法(特殊方法或公式法)。

1. 列表法

列表法是指通过编制现金流量表来确定项目净现金流量的方法,因无论什么情况下都可以采用,又称一般方法。

【任务6-11】 大龙公司拟新购一台设备以提高产量,建设期2年,在建设期起点和建设期第一年末各投入500万元,此外无其他投入。该设备可使用10年,净残值50万元,采用直线法折旧。预计投产后,每年末能使集团的息税前利润增加200万元(营业收入1 000万元,经营成本705万元,折旧95万元)。这项投资没有发生财务费用,不考虑营业税金及附加,企业所得税税率25%。根据以上资料,请估算该项目各项指标。

【任务6-11-1解析】 用列表法完成表格数据的填列(表6-5)。

表6-5 生产线项目现金流量表(项目投资)

单位:万元

项目计算期(第 t 年)	建设期			运营期									合计
	0	1	2	3	4	…	…	…	…	…	11	12	
1 现金流入				1 000	1 000						1 000	1 000	10 050
1.1 营业收入				1 000	1 000						1 000	1 000	10 000
1.2 补贴收入													

续表 6－5

项目计算期(第 t 年)	建设期			运营期										合计
	0	1	2	3	4	···	···	···	···	···	···	11	12	
1.3 回收固定资产余值													50	50
1.4 回收流动资金														
2 现金流出	500	500		705	705	···	···	···	···	···	···	705	705	8 050
2.1 建设投资	500	500												
2.2 流动资金投资														
2.3 经营成本				705	705	···	···	···	···	···	···	705	705	7 050
2.4 营业税金及附加														
2.5 维持运营投资														
3 所得税前净现金流量	−500	−500		295	295	···	···	···	···	···	···	295	345	2 000
4 累计所得税前净现金流量	−500	−1 000	−1 000	−705	−410	···	···	···	···	···	···	1 655	2 000	
5 调整所得税				50	50	···	···	···	···	···	···	50	50	500
6 所得税后净现金流量	−500	−500		245	245	···	···	···	···	···	···	245	295	1 500
7 累计所得税后净现金流量	−500	−1 000	−1 000	−755	−510	···	···	···	···	···	···	1 205	1 500	

2. 简化法

简化法是指在特定条件下直接利用公式来确定项目净现金流量的方法,又称特殊方法或公式法。本章所涉及的新建项目可分为单纯固定资产投资项目和完整工业投资项目,本学习单元将分别介绍单纯固定资产投资项目和完整工业投资项目的净现金流量的简化计算方法。

(1) 单纯固定资产投资项目净现金流量的计算

单纯固定资产投资项目是指某一项目的原始投资中,只有形成固定资产的费用,除此以外没有其他任何费用。比如,某工厂原有设备的生产能力不能满足产品市场需求,因此决定增购一台设备,投入生产,除此以外没有增加任何投入。可见,这类投资项目对企业现金流量的影响是:(a)在建设期因增加的固定资产投资导致了现金流出量增加;(b)在营运期间,因该固定资产提高了生产能力,使得营业收入、经营成本和相关税金均有所增加,导致运营期间现金流入量和现金流出量同时增加;(c)因新增的固定资产存在净残值,导致了项目终结点现金流入量的增加。因此估算该类项目净现金流量可使用以下公式:

建设期净现金流量＝—该年发生的固定资产投资额

运营期某年所得税前净现金流量＝该年因新增固定资产新增的息税前利润＋该年因新增固定资产新增的折旧＋该年回收的新增固定资产的净残值

运营期某年所得税后净现金流量＝运营期某年所得税前净现金流量－该年息税前利润×所得税率

【任务 6-11-2 解析】 用简化法完成各项指标的计算。

项目计算期＝2＋10＝12(年)

固定资产原值＝500＋500＝1 000(万元)

投产后每年的折旧额＝(1 000－50)÷10＝95(万元)

建设期净现金流量：$NCF_0＝NCF_1＝-500, NCF_2＝0,$

运营期所得税前净现金流量：$NCF_{3～11}＝200＋95＋0＝295$(万元)　　$NCF_{12}＝200＋95＋50＝345$(万元)

运营期所得税后净现金流量：

$NCF_{3～11'}＝295－200×25\%＝245$(万元)　　$NCF_{12'}＝345－200×25\%＝295$(万元)

(2) 完整工业投资项目净现金流量的计算

完整工业投资项目是指以新增工业生产能力为主的投资项目,其投资内容不仅包括固定资产投资,而且还包括流动资金投资,甚至还包括其他长期资产项目(如无形资产)的投资项目。比如：某企业原本生产 A 产品,因市场原因,准备增加生产 B 产品,为此拟投资购建固定设备、专利技术以及垫支必要的流动资金。可见,这类投资项目对企业现金流量的影响是：(a)在建设期的原始投资(包括固定资产、无形资产、其他资产以及在建设期末的流动资金的投入)导致了现金流出量增加;(b)在营运期间,因该项目的存在,使得营业收入、经营成本和相关税金均有所增加,以及可能出现追加投入流动资金,都会导致运营期间现金流入量和现金流出量增加;(c)因该项目中固定资产存在净残值,流动资金可以收回,导致了项目终结点现金流入量的增加。因此估算该类项目投的净现金流量可使用以下公式：

建设期某年净现金流量＝—该年发生的原始投资额

运营期某年所得税前净现金流量＝该年该项目的息税前利润＋该年该项目的折旧＋该年该项目的摊销额＋该年该项目的回收额－该年流动资金的投入;

运营期某年所得税后净现金流量

＝运营期某年所得税前净现金流量—该年该项目的息税前利润×所得税率。

【任务 6-12】 不考虑财务费用,请根据前述任务计算的结果估算该项目各年净现金流量。

【任务 6-12 解析】

已知建设期某年净现金流量：$NCF_0＝-310$(万元)　　$NCF_1＝-200$(万元)

$NCF_2＝-100－50＝-150$(万元)

运营期某年所得税前净现金流量：

$NCF_3＝50.96＋32＋7＋5－20＝74.96$(万元)

$NCF_{4～8}＝104.94＋32＋7＝143.94$(万元)

$NCF_{9～17}＝225.41＋32＋7＋38＋70＝372.41$(万元)

运营期某年所得税后净现金流量：

$NCF_{3'}＝74.96－12.74＝62.22$(万元)

$NCF_{4～8'}＝143.94－26.235＝117.705$(万元)

$NCF_{9～17'}＝372.41－56.352\ 5＝316.057\ 5$(万元)

三、静态评价指标的含义、计算方法及特征

(一)总投资收益率

总投资收益率(ROI)又称投资报酬率,指达产期正常年份的年息税前利润或运营期年均息税前利润占项目总投资的百分比。

总投资收益率(ROI)＝年息税前利润或年均息税前利润/项目总投资

该指标的优点在于计算公式简单,容易理解记忆;缺点则是:(1)没有考虑资金时间价值因素;(2)不能正确反映建设期的长短、投资的方式、回收额的有无对项目的影响;(3)分子分母计算口径的可比性较差;(4)无法直接利用净现金流量信息。

运用总投资收益率法的注意事项:(1)各年息税前利润不相等时,计算平均息税前利润(简单平均法计算);(2)项目总投资等于原始投资加上资本化利息;(3)指标决策标准:总投资收益率大于或等于总基准投资收益率的项目具备财务可行性。

【任务6-13】 有一工业项目原始投资800万元,建设期2年,建设期发生与购建固定资产有关的资本化利息200万元,项目运营期5年,项目投资产后每年获息税前利润分别为100万元、200万元、250万元、300万元、250万元。根据以上资料,请计算该项目的总投资收益率。

【任务6-13解析】 总投资收益率＝[(100＋200＋250＋300＋250)÷5]÷(800＋200)＝22%

(二)静态投资回收期

静态投资回收期是指以投资项目经营净现金流量抵偿原始投资所需要的全部时间。包括建设期的回收期(PP)和不包括建设期的回收期(PP′)。比如,某投资项目建设期初发生原始投资1 000万元,建设期1年,运营期3年,投产后第1~2年每年净现金流量为500万元,第三年为800万元。该项目的静态投资回收期如图6-8所示。

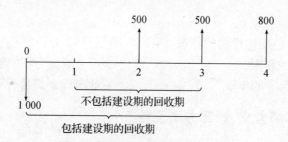

图6-8　项目的静态投资回收期

包括建设期的回收期(PP)＝不包括建设期的回收期(PP′)＋建设期(S)

在一般情况下,可以采取列表法计算回收期。

所谓列表法是指通过列表计算"累计净现金流量"的方式,来确定包括建设期的投资回收期,进而再推算出不包括建设期的投资回收期的方法。该法的原理是:按照回收期的定义,包括建设期的回收期PP满足以下关系式:

$$\sum_{t=0}^{M} NCF_t = 0$$

这表明在财务现金流量表的"累计净现金流量"一栏中,包括建设期的投资回收期PP

恰好是累计净现金流量为零的年限。

在特殊情况下,即当某一项目运营期内前若干年(假定为 $s+1 \sim s+m$ 年,共 m 年)每年净现金流量相等,且其合计大于或等于建设期发生的原始投资合计时,可以采取公式法计算回收期,具体公式如下:

1. 不包括建设期的回收期(PP')

$$不包括建设期的回收期(PP') = \frac{建设期发生的原始投资合计}{运营期内前若干年每年相等的净现金流量}$$

2. 包括建设期的回收期(PP)=(PP')+建设期(S)

指标决策标准静态投资回收期小于或等于基准回收期($n/2$ 或 $P/2$)的项目具备财务可行性。该指标优点在于:(1)直观地反映原始投资额的返本期限;(2)便于理解,计算较简单;而缺点则是:(1)没有考虑资金时间价值因素和回收期满后的发生的现金流量;(2)不能正确反映投资方式不同对项目的影响。

【任务 6-14】 某投资项目所得税后净现金流量如下:NCF_0 为 -100 万元,$NCF_{1\sim10}$ $=20$ 万元,请根据以上资料计算该项目静态投资回收期。

【任务 6-14 解析】 项目建设期为 0,第 $1\sim10$ 年净现金流量均为 20 万元,包括建设期的回收期(PP)=不包括建设期的回收期(PP')=$100\div20=5$ 年($\leqslant\frac{10}{2}$)所以从该指标看,项目具有财务可行性。

◆ 练习 6.3.5

【单项选择题】 下列投资项目评价指标中,不受建设期长短、投资回收时间先后及现金流量大小影响的评价指标是( )。

A. 静态投资回收期   B. 总投资收益率

C. 净现值率   D. 内部收益率

◆ 练习 6.3.6

【单项选择题】 包括建设期的静态投资回收期是( )。

A. 净现值为零的年限   B. 净现金流量为零的年限

C. 累计净现值为零的年限   D. 累计净现金流量为零的年限

四、动态评价指标的含义、计算方法及特征

(一) 净现值(NPV)

净现值是指在项目计算期内,按行业基准收益率或设定折现率计算的各年净现金流量现值的代数和。这项指标是判断一个投资项目财务可行性的重要指标,其计算原理为:

净现值=各年净现金流量的现值合计

或 净现值=投产后各年净现金流量现值合计-|原始投资额现值|

净现值的具体计算方法包括:一般方法(公式法、列表法)、特殊方法、插入函数法。本学习单元主要介绍一般方法中的公式法,即

$$NPV = \sum_{t=0}^{n} NCF_t \times (P/F, i_c, t)$$

其中,i 为折现率。

折现率可以按表 6-6 中的五种方法确定。

表 6-6 折现率的确定

折现率的确定方法	适用范围
(1) 拟投资项目所在行业(而不是单个投资项目)的权益资本必要收益率	适用于资金来源单一的项目
(2) 拟投资项目所在行业(而不是单个投资项目)的加权平均资本成本率	适用于相关数据齐备的行业
(3) 社会的投资机会成本率	适用于已经持有投资所需资金的项目
(4) 国家或行业主管部门定期发布的行业基准资金收益率	适用于投资项目的财务可行性研究和建设项目评估中的净现值和净现值率指标的计算
(5) 完全人为主观确定折现率	适用于按逐次测试法计算内部收益率指标

该指标的优点在于:(1)综合考虑了资金时间价值;(2)考虑了项目计算期全部现金流量和投资风险;而缺点则是无法从动态的角度直接反映投资项目的实际收益率水平,而且计算比较繁琐。

该指标决策标准:净现值大于或等于零的项目具备财务可行性。

【任务 6-15】 仍按【任务 6-12】的计算结果,假设该项目所在行业的权益资本必要收益率为 10%,考虑所得税支出,请计算该项目净现值指标。

【任务 6-15 解析】

$NPV = -310 + (-200) \times (P/F, 10, 1) + (-150) \times (P/F, 10, 2) + 62.22 \times (P/F, 10, 3) + 117.705 \times (P/A, 10, 4) \times (P/F, 10, 4) + 316.0575 \times (P/A, 10, 8) \times (P/F, 10, 9) = 400.9$ 万元($\geqslant 0$)

所以从该指标看,项目具有财务可行性。

练习 6.3.7

【多项选择题】 采用净现值法评价投资项目可行性时,所采用的折现率通常有( )。

A. 行业的加权平均资金成本率

B. 投资的机会成本率

C. 行业基准资金收益率

D. 投资项目的内部收益率

练习 6.3.8

【多项选择题】 下列各项中,可用于计算单一方案净现值指标的方法有( )。

A. 公式法   B. 方案重复法

C. 插入函数法   D. 逐次测试法

(二)净现值率($NPVR$)

净现值率是指投资项目的净现值占原始投资现值总和的比率。可理解为单位原始投资现值所创造的净现值。即:

$$NPVR = \frac{NPV}{\sum_{t=0}^{t} NCF_t \times (P/F, i_c, t)}$$

其中,t 为建设期期数。

该指标的优点在于:(1)动态反映资金投入与净产出的关系;(2)计算过程较简单;而缺点则是无法直接反映投资项目的实际收益率。

指标决策标准:净现值率大于等于零的项目具备财务可行性。

【任务 6‑16】 按【任务 6‑15】的计算结果,请计算该项目净现值率。

【任务 6‑16解析】 $NPVR = 400.9 \div 630.81 \approx 0.64 (\geqslant 0)$

所以从该指标看,项目具有财务可行性。

(三) 内部收益率(IRR)

内部收益率(又称内含报酬率)是指项目投资实际可望达到的报酬率,即能使投资项目的净现值等于零时的折现率。计算公式如下:

$$\sum_{t=0}^{n} NCF_t \times (P/F, IRR, t) = 0$$

该指标的优点在于:(1)能从动态形式揭示投资方案本身可能达到的实际收益水平;(2)计算过程不受行业基准收益率高低的影响,比较客观;而缺点是:(1)计算过程复杂;(2)当运营期大量追加投资时,会出现多个内部收益率,或偏高或偏低,缺乏实际意义。

指标决策标准:IRR 大于或等于基准折现率的项目具备财务可行性。

【任务 6‑17】 仍按【任务 6‑12】的计算结果,请计算该项目的内部收益率计算如下。

【任务 6‑17解析】 即求 $NPV = -310 + (-200) \times (P/F, i, 1) + (-150) \times (P/F, i, 2) + 62.22 \times (P/F, i, 3) + 117.705 \times (P/A, i, 4) \times (P/F, i, 4) + 316.0575 \times (P/A, i, 8) \times (P/F, i, 9) = 0$ 时的 i。

将 $i_1 = 15\%$ 代入等式右边,则 $NPV \approx 38.93$ 万元,说明代入的折现率不够大;

将 $i_2 = 16\%$ 代入等式右边,则 $NPV \approx -11.08$ 万元,说明代入的折现率过大。

利用插入法得出以下等式:

$(15\% - i) / (15\% - 16\%) = (38.93 - 0) / [38.93 - (-11.08)]$

解方程得出当 $i \approx 15.8\%$,此时 $NPV = 0$,故本项目内部收益率(IRR)为 15.8%。

在使用插入法时,代入的 i_1 和 i_2 之间的差额不能超过 2%,否则计算结果不准确。

◆ 练习 6.3.9

【单项选择题】 已知某投资项目按 14% 折现率计算的净现值大于零,按 16% 折现率计算的净现值小于零,则该项目的内部收益率肯定( )。

A. 大于 14%,小于 16%　　　　　　B. 小于 14%

C. 等于 15%　　　　　　　　　　　　D. 大于 16%

◆ 练习 6.3.10

【单项选择题】 下列各项中,不会对投资项目内部收益率指标产生影响的因素是( )。

A. 原始投资　　　　　　　　　　　　B. 现金流量

C. 项目计算期　　　　　　　　　　　D. 设定折现率

◆ **练习 6.3.11**

【单项选择题】 某企业拟按 15% 的行业权益资本必要收益率进行一项固定资产投资决策,所计算的净现值指标为 100 万元,资金时间价值为 8%。假定不考虑通货膨胀因素,则下列表述中正确的是( )。

A. 该项目的净现值率小于 0

B. 该项目的内部收益率小于 8%

C. 该项目的风险收益率为 7%

D. 该企业不应进行此项投资

【活动题 6-2】 请归纳动态指标(提示:可以分别从相同点、区别和关系入手)。

(1) 动态指标(净现值、净现值率、内部收益率)之间的区别如表 6-7。

表 6-7 动态指标之间区别

属性＼指标	净现值	净现值率	内部收益率
①相对指标/绝对指标	绝对指标	相对指标	相对指标
②是否可以反应投入产出的关系	不能	能	能
③是否受设定折现率的影响	是	是	否
④能否反映项目投资方案本身收益率	否	否	是

(2) 动态指标的相同点:①都考虑了资金时间的价值因素;②都考虑了项目计算期全部的现金流量,这和回收期不一样;③都受建设期的长短、投资方式、以及各年净现金流量的数量特征的影响;④在评价单一方案可行与否的时候,结论一致。

(3) 动态指标之间的关系如下:

①当 $NPV>0$ 时,$NPVR>0$,则 $IRR>i_c$(i_c 为计算 NPV 和 $NPVR$ 时所使用的折现率)

$NPV=0$ 时,$NPVR=0$,则 $IRR=i_c$(i_c 为计算 NPV 和 $NPVR$ 时所使用的折现率)

$NPV<0$ 时,$NPVR<0$,则 $IRR<i_c$(i_c 为计算 NPV 和 $NPVR$ 时所使用的折现率)

②NPV 是绝对评价指标,计算最重要;在互斥方案中或投资总额不受限制时,用 NPV 评价的结论总是正确。

③上述 NPV、$NPVR$ 是用事先已知的 i_c 计算得出的,而 IRR 是使得 $NPV=0$ 时的折现率,故 IRR 的计算与 i_c 高低无关。

五、投资项目的财务可行性评价

学习各项指标的目的,是运用这些指标来评价项目投资是否具有财务可行性。我们先来回忆整理一下,有哪些指标可以用于评价项目财务可行性。这些指标可以用图 6-9 表示。

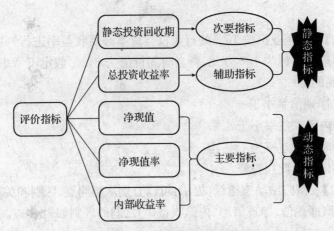

图6-9 项目财务可行性评价指标

在实际运用中我们发现,用这几项指标对投资项目进行财务可行性评价,有时得出的结果完全一致;有时却又不完全一致。总结归纳之后,我们认为投资项目的财务可行性可细分为完全具备财务可行性、完全不具备财务可行性、基本具备财务可行性和基本不具备财务可行性四种情况,这四种情况和各指标之间的关系如图6-10所示。

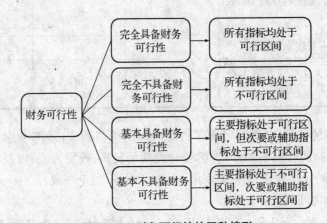

图6-10 财务可行性的四种情形

在对独立项目进行财务可行性评价的过程中,当次要或辅助指标与主要指标的评价结论发生矛盾时,应当以主要指标得出的结论为准。

【任务6-18】 根据前述任务的计算结果,考虑所得税影响,请判断该独立方案属于哪种财务可行性。

【任务6-18解析】 因为包括建设期的回收期≈7.06年($\leqslant\frac{17}{2}$),不包括建设期的回收期$=7.06-2=5.06$年($\leqslant\frac{15}{2}$年);$ROI=(50.96+104.94\times5+225.41\times9)\div15\div698\approx24.87\%(\geqslant10\%)$;$NPV=400.9$万元$(\geqslant0)$;$NPVR\approx0.64(\geqslant0)$;$(IRR)=15.8\%(\geqslant10\%)$,即以上指标全部处于可行区间,所以,该项目完全具备财务可行性。

◆ 练习6.3.12

【单项选择题】 如果某投资项目的相关评价指标满足以下关系:$NPV>0,NPVR>$

$0, IRR > i_c, PP > n/2$,则可以得出的结论是(   )。

A. 该项目基本具备财务可行性　　　B. 该项目完全具备财务可行性

C. 该项目基本不具备财务可行性　　D. 该项目完全不具备财务可行性

练习6.3.13

【多项选择题】 如果某投资项目完全具备财务可行性,且其净现值指标大于零,则可以断定该项目的相关评价指标同时满足以下关系(   )。

A. 净现值率大于零

B. 净现值率等于零

C. 内部收益率大于基准折现率

D. 包括建设期的静态投资回收期大于项目计算期的一半

练习6.3.14

大龙公司拟进行一项固定资产投资,投资额为2 000,分两年投入,该项目的现金流量表(部分)如表6-8。

表6-8　现金流量表(部分)

单位:万元

项目 t	初始期		经营期					合计
	0	1	2	3	4	5	6	
净利润			−300	600	1 400	600	600	2 900
净现金流量	−1 000	−1 000	100	1 000	(B)	1 000	1 000	2 900
累计净现金流量	−1 000	−2 000	−1 900	(A)	900	1 900	2 900	—
折现净现金流量(资本成本率6%)	−1 000	−943.4	89	839.6	1 425.8	747.3	705	1 863.3

要求:

(1) 计算上表中用英文字母表示的项目的数值。

(2) 计算或确定下列指标:①静态回收期;②总投资报酬率;③净现值;④净现值率;⑤内含报酬率。

知识拓展6.2

计算投资回收期时复杂情况的处理办法

前面讲到,一般情况下,可以用列表法计算项目投资的回收期,但能在"累计净现金流量"栏上找到零的情况不多,通常情况下都找不到正好为零的一栏,这时必须按下式计算包括建设期的投资回收期PP。

$$\text{包括建设期的投资}(PP)\text{回收期} = \text{最后一项为负值的累计净现金流量对应的年数} + \frac{\text{最后一项为负值的累计净现金流量绝对值}}{\text{下年净现金流量}}$$

$$\text{或} = \text{累计净现金流量第一次出现正值的年份} - 1 + \frac{\text{该年初尚未回收的投资}}{\text{该年净现金流量}}$$

【活动题6-2】 请在不考虑所得税的情况下,用列表法计算下列投资项目的静态回收期。

表6-9 项目投资静态回收期

项目计算期	0	1	2	3	4	5	6	7	8	9～15
所得税前净现金流量	−310	−200	−150	74.96	143.94	143.94	143.94	143.94	143.94	…
累计所得税前净现金流量	−310	−510	−660	580.04	−441.1	−297.16	−153.22	−9.28	134.66	…

主题学习单元6.4 项目投资决策方法及应用

一、独立方案与互斥方案

投资项目是指资金投入的对象。投资方案是指基于投资项目要达到的目标而形成的有关具体投资的设想与时间的安排。根据方案之间的关系,可以分为独立方案、互斥方案和排队方案。(本学习单元介绍独立方案和互斥方案)。

所谓独立方案,是指两个以上的投资项目互不冲突,可以并存,完全独立的投资方案。例如,投资建设一个压膜生产车间和一座行政办公楼,两个投资方案相互独立、没有关联也没有优先次序的比较,可以选择只建设压膜生产车间,可以选择只建设行政办公楼也可以选择两者同时建设、或两者均不建设。

所谓互斥方案,是指两个以上的投资项目之间不能相互并存的投资方案。例如,保留旧设备继续使用的方案与购买新设备的方案就是一组互斥方案。再如,企业决定了购买新设备,新设备采用融资租赁租入的方案与从国外厂商购买的方案也是一组互斥方案。

◆ 练习6.4.1

【单项选择题】 不论其他投资方案是否被采纳和实施,其收入和利润均不会因此受到影响的投资与其他投资项目彼此间是( )。

A. 互斥方案　　　　　　　　　　B. 独立方案
C. 互补方案　　　　　　　　　　D. 排队等待方案

二、财务可行性评价与项目投资决策的关系

对于项目投资财务可行性评价是指对于某一投资项目进行评价,并最终作出该投资方案是否具备(完全具备、基本具备、完全不具备或基本不具备)财务可行性的结论。

对于独立方案而言,评价财务可行性就是对其作出决策的过程。每一个独立方案存在着"接受"和"拒绝"的选择:当投资方案完全具备或基本具备财务可行性时,会被"接受";当投资方案完全不具备或基本不具备财务可行性时,会被"拒绝"。

对于互斥方案而言,评价每一个投资方案的财务可行性,是对各个方案之间进一步比较的前提条件。当投资方案完全不具备或基本不具备财务可行性时,不会进行进一步的比较选择;只有投资方案完全具备或基本具备财务可行性时,才有资格进入最终方案的选择过程。也就是说,互斥方案的决策结果是:完全具备或基本具备财务可行性的各投资方案

中最终只有一个会被选中。

三、项目投资决策的主要方法

项目投资决策方法,是指以财务可行性指标作为依据并结合相应决策原则,对多个互斥方案作出最终决策的方法。

项目投资决策的主要方法包括净现值法、净现值率法、差额投资内部收益率法、年等额净回收额法和计算期统一法等。

(一)净现值法

净现值法,是指通过比较所有已具备财务可行性投资方案的净现值指标的大小来对最优方案进行选择的方法。该法适用于原始投资相同且项目计算期相等的多方案比较决策。

决策原则是:选择净现值大的方案作为最优方案。

【任务 6-19】　某项目投资需要原始投资 1 000 万元,有 A 和 B 两个互相排斥,但项目计算期相同的备选方案可供选择,各方案的净现值指标分别为 400 万元和 300 万元。根据上述资料,请用净现值法作出决策的程序。

【任务 6-19 解析】　评价各备选方案的财务可行性:

A、B 两个备选方案的 NPV 均大于零,这两个方案均具有财务可行性。

按净现值法进行比较决策由于 400 万>300 万,所以,根据决策原则 A 方案优于 B 方案。

(二)净现值率法

净现值率法,是指通过比较所有已具备财务可行性投资方案的净现值率指标的大小来对最优方案进行选择的方法。净现值率法使用于项目计算期相等、原始投资额相等的多个互斥方案的比较决策。

决策原则是:选择净现值率大的方案作为最优方案。

在原始投资额相同的互斥方案比较决策中,采用净现值率法会与净现值法得到完全相同的结论;净现值率法也可以比较项目计算期相等、原始投资额不等的多个互斥方案的比较决策,但此时,情况就可能会出现不同。

【任务 6-20】　A 项目与 B 项目为互斥方案,它们的项目计算期相同。A 项目原始投资额的现值为 1 000 万元,净现值为 400 万元;B 项目原始投资额的现值为 700 万元,净现值为 350 万元。

请根据上述资料,按净现值和净现值率指标分别作出最终的比较决策。

【任务 6-20 解析】　计算净现值率:

A 项目的净现值率 $=\dfrac{400}{1\ 000}=0.4$

B 项目的净现值率 $=\dfrac{350}{700}=0.5$

在净现值率法下:

由于 0.5>0.4,所以,根据决策原则:B 项目优于 A 项目。

在净现值法下:由于 400 万>350 万,所以,根据决策原则:A 项目优于 B 项目。

当对互斥的投资方案使用净现值法和净现值率法分析后得出不同结果时,应该结合实际情况进一步分析判断。假设,上题中投资企业持有可支配资金 1 000 万,且除了 A 和 B

两个项目外,无其他投资项目,那么我们应该选择投资 A 项目。因为,选择 A 项目可以充分利用 1 000 万可支配资金,将资金收益提高到最大;而如果选择 B 项目,虽然每个单位投资额取得的净现值较大,但是该投资总额只有 700 万,不仅不能完全利用可支配资金,相比较 A 项目还增加了 300 万资金的持有成本,故选择 A 项目更加明智。

(三) 差额投资内部收益率法

差额投资内部收益率法,是指在两个原始投资额不同方案的差量净现金流量(ΔNCF)的基础上,计算出差额内部收益率(ΔIRR),并与基准折现率进行比较来对最优方案进行选择的方法。该方法适用于原始投资额不相同、但项目计算期相同的多方案的决策比较。

决策依据是:当差额内部收益率指标大于或等于基准收益率或设定折现率时,原始投资额大的方案较优;反之,则投资少的方案为优。

【任务 6-21】 甲项目原始投资的现值为 1 000 万元,项目计算期 1～3 年每年的净现金流量均为 650 万元;乙项目的原始投资额为 1 500 万元,项目计算期第 1～3 年的净现金流量为 850 万元。假定基准折现率为 8.5%。请根据上述资料,按差额内部收益率法对项目进行最终的投资决策。

【任务 6-21 解析】 计算差量净现金流量(乙-甲):

$\Delta NCF_0 = -1\,500 - (-1\,000) = -500$(万元), $\Delta NCF_{1\sim3} = 850 - 650 = 200$(万元)

计算差额内部收益率 ΔIRR: $0 = -500 + 200(P/A, \Delta IRR, 3)$

$(P/A, \Delta IRR, 3) = 2.5$,

查年金现值系数表:$(P/A, 9\%, 3) = 2.531\,3$,$(P/A, 10\%, 3) = 2.486\,9$

运用内插法:$\Delta IRR = 9\% + (2.531\,3 - 2.5)/(2.531\,3 - 2.486\,9) \times (10\% - 9\%) = 9.70\%$

由于 $\Delta IRR = 9.70\% > i_c = 8.5\%$,所以,根据决策原则:应当投资乙项目。

◆ 练习 6.4.2

【单项选择题】 在下列方法中,不能直接用于项目计算期不相同的多个互斥方案比较决策的方法是( )。

A. 净现值法　　　　　　　　　B. 方案重复法

C. 年等额净回收额法　　　　　D. 最短计算期法

【任务拓展】 大龙公司打算变卖一套尚可使用 5 年的旧设备,另购置一套新设备来替换它。取得新设备的投资额为 180 000 元;旧设备的折余价值为 95 000 元,其变价净收入为 80 000 元;到第 5 年末新设备与继续使用旧设备的预计净残值相等。新旧设备的替换将在当年内完成(即更新设备的建设期为零)。使用新设备可使企业在第 1 年增加营业收入 50 000 元,增加经营成本 25 000 元;从第 2～5 年内每年增加营业收入 60 000 元,增加经营成本 30 000 元。设备采用直线法计提折旧。适用的企业所得税税率为 25%。行业基准折现率 i_c 分别为 8% 和 12%。

请根据上述资料,计算该项目差量净现金流量和差额内部收益率,并分别据以作出更新决策如下:

(1) 依题意计算以下指标

更新设备比继续使用旧设备增加的投资额=新设备的投资-旧设备的变价净收入= 180 000 - 80 000 = 100 000(元)

运营期第1～5每年因更新改造而增加的折旧＝$\dfrac{100\,000}{5}$＝20 000(元)

运营期第1年不包括财务费用的总成本费用的变动额＝该年增加的经营成本＋该年增加的折旧＝25 000＋20 000＝45 000(元)

运营期第2～5年每年不包括财务费用的总成本费用的变动额＝30 000＋20 000＝50 000(元)

因旧设备提前报废发生的处理固定资产净损失为：

旧固定资产折余价值－变价净收入＝95 000－80 000＝15 000(元)

因旧固定资产提前报废发生净损失而抵减的所得税额＝旧固定资产清理净损失×适用的企业所得税税率＝15 000×25%＝3 750(元)

运营期第1年息税前利润的变动额＝50 000－45 000＝5 000(元)

运营期第2～5年每年息税前利润的变动额＝60 000－50 000＝10 000(元)

建设期差量净现金流量为：

ΔNCF_0＝－(该年发生的新固定资产投资－旧固定资产变价净收入)＝－(180 000－80 000)＝－100 000(元)

运营期差量所得税后净现金流量为：

ΔNCF_1＝该年因更新改造而增加的息税前利润×(1－所得税税率)＋该年因更新改造而增加的折旧＋因旧固定资产提前报废发生净损失而抵减的所得税额＝5 000×(1－25%)＋20 000＋3 750＝27 500(元)

$\Delta NCF_{2\sim5}$＝该年因更新改造而增加的息税前利润×(1－所得税税率)＋该年因更新改造而增加的折旧＋该年回收新固定资产净残值超过假定继续使用的旧固定资产净残值之差额＝10 000×(1－25%)＋20 000＝27 500(元)

(2) 根据 $\Delta NCF＝0$ 计算 ΔIRR

$(P/A,\Delta IRR,5)＝\dfrac{100\,000}{27\,500}＝3.6364$

∵$(P/A,10\%,5)＝3.7908>3.6364$

$(P/A,12\%,5)＝3.6048<3.6364$

∴$10\%<\Delta IRR<12\%$,应用内插法：

$\Delta IRR＝10\%＋\dfrac{3.7908－3.6364}{3.7908－3.6048}×(12\%－10\%)≈11.66\%$

(3) 比较决策

当行业基准折现率 i_c 为 8% 时，

∵$\Delta IRR＝11.66\%>i_c＝8\%$

∴应当更新设备

当行业基准折现率 i_c 为 12% 时，

∵$\Delta IRR＝11.66\%<i_c＝12\%$

∴不应当更新设备

本学习单元主要框架图

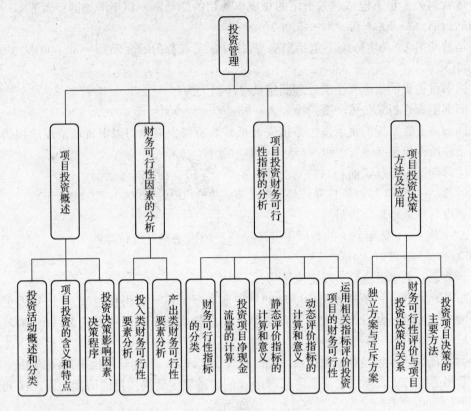

本学习单元关键术语中英文对照

原始投资额	Investment
固定资产	Constructed Assets
折旧	Depreciation
净残值	Salvage Value
现金流入量	Cash Inflows
现金流出量	Cash Outflows
内含报酬率	Internal Rate of Return
投资收益率	Rate of Return
净现值	Net Present Value
回收期	Payback Period

本学习单元案例讨论

1. 大龙公司由于业务需要,急需一台不需要安装的进口设备,由于该设备应用在国家鼓励的环保能源产业方面,设备投产后,企业每年可以获得 5 万元的补贴收入,另外,经营收入也会增加 50 万元,增加经营成本 30 万元。该设备购置费 100 万元,此类设备的折旧年限为 10 年,净残值为 10 万元。国内租赁公司也提供此类设备的经营租赁业务,若企业租赁该设备,每年年末需要支付给租赁公司 14.33 万元,连续租赁 10 年,假定基准折现率为 10％,适用的企业所得税税率为 25％。请讨论并计算:按差额投资内部收益率法作出购买或经营租赁固定资产的决策。

2. 资料 1:大龙公司新建项目需要固定资产投资,设备原价 4 800 万元,相关运费及安装调试费 133.16 万元,税费 838.64 万元。以上固定资产投资需要建设起点一次投入。

资料 2:该项目建设期 2 年,经营期 5 年,残值率为 10％,无形资产自投产年份起分 5 年摊销完毕。

资料 3:投产第一年预计流动资产需用额 60 万元,流动负债需用额 40 万元;投产第二年预计流动资产需用额 90 万元,流动负债需用额 30 万元。

资料 4:该项目投产后,预计每年营业收入 2 100 万元,每年预计外购原材料、燃料和动力费 500 万元,工资福利费 200 万元,其他费用 100 万元。企业应交的增值税为 834.36 万元,城建税税率 7％,教育费附加率 3％。该企业不交纳营业税和消费税。

该企业按直线法折旧,全部流动资金于终结点一次回收,所得税税率 25％。请计算如下指标:

(1) 固定资产投资总额;

(2) 计算流动资金投资总额和原始投资额;

(3) 计算投产后各年的经营成本;

(4) 投产后各年不包括财务费用的总成本;

(5) 投产后各年的营业税金及附加;

(6) 投产后各年的息税前利润;

(7) 计算该项目各年所得税前净现金流量;

(8) 计算该项目各年所得税后净现金流量。

本学习单元讨论题

1. 请以举例的形式讨论以下成本项目属于相关成本还是属于非相关成本。

(1) 可避免成本与不可避免成本。可避免成本是相关成本,不可避免成本是非相关成本。

(2) 未来成本与历史成本。未来成本是相关成本,历史成本是非相关成本。

(3) 机会成本。机会成本是一项重要的相关成本。

2. 请以举例的形式讨论本学习单元"现金流量"的含义、原则和要点。

(1) 在决策过程中,现金流量是指一个投资项目引起的企业现金收入和现金支出增加的数量。

(2) 在确定投资方案相关的现金流量时,应当遵循的最基本的原则是:只有增量现金流量才是与项目相关的现金流量。

(3) 在理解现金流量的概念时,要把握以下几个要点:①投资决策中使用的现金流量,是投资项目的现金流量,是特定项目引起的。②现金流量是指增量现金流量。③这里的现金流量不仅是指货币资金,而且还包括项目需要投入企业拥有的非货币资源的变现价值(或重置成本)。

本学习单元技能实训

一、实训目的

通过实践调查活动,使学生了解投资管理在财务管理决策与控制中的重要地位,明确企业财务可行性分析方法、财务可行性指标的计算和投资项目决策方法及运用等主要内容,增强学生对投资管理活动的感性认识。

二、实训内容

结合本学习单元内容,对身边企业进行调研,试图通过相关的财务数据对其投资管理活动的主要内容进行综合分析,比如:着重关注特定公司的投资决策部门如何对新增固定资产投资进行财务可行性分析的全过程。如果不能获取全面的资料,可以根据获取的部分数据尝试性地再加以情景假设并把调研结果形成书面材料,做成 PPT 在班级公开汇报,其他同学组成答辩小组公开答辩。

三、实训要求

1. 对学生进行分组,指定小组负责人,联系合作单位或学生合理利用社会关系自主联系实训(践)单位。

2. 根据本实训(践)教学的目的,拟定调查题目,列出调查提纲,制定调查表格。

3. 实地调查和采访时要注意自己的形象,能准确流利地表达自己的目的和愿望,以便得到对方的配合。

4. 对调查采访资料进行整理和总结,写出一份调查报告(字数 1 500 左右),做成 PPT 在班级公开汇报。

四、评分标准

评分项目	比重	评分标准
课堂参与	50%	我们将在整个过程中记录你的参与度。你的参与分取决于你通过出勤、问问题和回答问题而给整个课程的贡献
任务训练	20%	我们分别在 4 个主题学习单元后面设计了 5 个任务训练,每个占 1/4
案例及讨论题	15%	此部分主要针对学习单元后面的案例和讨论题
小组分析报告与讨论	15%	此部分主要针对技能训练部分,你必须加入一个学习小组分析一个企业全面预算管理的案例
本单元总分	100	(小组互评分数+教师评分分数)×70%+个人成绩分数×30%
总成绩比重	16%	

营运资本管理

学习单元名称:流动资产管理		课时安排:6		

7-1　典型工作任务

营运资本管理概述 → 现金管理 → 应收账款管理 → 存货管理 → 营运资本筹资管理

7-2　学习单元目标

　　通过本学习单元的学习,使学生能够了解流动资产管理工作过程的基本程序和基本内容,明确营运资本的管理目标,学会营运资本的日常管理方法,增强对资金运用管理和资金筹措管理感性认知

7-3　学习单元整体设计

主题学习单元	拟实现的能力目标	须掌握的知识内容	建议学时
7.1　营运资本管理概述	能够描述营运资本的特性和内容	(1) 营运资本概念 (2) 营运资本的特点 (3) 营运资本管理原则	1
7.2　现金管理	能够结合具体的企业,确定现金管理方案	(1) 现金的持有动机和成本 (2) 最佳现金持有量的确定 (3) 现金的日常管理	1
7.3　应收账款管理	能够结合具体的企业,确定应收账款管理方案	(1) 应收账款的功能和成本 (2) 应收账款的信用政策 (3) 应收账款的日常管理	1
7.4　存货管理	能够结合具体的企业,确定存货管理方案	(1) 存货的功能和成本 (2) 存货经济批量的确定 (3) 存货的日常管理	1
7.5　营运资本筹资管理	能够结合具体的企业确定营运资本筹资政策并能够确定短期融资方案	(1) 营运资本筹资政策 (2) 短期负债筹资	1
工作任务/技能训练	自选一家公司,对其流动资产的管理进行综合分析并提出个人建议		1

☞ 【案例引入】

上海轮胎橡胶集团(下称上轮集团)于1992年5月改制成为我国轮胎行业第一家国有控股的上市公司,核心产品是著名的"双钱"、"回力"牌轮胎。在90年代中后期,为了获得超高速发展,决心将原来的"落后"销售渠道模式转型为"先进"的专卖店体系。由于机构猛增造成的巨额开支使这家老牌企业在第一次尝试改革的时候就遭遇了失败的重创:营销网络铺得太广,造成资金回收、支付不及时,财务调控能力减弱。上轮集团总会计师薛建民先生坦诚的面对这几年走过的弯路说,上轮集团在2005年以前陷入巨额亏损时,存在流动资本管理不当的问题。

上轮集团这样一家发行A/B股的国有控股上市公司是怎样走出困境的呢?薛建民这位曾获得2006年中国优秀CFO荣誉称号的总会计师又是如何进行财务规划的呢?薛建民对改善采购信用体系和强化现金流量管理上有他自己的一套办法。薛建民说,首先,不论对银行和进货商、客户,公司的信用体系要逐步建立起来。积极筹措资金兑付商票,并按期支付到期商票,这样才能争取优惠付款条件。再者,以销售现金回笼支持,承诺供应商90天的付款期,厂商直供、通过网上竞标借助ERP和电子商务平台,取得订单,保证履约率和质量合格率。还有,实施供应商按需供货,按投料结算,大幅度降低存货、仓储面积和仓储费用等都是薛建民常采用的节流手段。在强化现金流量管理方面,薛建民指出,通过子公司的销售回笼和大额对外支付统一到集团集中管理,有效地控制了浮游资金,大幅度降低了资金日存量,强化了资金管理、降低了贷款余额。通过合理控制存货、加强货款催收、控制付款周期、降低资金日存量,这样使上轮集团贷款余额降低10亿元,降幅近30%。

2005年4月与法国米其林轮胎合资成为上轮集团反落回升的拐点,薛建民也是这个时候加入了上轮集团。"为了改变当时的经营状况"薛建民举例说明了解决问题的三个方案:首先,撤销所有的地区办事处、仓储中心和专卖店,其次,通过对经营能力、资信状况、合作历史进行评估,目前有60多家经销商调整理赔政策。实行了胎号管理,胎号管理杜绝了跨区域销售和恶性理赔,理赔权下放到工厂,促进了工厂产品质量的提高。最后,调整销售政策、加速资金回笼,制定严格的销售信用政策,对现款提货和完成年度销售计划的经销商给予现金折扣,保证了扩产全部实现销售,2005年至今的货款回笼始终大于100%。

2005年至2005年上轮集团的年报显示:平均每年的销售额度增长了20%,应收账款占销售收入的百分比由原来的27%降到了9%。财务费用由2006年的17 760万元降到7 406万元,四年降低2.98亿元,资金流动比率增长两倍多。

(资料来源:CFO会刊,2008年2月)

从上轮集团这个案例中,我们可以得到什么启示?

主题学习单元 7.1　营运资本管理概述

【任务 7-1】　2010 年,荣泽外贸服装有限公司业绩良好,产销量不断提高,流动资产和流动负债也相应增加。为了保证生产和销售的需要,公司高层管理人员认为要加大现金持有量和存货的库存量;同时,为了降低资金成本应加大短期银行借款的比重,以满足流动资产和部分长期资产的资金需求。

如果你是荣泽公司的财务经理,请给出你的建议。

营运资本管理是对企业流动资产及流动负债的管理,一个企业要维持正常的运转就必须拥有适量的营运资本,因此,营运资本管理是企业财务管理的重要组成部分。据调查,公司财务经理有 60% 的时间都用于营运资本管理。

一、营运资本的概念

营运资本又称营运资金、循环资本,是指企业在生产经营活动中占用在流动资产上的资金。营运资本有广义与狭义之分,广义的营运资本也称总营运资本,是流动资产的总额。狭义的营运资本也称为净营运资本,通常是指流动资产减去流动负债的余额。流动资产是企业资金投放在日常经营上用于周转的资产,即在一年以内或者超过一年的一个营业周期内变现或者耗用的资产,主要包括现金、交易性金融资产、应收账款、预付账款和存货等。流动资产是用于企业周转的资产,只有加速资金周转,才能提高效益。流动负债是指将在 1 年(含 1 年)或者超过 1 年的一个营业周期内偿还的债务,包括短期借款、应付票据、应付账款、预收账款、应付工资等项目。流动负债是企业的资金来源。

二、营运资本的特点

营运资本的特点如图 7-1 所示:

周转的短期性	易变现性	波动性	并存性
• 投资于流动资产的资金通常会在一年或者一个营业周期内收回,对企业产生影响的时间较短,通常以短期借款、商业信用等方式来满足部分资金的需求。	• 流动资产一般具有较强的变现能力,当遇到现金短缺时,可迅速变现流动资产,以获得现金,满足财务上的临时资金需要。	• 由于内外环境的影响,资金占用量不稳定,财务人员应及时、有效的预测变化,以保证正常的生产经营活动。	• 营运资本在循环周转过程中,其实物形态会不断发生变化,不同形态的流动资产在空间上并存、时间上续起。因此,合理配置流动资产各个项目上的资金数额是保证资金周转顺利进行的条件。

图 7-1　营运资本的特点

三、营运资本管理原则

营运资本管理是财务管理中的一项重要工作。其管理原则如图7-2所示：

合理确定营运资本数量	营运资本的数量会随着企业产销量的变化而变化,财务人员应注重对生产经营状况的分析,并采用有效方法预测营运资本的需求数量,从而合理使用营运资本
节约使用资金,提高资金使用效率	加速营运资本周转是提高资金使用效率的重要途径,企业应千方百计的加速流动资产的周转,以便利用有限的资金来实现最大的经济效益
保证企业的短期偿债能力	要合理安排流动资产和流动负债的比例关系,既要保证生产经营活动的顺利进行,又要保证企业的短期偿债能力

图7-2　营运资本管理原则

通过以上分析可以看出：要搞好营运资本管理,就必须解决好流动资产和流动负债两个方面的问题,换句话说,一方面要明确企业应该投资多少资金在流动资产上,即资金运用的管理;另一方面要确定流动资产的资金来源,即资金筹措管理。资金运用的管理主要包括现金管理、应收账款管理和存货管理三部分内容,资金筹措管理主要包括营运资本筹资政策和短期负债管理。

 知识拓展7.1

营运资本与流动比率

营运资本是流动资产减去流动负债后的余额,它是一个绝对数,是衡量短期偿债能力的重要指标。流动比率是流动资产对流动负债的比率,它是一个相对数,是用来衡量企业流动资产在短期债务到期以前,可以变为现金用于偿还负债的能力,它也是衡量短期偿债能力的重要指标。当流动资产等于流动负债时,流动比率为1,营运资本为零;当流动资产小于流动负债时,流动比率小于1,这样流动资产就不能抵偿债务。如果流动比率过低,则应把管理的重点放在流动资产的质量上,即放在现金、应收账款和存货管理上,只有加速流动资产周转速度,才能提高效益,从而为偿债能力提供保障。企业盈利的奥秘就在于加速资金周转速度。这也是流动资产管理的主要目标。

营运资本管理是短期财务问题,包括投资和筹资两个方面。营运资本投资管理也就是流动资产投资管理,它分为流动资产投资政策和流动资产投资日常管理两部分。这里简单介绍营运资本投资政策。营运资本投资政策可以分为三种类型:适中的投资政策、宽松的投资政策和紧缩的投资政策。

适中的营运资本投资政策,就是按照预期的流动资产周转天数、销售额及其增长,成本水平和通货膨胀等因素确定的最优投资规模,安排流动资产投资。

宽松的投资政策,就是企业持有较多的现金和有价证券;充足的存货;提供给客户宽松的付款条件并保持较高的应收账款水平。宽松的投资政策,表现为安排较高的流动资产/收入比率。这种政策需要较多的流动资产投资,承担较大的流动资产持有成本,主要是资金的机会成本,有时还包括其他的持有成本。但是,充足的现金、存货和宽松的信用条件,使企业中断经营的风险很小,其短缺成本较小。

紧缩的投资政策,就是公司持有尽可能低的现金和小额的有价证券投资;在存货上作少量投资;采用严格的销售信用政策或者禁止赊销。紧缩的流动资产投资政策,表现为较低的流动资产/收入比率。该政策可以节约流动资产的持有成本,例如节约资金的机会成本。与此同时,公司要承担较大的风险,例如经营中断或丧失销售收入等短缺成本。

◆ **练习7.1.1**

【单项选择题】　所谓营运资本指的是(　　　)

A. 流动资产减去流动负债后的余额

B. 增加的流动资产减去增加的流动负债后的余额

C. 减少的流动资产减去减少的流动负债后的余额

D. 增加的流动负债减去增加的流动资产后的余额

◆ **练习7.1.2**

【多项选择题】　营运资本的特点表现为(　　　)

A. 易变现性　　　　B. 周转的短期性　　C. 并存性　　　　　D. 稳定性

◆ **练习7.1.3**

【任务训练】　通过网络或实地调查获取一家公司的财务报表,通过报表分析公司的流动资产和流动负债的内容和结构,思考这种结构是否合理并初步判断公司的偿债能力如何。要求写出书面分析报告。

主题学习单元7.2　现金管理

【任务7-2】　微软公司的现金储备额一直排在IT技术公司之首,虽然由于过去几年里的股票回购、分红和收购花掉了不少,但其2008年的260亿美元的现金储备仍然在IT技术公司里面排第一,与此相仿,苹果公司的现金储备也在大幅提升,其现金储备已从过去几年的55亿美元升至2008年的195亿美元。如果你是投资者,你是如何看待这样的高额现金储备的?

现金是指在企业生产过程中暂时停留在货币形态的资金,有广义和狭义之分,狭义的资金主要是指库存现金,广义的现金还包括各种现金等价物,如银行存款、银行本票、银行汇票、有价证券和在途资金等。本书的现金指的是广义现金。

一、现金管理的目标

(一) 现金资产的特性:流动性强、收益性差

现金是流动性最强的资产,具有普遍可接受性,是企业重要的支付手段,可以满足企业生产经营的各种开支需要,也是企业偿还债务和履行纳税义务的重要保证。同时,现金又是一种非收益性资产,持有量过多,会给企业造成较大的机会损失,从而降低资产的收益水平。

(二) 持有现金的动机

企业持有一定量的现金是为了满足企业交易性需求、预防性需求和投机性需求,企业

持有现金的动机及其影响因素见表7-1所示。

表 7-1　企业现金持有动机

目的	含义	影响因素
交易性需求	维持日常周转及正常商业活动所需持有的现金额，如购买材料、支付工资、偿还债务等	企业销售水平；向客户提供的商业信用条件；从供应商那里获得的信用条件
预防性需求	市场的瞬息万变以及其他各种不确定因素存在使得企业需要维持充足现金，以应付突发事件	企业预测现金收支可靠的程度；企业愿冒缺少现金风险的程度；企业临时融资的能力
投机性需求	为了抓住突然出现的获利机会而持有的现金，如利用证券市场大幅跌落购入有价证券，以期在价格反弹时卖出获得价差	企业在金融市场的投资机会

（三）现金管理目标

企业现金管理的目标是：权衡现金的流动性和收益性，合理安排现金收支，最大限度的获取收益。

（四）现金管理的内容（图7-3）

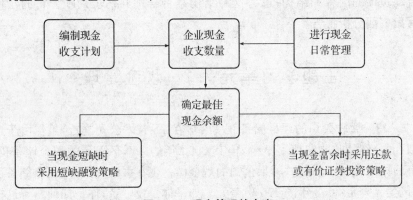

图 7-3　现金管理的内容

二、最佳现金持有量的确定

【任务7-3】　小张大学刚毕业，进入大龙公司从事出纳工作，负责库存现金和银行存款的管理。财务主管王先生让他运用所学知识，考虑公司正常的生产经营现金需要量以及应付突发事件的现金需要量，运用一定的方法确定公司最佳现金持有量。请问你会确定企业的最佳现金持有量吗？

由于企业流动资产两个特征的矛盾性，表明企业保持资产一定的流动性就是放弃资产一定的收益性，因此，企业必须根据业务需要合理的确定现金持有数量。

在实际工作中，确定最佳现金持有量主要有四种方法，如图7-4所示。在此，我们重点介绍成本分析模式和现金周转模式，在随后的知识拓展中会简单介绍随机模式。

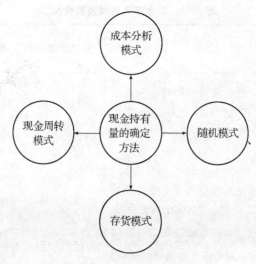

图 7-4 现金持有量的确定方法

（一）成本分析模式

【任务 7-4】 大龙公司现有 4 种现金持有方案,每一种方案的成本资料如表 7-2 所示,如果公司决定采用成本分析模式确定最佳现金持有量,请你替出纳小张做出最佳现金持有量的决策?

表 7-2 大龙公司备选现金持有方案表

单位:元

项目	A	B	C	D
现金持有量	200 000	300 000	400 000	500 000
机会成本率	10%	10%	10%	10%
短缺成本	30 000	20 000	8 000	5 000

成本分析模式是通过分析持有现金的成本,寻找持有成本最低的现金持有量。这种模式下,企业持有现金会产生三种成本,见图 7-5 所示。

图 7-5 现金成本

这三种成本的含义及对确定最佳现金持有量的影响如表 7-3 所示。

表7-3　现金持有成本及其含义

相关成本	含　义	对确定最佳现金持有量的影响	与决策相关性
机会成本	企业因持有一定现金余额丧失的再投资收益。假设某企业的投资收益率为10%,年均持有现金50万,则每年现金的机会成本为5万元(50×10%)	等于资金成本(绝对数)属于变动成本;与现金持有量呈同向变动关系	同向关系
管理成本	企业因持有一定量的现金而发生的管理费用,如管理人员工资和必要的安全措施费等	一般认为这是一种固定成本	无关
短缺成本	由于现金持有量不足而又无法及时通过有价证券变现加以补充而给企业造成的损失。如不能按时支付购料款而造成的信用损失等	包括直接损失与间接损失。与现金持有量之间成反方向变动关系	反向关系

在成本分析模式下,与现金余额相关的成本主要包括机会成本和短缺成本。现金的成本同现金持有量之间的关系如图7-6所示。

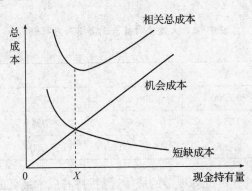

图7-6　现金的成本与现金持有量关系图

从图7-6中可见,抛物线的最低点对应的现金持有量 X 即是最佳现金持有量。

【任务7-3解析】　根据表7-2,采用成本分析模式编制该企业最佳现金持有量测算表,如表7-4所示。

表7-4　大龙公司最佳现金持有量测算表

单位:元

方案	现金持有量	机会成本	短缺成本	相关总成本
A	200 000	20 000	30 000	50 000
B	300 000	30 000	20 000	50 000
C	400 000	40 000	8 000	48 000
D	500 000	50 000	5 000	55 000

根据分析,C方案的相关总成本最低,因此应选择C方案。

（二）现金周转模式

现金周转模式是根据现金周转速度来确定目标现金余额的模式。现金周转期是指从现金投入生产经营开始，到最终转化为现金的过程。它的长短主要取决于应付账款周转期、存货周转期和应收账款周转期的长短，它们的关系可以用图 7-7 表示。

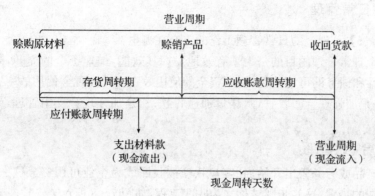

图 7-7　现金周转期关系图

从图 7-7 中可以看出：

现金周转期＝存货周转期＋应收账款周转期 － 应付账款周转期

则最佳现金余额＝年现金需求总额/360×现金周转期

现金周转模式从现金周转角度出发，不考虑与现金余额相关的机会成本、管理成本、短缺成本等成本因素，使分析更加简单明了，易于计算。但现金周转模式仍然存在一些不足，如：（1）现金周转模式忽略了许多影响着现金余额的其他因素，如忽略了现购现销的经营状况；只考虑了存货周转所需现金，而企业除了购置存货需要现金外，其他许多方面也离不开现金。（2）很难比较准确地预测存货、应收账款及应付账款的周转速度。

 知识拓展 7.2

随 机 模 式

随机模式是在现金需求量难以预知的情况下进行现金持有量控制的一种方法。企业根据历史经验和现实需要，测算出一个现金持有量的控制范围，即制定出现金持有量的上限和下限，将现金量控制在上下限之内。随机模式的实施办法如表 7-5：

表 7-5　随机模式实施办法

现金余额	处理方式
现金量达到上限时	用现金购入有价证券，使其存量回落至现金返回线的水平
现金量达到下限时	抛售有价证券换回现金，使其存量回升至现金返回线的水平
现金量控制在上下限之内	不必进行现金与有价证券的转换，保持它们各自的现有存量

以上关系中的上限 H，现金返回线可按下列公式计算：

$$R = \sqrt[3]{\frac{3b\delta^2}{4i}} + L \qquad H = 3R - 2L$$

式中，b 为每次有价证券的固定转换成本；i 为有价证券的日利息率；δ 为预期每日现金余额变化的标准差(可根据历史资料测算)。下限 L 的确定,要受到企业每日的最低现金需要、管理人员的风险承受倾向等因素的影响。达到上限后需要用现金去投资有价证券的金额:$H-R$;达到下限后需要转让有价证券的金额:$R-L$。

随机模式的优点:具有普遍性;其缺点:计算出来的现金持有量比较保守。

三、现金的日常管理

【任务 7 - 5】   现金的日常管理工作的重心在哪里?

加强现金日常管理的目的是为了有效地发挥其效能,加速资金的周转,同时增强企业资产的流动性和债务的可清偿性,提高资金的使用效率。提高现金使用效率主要通过两个途径完成:一是加强现金回收管理,尽量加速收款;二是加强现金支出管理,严格控制现金支出。

(一) 现金回收管理

从企业产品或劳务售出开始,到客户款项被收回成为企业可用资金这一过程,包括了许多环环相扣的步骤,这些步骤被称之为收账流程,如图 7 - 8 所示。

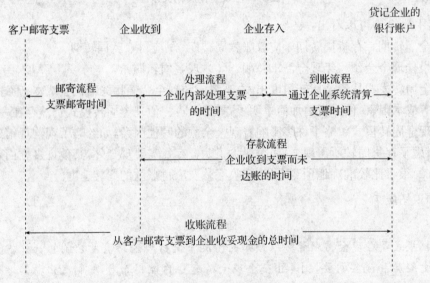

图 7 - 8   收账流程

从图 7 - 8 可以看出,可从下面几个方面入手,来达到加速收款的目的:

(1) 加快准备和邮寄发票的速度;

(2) 加速从客户到企业的款项邮寄过程;

(3) 缩短从收到款项到将之变为入账资金的时间。

(二) 现金支出管理

从企业角度而言,现金支出管理的重点是根据风险与收益权衡原则选用适当方法尽可能地延缓现金的支出,这里主要是指对现金金额上和时间上的控制。具体有如下 7 种方法,参见表 7 - 6。

表7-6　现金支出管理方法一览表

具体方法	含义及优缺点
使用现金浮游量	现金浮游量是企业账户上的现金余额和银行账户上的企业存款余额之间的差额,就是利用这个时间差,提高资金使用效率
推迟应付款的支付	它是指企业在不影响自己信誉的前提下,充分运用供货方所提供的信用优惠,尽可能地推迟应付款的支付期
汇票代替支票	优点:推迟了企业调入资金支付汇票的实际所需时间。这样企业就只需在银行中保持较少的现金余额。缺点:某些供应商可能并不喜欢用汇票付款,银行也不喜欢处理汇票,它们通常需要耗费更多的人力。同支票相比,银行会收较高的手续费
改进员工工资支付模式	可以为支付工资专门设立一个工资账户,合理预测开出支付工资的支票到职工去银行兑现的具体时间,最大限度地减少工资账户的存款余额
透支	企业开出支票的金额大于活期存款余额。它实际上是银行向企业提供的信用。透支的限额,由银行和企业共同商定
争取现金流出与现金流入同步	企业应尽量使现金流出与流入同步,这样,就可以降低交易性现金余额,同时可以减少有价证券转换为现金的次数,提高现金的利用效率,节约转换成本
使用零余额账户	保持一个主账户(保持一定的安全储备)和一系列子账户(即零余额账户,不需要保持安全储备)。当从某个子账户签发的支票需要现金时,所需要的资金立即从主账户划拨过来,从而使更多的资金可以用作他用

 知识拓展7.3

现金的内部控制

丁华最近跳槽到华纳电影城工作。偶尔的,他会既负责卖票又负责在顾客进门时收票。标准程序要求丁华撕掉电影票,将其中一半给顾客,另一半由他自己保存。为了对现金收款进行控制,电影院经理将每晚的现金收款和丁华手中的电影票留存联数目对比。

在这个案例中,现金内部控制的缺点在哪里?如果一个不诚实的员工想偷钱他会怎么做?为了加强现金收款的控制,经理应增加什么程序?

案例解析:这个案例现金内部控制的缺点在于缺乏职权分离:丁华不仅收款而且保管电影票。好的内部控制应该要求丁华负责两个职权之一而不是两个。如果他不诚实的话,他就会不收票,然后留着顾客的票款。要控制这种不诚实的行为发生,经理应该亲自数一数看电影的人数并将其与电影票存根数比较;否则,不诚实的员工就会私自撕毁一些存根然后私吞顾客票款。要抓住这种不诚实的行为,经理可以把所有电影票存根顺序编号。遗漏的号码就会引起怀疑和进一步的调查

（资料来源:内部控制与现金管理 www.china-erm.com ）

◆ **练习7.2.1**

【单项选择题】 某企业每月现金需要量为 250 000 元,现金与有价证券的每次转换金额和转换成本分别为 50 000 元和 40 元,其每月现金的转换成本为( )元。

A. 200　　　　　　B. 1 250　　　　　　C. 40　　　　　　D. 2 500

◆ **练习7.2.2**

【多项选择题】 为提高现金使用效率,企业可以采用下列哪些方法达到延迟支付的目的( )

A. 使用现金浮游量　　　　　　B. 尽可能使用汇票付款

C. 银行业务集中法　　　　　　　　D. 推迟应付款的支付

◆ **练习 7.2.3**

【活动题】 不相容职务是指如果放在一起由同一个人来执行就可能发生错误或舞弊的两个或两个以上的职务。开动脑筋想一想，在现金管理的过程中，有哪些职务是不相容职务。

◆ **练习 7.2.4**

【任务训练】 选择一家中小型企业进行调查，了解它是如何进行现金管理的，并写出调查报告。

主题学习单元 7.3　应收账款的管理

【任务 7‑6】 小王大学毕业后和同学一起开办了一家餐饮公司"笑江南"，开业 6 年，"笑江南"一直以中高档为主要顾客市场，顾客结构呈现明显的橄榄形。在经营过程中经常会遇到一些大客户或者频繁用餐的顾客提出签单的请求，为了留住顾客，公司就同意了签单，但往往发现结果事与愿违，经常出现有顾客对单时刁难公司、单据不明确引起纠纷和损失甚至还有大量的坏账难以收回的现象。"笑江南"在经营的 6 年过程当中有大量的签单顾客，每年的坏账损失占总营业额的 6%，这是一个惊人的数字。

从"笑江南"的案例中，我们可以得出哪些启示？

一、应收账款管理的目标

应收账款是企业因对外赊销产品、材料、供应劳务等而应向购货或接受劳务的单位收取的款项。

（一）投资应收账款的原因（见图 7‑9）

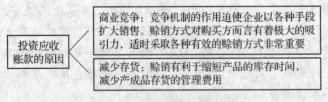

投资应收账款的原因　→　商业竞争：竞争机制的作用迫使企业以各种手段扩大销售。赊销方式对购买方而言有着极大的吸引力，适时采取各种有效的赊销方式非常重要

减少存货：赊销有利于缩短产品的库存时间，减少产成品存货的管理费用

图 7‑9　投资应收账款原因

（二）应收账款管理的基本目标

应收账款管理的基本目标是：企业在发挥应收账款强化竞争、扩大销售功能的同时，尽可能降低因应收账款投资而引起的各种成本，最大限度的提高应收账款投资的收益。

（三）应收账款的成本

应收账款虽然可以促进销售，但持有应收账款也要付出一定的代价，这个代价就是应收账款的成本，又称信用成本，其组成见图 7‑10 所示。

图7-10　应收账款的成本

1. 机会成本

【任务7-7】　大龙公司2009年全年赊销额为2 400 000元,应收账款平均收账天数为30天,变动成本率为65%,资金成本率为10%,问公司持有应收账款的机会成本是多少? 说明什么问题?

应收账款的机会成本是指企业的资金因占用在应收账款上而丧失的其他投资收益,如投资于有价证券的利息收入和股息收入,或者用于企业内部的经营周转会有一个相当于企业投资利润率的收益,机会成本的大小与企业维持应收账款业务所需要的资金数量及资金成本率有关,其计算公式为:

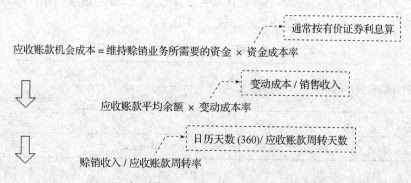

因此,应收账款机会成本$=\dfrac{\text{年赊销额}}{360}\times\text{应收账款周转天数}\times\text{变动成本率}\times\text{资金成本率}$

在上述影响应收账款机会成本大小的因素中,主要因素是年赊销额和应收账款周转期,但两者对机会成本的影响是反向变动的。要降低应收账款机会成本,企业就应尽量缩短应收账款收账时间,但这对增加赊销额是不利的;反之,则相反。

【任务7-7解析】

企业投放130 000元的资金就可维持2 400 000元的赊销业务, 接近于垫支资金的20倍!

应收账款机会成本$=\dfrac{2\,400\,000}{360}\times30\times65\%\times10\%=13\,000(\text{元})$

正常情况下,应收账款收账天数越少,一定数量资金所维持的赊销额就越大;应收账款收账天数越多,维持相同赊销额所需要的资金数量就越大。

2. 管理成本

应收账款的管理成本是指企业对应收账款进行日常管理所发生的费用支出。主要包括对客户的信用状况调查费用、收集整理各种信息费用、应收账款账簿记录费用、催收账所发生的费用等。

3. 坏账成本

应收账款坏账成本是指由于应收账款无法收回而给企业造成的经济损失。坏账成本一般与应收账款数量同方向变动，即应收账款越多，发生的坏账成本也越多。

二、应收账款信用政策

【任务7-8】　小张通过对大龙公司2009年的财务报表分析发现，公司的应收账款周转速度下降，应收账款拖欠额增加。经过详细了解后，小张找到了原因。这是由于销售部门为了提高销售业绩，违反了企业的信用政策，向一些未达到公司信用标准的企业提供了商业信用，从而导致公司应收账款拖欠额增加。请问：你能辩证地看待企业存在的应收账款吗？你对企业应收账款的管理有什么建议？

（一）信用标准

信用标准是企业同意向顾客提供商业信用而提出的基本要求，通常以预期的坏账损失率作为判断标准。企业应在成本与收益比较原则的基础上，确定适宜的信用标准。信用标准与赊销额、信用成本之间的变动关系如表7-7所示。

表7-7　信用标准与赊销额、信用成本关系表

信用标准(坏账损失率)	赊销额	信用成本	
		机会成本	坏账成本及收账成本
严(低)	减少	减少	减少
宽(高)	增加	增加	增加

影响信用标准的基本因素：

1. 同行业竞争对手的情况

如果企业的竞争对手实力很强，企业应放宽信用标准；反之，其信用标准应严格一些。

2. 企业承担违约风险的能力

当企业具有较强的违约风险承受力时，可以制定较低的信用标准以争取客户，提高竞争力；反之，就只能制定严格的信用标准以尽可能地降低客户的违约风险。

3. 客户的资信程度

如果客户的资信程度高，企业应放宽信用标准；反之，应严格信用标准。客户信用评估的方法有很多，这里介绍两种常见的方法：5C评估法和信用评分法。

（1）5C评估法。所谓5C评估法，是指重点分析影响企业信用的五个方面的一种方法。因为这五个方面英文的第一个字母都是C，故称之为5C评估法。5C评估法的含义见表7-8所示。

表7-8 5C评估法

项目	信用的5C	含义	判断标准
品质	Character	客户履约偿还其债务的可能性	客户以往的付款履约记录
能力	Capacity	客户现金流量偿还债务的能力	流动资产、流动负债的结构关系
资本	Capital	客户拥有的资本金	财务报表中所有者权益的规模
抵押	Collateral	客户无力偿债时的保护性资产	能提供的抵押资产数量、质量
条件	Conditions	一般的经营环境	特定区域、特定行业的经济发展趋势

（2）信用评分法。信用评分法是先对一系列财务比率和信用情况指标进行评分，然后进行加权平均，得出客户综合信用分数，并以此进行信用评估的方法。进行信用评分的基本公式如下：

$$Y = a_1x_1 + a_2x_2 + a_3x_3 + \cdots + a_nx_n = \sum_{i=1}^{n} a_ix_i$$

上式中，a_i 表示事先拟定出的对第 i 种财务比率和信用品质进行加权的权数，x_i 表示第 i 种财务比率或信用品质的评分。

表7-9是大龙公司客户信用评分表：

表7-9 大龙公司客户信用评分表

项 目	财务比率和信用品质 (1)	分数(x_i)0~100 (2)	预计权数(a_i) (3)	加权平均数 (a_ix_i) (4)=(2)×(3)
流动比率	1.8	90	0.20	18.00
资产负债率(%)	60	90	0.10	9.00
净资产收益率(%)	10	85	0.10	8.50
信用评估等级	AA	85	0.25	21.25
付款历史	尚好	75	0.25	18.75
公司未来预计	尚好	75	0.05	3.75
其他因素	好	85	0.05	4.25
合计				83.50

信用评估标准：分数在80分以上者，其信用状况良好；

分数在60~80分者，信用状况一般；

分数在60分以下者，信用状况较差。

【任务7-8解析】 用一句商业格言来分析总结【任务7-8】：客户既是企业最大的财富来源，也是企业最大的风险来源。只有那些有偿付能力的客户才是重要的客户。在经营活动中，应该对客户进行严格管理，使客户真正成为财富来源，而不是灾难的来源。

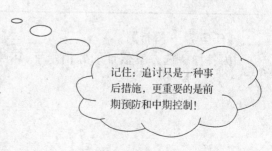

记住：追讨只是一种事后措施，更重要的是前期预防和中期控制！

（二）信用条件

【任务7-9】 承【任务7-8】，假设固定成本总额保持不变。大龙公司信用经理考虑了三个信用条件的备选方案：

A：维持现行"$n/30$"的信用条件；

B：将信用条件放宽到"$n/60$"；

C：将信用条件放宽到"$n/90$"。

如果你是大龙公司的信用经理，你在进行信用条件决策时应考虑哪些因素？

信用标准主要是企业用来评价客户的信用等级，以决定是否给予客户提供信用。一旦决定提供信用，就需要确定具体的信用条件。信用条件是企业要求赊购客户支付货款的条件，主要包括信用期限、折扣期限和现金折扣等。如：一笔价款为100 000元的交易，见图7-11所示。

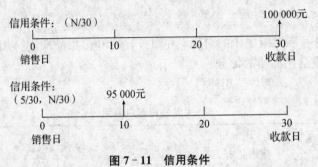

图7-11　信用条件

信用条件的表现方式通常为"$\dfrac{5}{10}, n/30$"，此例中，30天是信用期限，10天是折扣期限，5%是现金折扣率。

1. 信用期限

信用期限是企业为顾客规定的最长付款时间，不同的行业，信用期限不同。企业产品销售量和信用成本与信用期限之间存在一定的依存关系，见表7-10。因此，企业是否给客户延长信用期限，应视延长信用期限增加的收入是否大于增加的成本而定。

表7-10　信用期限与赊销额、信用成本之间的关系表

信用期限	赊销额	信用成本	
		机会成本	坏账成本及收账成本
延长信用期限	增加	大	大
缩短信用期限	减少	小	小

【任务7-9解析】

为各种备选方案估计的赊销水平、坏账百分比和收账费用等有关数据见表7-11所示。

表7-11 信用条件备选方案表

单位:万元

项 目	A(n/30)	B(n/60)	C(n/90)
赊销额	240	264	280
应收账款平均收账天数	30	60	90
应收账款平均余额	240÷360×30=20	264÷360×60=44	280÷360×90=70
维持赊销业务所需要的资本	20×65%=13	44×65%=28.6	70×65%=45.5
坏账损失/年赊销额	2%	3%	5%
坏账损失	240×2%=4.8	264×3%=7.92	280×5%=14
收账费用	2.4	4.0	5.6

根据以上资料,可计算相应的指标,如表7-12所示。

表7-12 信用成本与收益方案比较(A、B、C 三方案)

单位:万元

项 目	A(n/30)	B(n/60)	C(n/90)
年赊销额	240	264	280
变动成本	156	171	182
信用成本前收益	84	92.4	98
信用成本			
应收账款的机会成本	13×10%=1.3	28.6×10%=2.86	45.5×10%=4.55
坏账损失	4.8	7.92	14
收账费用	2.4	4	5.6
小计	8.5	14.78	24.15
信用成本后收益	75.5	77.62	73.85

根据表7-12中的资料可知,在这三种方案中,B方案的信用成本后收益最大,因此,在其他条件不变的情况下,应选择B方案。

2. 现金折扣和折扣期限

现金折扣是在客户提前付款时给予的价格优惠。折扣期限是为客户规定的可享受现金折扣的付款时间。为了缩短客户的实际付款时间,加速资金的周转,同时减少坏账损失,企业常常给客户提供一个折扣期限,促使客户提早付款。

除以上表述的信用条件外,企业还可以根据需要,采取阶段性的现金折扣期与不同的现金折扣率,如(3/10,1/20,n/45)等,其含义是:在45天的信用期限内,客户若能在开票后的10日内付款,可以得到3%的现金折扣,超过10日而能在20日内付款时,也可以得到1%的现金折扣,否则便只能支付全额账面款项。

【任务拓展】 三阶段现金折扣下的信用条件决策。

承【任务7-9】,如果公司选择了B方案,但为了加速应收账款的回收,决定将赊销条件改为"2/10,1/20,n/60"(D方案),估计约有 60％的客户(按赊销额计算)会利用 2％的折扣;15％的客户将利用 1％的折扣。坏账损失降为 2％,收账费用降为 2 万元。请再次为信用经理做出信用条件的决策。

应收账款平均收账天数＝60％×10＋15％×20＋25％×60＝24(天)

应收账款周转次数＝360/24＝15(次)

应收账款平均余额＝264/15＝17.6(万元)

维持赊销业务所需要的资本＝17.6×65％＝11.44(万元)

应收账款的机会成本＝11.44×10％＝1.144(万元)

坏账损失造成的资本损失＝264×2％＝5.28(万元)

现金折扣减少的收入＝264×(2％×60％＋1％×15％)＝3.56(万元)

根据以上资料编制表 7-13。

表 7-13 信用成本与收益比较(B、D方案)

单位:万元

项　目	B(n/60)	D($\frac{2}{10}$,$\frac{1}{20}$,n/60)
年赊销额	264	264
变动成本	171.6	171.6
信用成本前收益	92.40	92.40
信用成本		
现金折扣	—	3.56
应收账款的机会成本	28.6×10％＝2.86	11.44×10％＝1.14
坏账损失	7.92	5.28
收账费用	4	2
小计	14.78	11.98
信用成本后收益	77.62	80.42

计算结果表明,实行现金折扣以后,企业的收益增加了 2.8 万元,因此,企业最终应选择 D 方案作为最佳方案。

(三)收账政策

【任务 7-10】 小赵是大龙公司华东地区业务员,2007 年 9 月份,他被公司派到 A 地区负责业务销售工作。在与前任业务员进行工作交接的时候,他发现该地区近几年应收账款高达 8 万元,前任业务员小丁面对他的疑问非常无奈,一言不发。然而在小赵接手工作不到 1 年时间里,他竟追回应收款项 6 万余元,深得领导的好评。你知道小赵在追债的过程中运用了哪些策略与方法吗?

应收账款收账政策又称催收政策,是指信用条件被违背时企业采取的收账策略,主要有电话、传真、发信、拜访、融通、法律行动等具体方式。无论采取何种方式催收账款,都需要付出一定的代价,即收账费用。一般说来,收款的花费越大,可收回的账款就越多,坏账损失就越少。因此制定收账政策,要在增加的收账费用和减少的应收账款机会成本和坏账损失之间做出权衡。见图7-11。

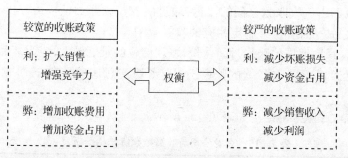

图7-11　收账政策的决策图

【任务7-10解析】　常见的追债方法见表7-14所示。

表7-14　常见的追债方法

(1) 讲道理	讨债人要以理服人,把利害关系的道理讲清楚。要说明无故拖欠款已对债权人产生的影响、造成的经济损失等,如果继续恶化下去,引起经济纠纷对双方都不利等
(2) 以情感人	不仅要晓之以理,而且要动之以情,讨债人应讲明自己的困难处境,引起债务人的恻隐之心,使之良心发现,同意付款
(3) 激将法	用语言刺激债务人,使之为了顾及脸面和形象而不得不及时付款
(4) 软硬兼施	由两人配合讨债,一个唱白脸,一个唱红脸,即一个态度强硬,一个态度和蔼可亲,以理服人。如果配合得好,会收到比较好的效果
(5) 疲劳战术	拖住债务人的领导,长期软磨硬泡,打持久战,不达目的绝不罢休

三、应收账款的日常控制

【任务7-11】　企业应从哪些方面对应收账款进行日常控制?

对于已经发生的应收账款,应进一步强化日常控制工作。

（一）实施应收账款的追踪分析

应收账款一旦形成,企业就必须考虑如何按期足额收回的问题。要达到这一目的,赊销企业就有必要在收款之前,对该应收账款的运行过程进行追踪分析,即对赊购者今后的经营情况、偿付能力进行追踪分析,及时了解客户现金的持有量与调剂程度能否满足兑现的需要。通常情况下,企业应将那些交易金额大、交易次数频繁或信用品质差的客户的欠款作为考察的重点,防患于未然。

（二）应收账款账龄分析

应收账款账龄分析就是对应收账款账龄结构的分析,所谓应收账款账龄结构是指各账龄应收账款的余额占应收账款总额的比重,通过应收账款账龄结构的分析,可以使企业全面了解应收账款的分布情况,并制定相应的收账政策。

一般而言,客户逾期拖欠账款时间越长,账款催收的难度越大,成为坏账的可能性也越大。企业必须要做好对应收账款的账龄分析,密切注意应收账款的回收进度和出现的变化。

大龙公司应收账款账龄结构如表7-15所示。

表7-15 大龙公司应收账款账龄结构分析表

应收账款账龄	金额(万元)	百分比(%)
信用期内	500	50
逾期半年内	300	30
逾期半年至一年	100	10
逾期一年至两年	50	5
逾期两年至三年	30	3
逾期三年以上	20	2
应收账款总计	1 000	100

表7-15表明,该企业应收账款总计为1 000万元,逾期的应收账款为500万元,占应收账款总额的50%,比重较大,应引起财务管理人员的高度重视。

如果账龄分析显示企业的应收账款的账龄开始延长或者逾期账户所占比例逐渐增加,那么就必须及时采取措施,调整企业信用政策,努力提高应收账款的收现效率。对尚未到期的应收账款,也不能放松监督,以防发生新的拖欠。

（三）应收账款日常管理

1. 确定合理的收账程序

通常的收账程序是:当账款被客户拖欠或拒付时,首先应分析现有的信用标准及信用审批制度是否存在纰漏;然后对客户的信用状况重新进行调查评价。对过期较短的顾客不予过多地打扰,以免将来失去这一客户;对过期稍长的顾客,可以措辞委婉地写信催款;对过期较长的顾客,频繁地写信催款并电话催询;对过期很长的顾客,可在催款时措辞严厉,必要时提请有关部门仲裁或提请诉讼,等等。对信用品质恶劣的客户应当直接从信用名单中剔除,并采取图7-12所示的措施对其拖欠款项进行催收。

①信函通知　②电话通知　③个人拜访　④收账代理机构　⑤诉诸法律

图7-12 合理的收账程序

2. 确定合理的追债方法,参见【任务7-10解析】

🕊 知识拓展 7.4

应收账款坏账准备金制度

在市场经济条件下,坏账损失是无法避免的,按照财务谨慎性原则要求,应根据账龄逾期的程度或应收账款的总额合理地估计坏账的风险,并建立坏账准备金制度,当发生坏账时,用提取的坏账准备金抵补坏账损失。应收账款坏账准备金的计提比例可以由企业根据自己的实际情况和以往的经验加以确定。我国现行的会计制度对股份有限公司计提坏账准备金做了一些详细规定,如当公司计提的比例高于40%或低于5%时,应该在会计报表附注中说明计提的比例及理由。

◆ 练习 7.3.1

【单项选择题】 假设某企业预测的年赊销额为2 000万元,应收账款平均收账天数为45天,变动成本率为60%,资金成本率为8%,一年按360天计算,则应收账款的机会成本为(　　)

　　A. 250　　　　　　　B. 200　　　　　　　C. 15　　　　　　　D. 12

◆ 练习 7.3.2

【多项选择题】 下列关于信用期限的表述,正确的是(　　)。

A. 信用期限越长,企业坏账风险越小

B. 信用期限越长,表面客户享受的信用条件越优越

C. 延长信用期限,不利于销售收入的扩大

D. 信用期限越长,应收账款的机会成本越低

◆ 练习 7.3.3

【多项选择题】 制定现金折扣政策的目的有(　　)。

A. 吸引顾客为享受优惠而提前付款

B. 减少应收账款占用的资金

C. 缩短企业平均收账期

D. 扩大销售量

◆ 练习 7.3.4

【判断题】 应收账款周转速度越快,一定量资金所能维持的赊销额就越大,或者一定赊销额所需要的资金就越少。(　　)

◆ 练习 7.3.5

【任务训练】 结合一家上市公司分析公司现行的信用政策,并写出分析报告。

主题学习单元 7.4 存货的管理

【**任务 7 - 12**】 2010 年,甲公司相关原材料的进货成本比历史同期上升 15%。财务主管刘先生分析预测原材料还会继续涨价。如果现在大量进货的话,可以节约原材料的进货成本,但同时会增加原材料的储存成本且会占有大量存货资金。怎样合理安排进货批量是目前刘先生亟待解决的问题。

请问:你能辩证地看待企业储备的存货吗? 你对企业的存货管理有什么建议?

存货是指企业在日常活动中持有以备出售的产成品或商品、处在生产过程中的在产品、在生产过程或提供劳务过程中耗用的材料、物料等。存货在企业流动资产中所占比重较大,一般占流动资产的 40%~60%。存货利用程度的好坏对企业财务状况的影响极大。

一、存货管理的目标

(一) 存货成本

企业持有存货,必然会发生一定的成本支出,与持有存货有关的成本如图 7 - 13 所示。

图 7 - 13　与持有存货有关的成本图

1. 取得成本

取得成本是指为取得某种存货而支出的成本,由订货成本和购置成本两部分构成。

(1) 订货成本。订货成本又称进货费用,是指企业为组织进货而开支的费用,如办公费、差旅费、邮资、电报电话费等支出。这些订货成本一般与订货次数成正比例变动,属于存货决策的相关成本。有些常设采购机构的基本开支,其数额的多少与订货次数无关,属于存货决策的无关成本。

(2) 购置成本。购置成本是指存货本身的价值,即购货数量与单价的乘积。购置成本属于决策的无关成本。

2. 储存成本

储存成本是指企业为持有存货而发生的费用,主要包括变动性的储存成本,如存货资金占用费(即存货资金的机会成本)、仓储费、保险费、存货毁损变质损失等支出和固定性的储存成本,如企业发生的仓库折旧费、仓库职工的固定月工资等成本。

3.缺货成本

缺货成本是指由于存货供应中断而造成的损失,包括材料供应中断造成的停工损失、产成品库存缺货造成的延误发货导致的信誉损失和丧失销售机会的损失等。

存货成本的计算公式及与订货批量的相关性关系见表7-16所示。

表7-16　存货成本与订货批量相关程度表

类别	具体项目		与订货批量的相关性
取得成本 (TC_A)	购置成本＝采购单价(U)×采购数量(D)		无关成本
	订货成本	固定的订货成本(F_1)	与进货量、次数无关;为无关成本
		变动的订货成本＝年进货次数(D/Q)×每次订货的变动成本(K)	与进货量成反比;与订货次数成正比;为相关成本
储存成本 (TC_C)	固定性储存成本		与进货量无关;为无关成本
	变动性储存成本＝平均储存量($Q/2$)×单位存货储存成本(Kc)		与进货量成正比;为相关成本
缺货成本 (TC_S)	包括材料供应中断造成的停工损失、产成品库存缺货造成的拖欠发货损失和丧失销售机会的损失及造成的商誉损失等;如果生产企业以紧急采购代用材料解决库存材料中断之急,那么缺货成本表现为紧急额外购入成本		为相关成本,当是无缺货成本时,它就与决策无关

(二)存货管理的目标

企业持有存货,一方面有利于生产过程的顺利进行,另一方面也会增加存货的持有成本,因此,存货管理的目标就是要在充分发挥存货功能的同时降低成本,增加收益,实现它们的最佳组合。

二、存货经济进货批量模型

【任务7-13】　大龙公司每年需耗用A材料4 500千克,单位材料年存储成本15元,平均每次进货费用为600元,A材料全年平均单价为30元。假定不存在数量折扣,也不会出现陆续到货和缺货的现象。问每次进货多少使得存货的相关总成本最低?如果供应商规定可以给予一定的商业折扣:每批购买量不足1 000千克的,按标准价计算;每批购买量1 000千克以上不足2 000千克的,价格优惠2%;每批购买量在2 000千克以上的,价格优惠3%。试问该如何确定每次进货量?

经济进货批量,是指能够使一定时期存货的相关总成本达到最低点的进货数量。这里的相关成本指的是订货成本和储存成本。在存货进货总量一定的情况下,这两项成本呈反方向变动,即进货批量越大,储存成本越高,而订货成本越低;反之,进货批量越小,储存成本越低,而订货成本越高。经济订货批量决策就是要权衡这些成本和费用,使得它们的总和最小。

1.存货经济进货批量的基本模型

存货相关总成本＝相关进货成本＋相关存储成本

$$=\frac{存货全年计划进货总量}{每次进货批量}\times 每次进货成本+\frac{每次进货批量}{2}\times 单位存货年储存成本$$

存货相关总成本与相关进货费用和相关储存成本的关系如图 7-14 所示。

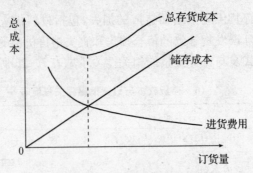

图 7-14　存货成本关系图

假设用 T 表示存货相关总成本；Q 为经济进货批量；A 为某种存货年度计划进货总量；B 为平均每次进货成本；C 为单位存货年度储存成本；P 为进货单价。则有：

$$T=\frac{A}{Q}\times B+\frac{Q}{2}\times C$$

对自变量 Q 求一阶导数，并令一阶导数为零，得：

经济进货批量 $(Q)=\sqrt{\dfrac{2AB}{C}}$；

经济进货批量的存货相关总成本 $(T_C)=\sqrt{2ABC}$；

经济进货批量平均占用资金 $(W)=PQ/2=P\sqrt{\dfrac{AB}{2C}}$；

年度最佳进货批次 $(N)=A/Q=\sqrt{\dfrac{AC}{2B}}$。

2. 实行商业折扣的经济进货批量模型

在市场经济条件下，为鼓励客户购买更多的商品，销售企业通常会给予不同程度的价格优惠，即实现商业折扣或称价格折扣。存在商业折扣时，购买方除了要考虑进货成本和储存成本外，还必须考虑采购数量对采购价格的影响。这时的经济进货批量决策程序首先按基本模型计算经济进货批量及对应的存货相关总成本，然后计算各个数量折扣分界点进货量对应的存货相关总成本，最后比较各个进货量的存货相关总成本，找出总成本最低的对应进货批量。

在经济进货批量基本模型其他各种假设条件均具备的前提下，存在商业折扣时的存货相关总成本可按下式计算：

存货相关总成本＝存货进价＋相关进货成本＋相关存储成本

【任务 7-13 解析】

(1)不考虑商业折扣的情况下

A 材料的经济进货批量 $(Q)=600$(千克)

A 材料年度最佳进货批次 $(N)=\dfrac{4\ 500}{600}=7.5$(次)

A 材料经济进货批量平均占用资金$(W)=30\times\dfrac{600}{2}=9\,000$（元）

A 材料的相关进货成本$=7.5\times600=4\,500$（元）

A 材料的相关储存成本$=\dfrac{600}{2}\times15=4\,500$（元）

（2）若考虑商业折扣，则要分段计算存货相关总成本

①计算每次进货 600 千克时的存货相关总成本：

$$4\,500\times30+\dfrac{4\,500}{600}\times600+\dfrac{600}{2}\times15=144\,000（元）$$

②计算每次进货 1\,000 千克时的存货相关总成本：

$$4\,500\times30\times(1-2\%)+\dfrac{4\,500}{1\,000}\times600+\dfrac{1\,000}{2}\times15=142\,500（元）$$

③计算每次进货 2\,000 千克时的存货相关总成本：

$$4\,500\times30\times(1-3\%)+\dfrac{4\,500}{2\,000}\times600+\dfrac{2\,000}{2}\times15=147\,300（元）$$

通过比较可以得知：每次进货 1\,000 千克时的存货相关总成本最低，所以在考虑商业折扣模式下该企业采购 A 材料的经济进货批量为 1\,000 千克。

【任务拓展】　允许缺货时的经济进货批量模型

在允许缺货的情况下，企业对经济进货批量的确定，不仅要考虑变动性进货费用与变动性储存成本，而且还必须对可能的缺货成本加以考虑，即能够使三项成本总和最低的批量便是经济进货批量。这样企业的年度存货成本就表示为三项成本之和，即：

年存货成本＝进货成本＋储存成本＋缺货成本

假设缺货量为 S，单位缺货成本为 R，其他符号同上。则有：

$$Q=\sqrt{\left(\dfrac{2AB}{C}\right)\times(C+R)\div R}$$

$$S=\dfrac{Q\times C}{C+R}$$

例：大龙公司每年耗用 B 材料 3\,600 千克，该材料的单位采购成本为 30 元，单位储存成本 6 元，平均每次订货成本为 450 元，单位缺货成本为 12 元。则此时的经济进货批量如何确定？

【解析】　允许缺货情况下的经济进货批量 $Q=\sqrt{\left(\dfrac{2\times3\,600\times450}{6}\right)\times(6+12)\div12}=900$（千克）

平均缺货量$=\dfrac{900\times6}{6+12}=300$（千克）

三、存货的日常管理

存货日常管理的目标是在保证企业生产经营正常进行的前提下尽量减少库存，防止积压，同时做好存货的安全防控。这里重点介绍 ABC 分类法。

【任务7-14】 如何运用 ABC 分类法对企业存货进行管理？

ABC 分类法又称巴雷特分析法，是按照一定的标准，把企业的存货划分为 A、B、C 三类，然后根据重要性分别对待。分类的标准主要有两个：一是金额标准；二是品种数量标准。其中金额标准是最基本的，品种数量标准仅作为参考。见表 7-17 所示。

表 7-17　存货 ABC 分类法

项目	特征	分类标准		管理方法
		金额(%)	品种数量(%)	
A类	金额巨大，品种数量较少	50～70	10～15	分品种重点管理
B类	金额一般，品种数量相对较多	15～20	20～25	分类别一般控制
C类	品种数量繁多，价值金额却很小	10～35	60～70	按总额灵活掌握

使用 ABC 分类法可以分清主次、抓住重点、区别对待，从而有效地控制存货库存，减少储备资金占用，加速资金周转。

 知识拓展7.5

及时生产的存货系统(JIT 管理)

JIT 管理体系是 Just In Time 的缩写，意为"准时到货"，是指通过合理规划企业的产供销过程，使从原材料采购到产成品销售每个环节都能紧密衔接，减少制造过程中不增加价值的作业，减少库存，消除浪费，从而降低成本，实现企业效益的最大化。JIT 管理方法是由日本的丰田公司在 20 世纪 70 年代后期的成功应用而成为举世闻名的先进管理体系。JIT 管理体系的目标之一就是减少甚至消除从原材料的投入到产成品的产出全过程中的存货，建立起平滑而更有效的生产流程。在 JIT 体系下，产品完工时正好是要运输给顾客的时候；同样，材料、零部件等到达某一生产工序时正好是该工序准备开始生产之时。没有任何不需要的材料被采购入库，没有任何不需要的产成品被加工出来，所有的"存货"都在生产线上，由此使库存降低到最低程度。及时生产的存货系统要求企业内外部全面协调与配合，一旦供应链破坏，或企业不能在很短的时间内根据客户需要调整生产，企业生产经营的稳定性将会受到影响，经营风险加大。

练习7.4.1

【单项选择题】 在对存货采用 ABC 法进行控制时，应当重点控制的是(　　)。

A. 数量较大的存货　　　　　　　　B. 占用资金较多的存货

C. 品种多的存货　　　　　　　　　D. 价格昂贵的存货

练习7.4.2

【单项选择题】 在允许缺货的情况下，经济进货批量是使(　　)的进货批量。

A. 进货成本与储存成本之和最小

B. 进货费用等于储存成本

C. 进货费用、储存成本与短缺成本之和最小

D. 进货成本等于储存成本与短缺成本之和最小

练习7.4.3

【判断题】 一般而言，企业存货需要量与企业生产及销售的规模成正比，与存货周转

一次所需天数成反比。( )

◆ **练习 7.4.4**

【任务训练】 举例说明存货的控制方法在现实经济生活中的应用。

◆ **练习 7.4.5**

【活动题】 你知道现金折扣、商业折扣与销售折让的区别吗？在现实生活中，举个实例来解释这三种概念。

主题学习单元 7.5 营运资本筹资管理

【任务 7 - 15】 几个大学老师合伙投资一家超市，预计固定资产投资 600 万元；冬夏季节需要占用 400 万元流动资产；春秋季节阶段性存货需要增加 150 万元。其营运资本筹资考虑以下几种方案：

(1) 其 1 000 万长期资产(400 万长期性流动资产和 600 万固定资产)由长期负债、自发性负债和权益资本解决，在春秋季节借入 150 万元短期借款。

(2) 减少长期负债，使得其长期负债、自发性负债和权益资本可以解决 800 万元长期资产需要，其余需要靠短期借款实现。

(3) 加大长期负债的比例，长期负债、自发性负债和权益资本达到 1 100 万，春秋季节短期借款 50 万；冬夏季节将闲置资金 100 万元投资于有价证券。

如果你是一位财务人员，试评价上述各方案的利弊。

一、营运资本筹资政策

营运资本筹资政策是指总体上如何为流动资产筹资，是采用短期资金来源还是长期资金来源，或者兼而有之。企业的筹资组合一般是针对不同类型的资产而言的，按照资产的流动性可以把企业的资产分为两类：流动资产和长期资产，而流动资产又可以分为临时性流动资产和永久性流动资产。企业资金的来源主要有流动负债、长期负债和权益资金，而流动负债又可分为临时性流动负债和自发性流动负债。具体分类参见表 7 - 18。

表 7 - 18 流动资产和流动负债分类表

分　类		含　义
流动资产	临时性流动资产	受季节性、周期性影响的流动资产
	永久性流动资产	经营低谷连续保持的、用于满足企业长期稳定需要的流动资产
流动负债	临时性流动负债	金融性流动负债
	自发性流动负债	经营性流动负债

营运资本筹资政策主要有三种：配合型筹资政策、激进型筹资政策和保守型筹资政策。通常企业采用配合型筹资政策，如【任务 7 - 15】中，方案(1)。这种政策的特点是：对于临时性流动资产，运用临时流动负债满足其资金需要；对于永久性流动资产和长期资产(以下统称为永久性资产)，则运用长期负债、自发性负债和权益资本来满足其资金的需要。配合

型筹资政策要求企业的短期金融负债筹资计划严密,实现现金流动与预期安排相一致。配合型筹资政策见表 7 – 19。

表 7 – 19　配合型筹资政策

种类	特　点	风险与收益
配合型	(1) 临时性流动资产＝短期金融负债 (2) 长期资产＋长期性流动资产＝权益＋长期债务＋自发性流动负债	风险收益适中

配合型筹资政策体现也筹资时间结构和投资时间结构相匹配,但这种政策并非是所有企业在所有时间里的最佳筹资策略。有时预期短期利率会下降,那么在整个投资有效期中短期负债的成本比长期负债成本低。有些企业愿意承担利率风险和偿债风险,较多地使用短期负债。另外一些企业与此相反,宁愿让贷款的有效期超过资产的有效期,以求减少利率风险和偿债风险。因此,出现了激进型筹资政策和保守型筹资政策。

在【任务 7 – 15】中,方案(2)为激进型筹资政策。激进型筹资政策的特点是:临时性流动负债不但能融通临 时性流动资产的资金需要,还解决部分永久性资产的资金需要。由于需要以短期负债融通一部分长期投资,企业将面临到期后重新举债或债务延期,从而加大了筹资困难和偿债风险。激进型筹资是一种高风险高收益的筹资政策。激进型筹资政策见表 7 – 20。

表 7 – 20　激进型筹资政策

种类	特　点	风险与收益
激进型	(1) 临时性流动资产＜短期金融负债 (2) 长期资产＋长期性流动资产＞长期负债＋自发性负债＋权益资本	资本成本低,风险收益均高

在【任务 7 – 15】中,方案(3)为保守型筹资政策。保守型筹资政策的特点是:临时性流动负债只融通部分临时性流动资产的资金需要,另一部分临时性流动资产和永久性资产,则由长期负债、自发性负债和权益资本加以解决。长期负债资本成本通常高于短期金融负债资本成本,甚至在经营淡季及资金有剩余时企业仍然需要负担长期负债利息,所以其企业收益被降低。但是,考虑到长期借款可以锁定利率且来源稳定,企业偿债的风险比较低。保守型筹资是一种低收益低风险的筹资政策。见表 7 – 21。

表 7 – 21　保守型筹资政策

种类	特　点	风险与收益
稳健型	(1) 临时性流动资产＞短期金融负债 (2) 长期资产＋长期性流动资产＜长期负债＋自发性负债＋权益资本	资本成本高,风险收益均低

三种营运资本筹资政策还可用图 7 – 15 表示。

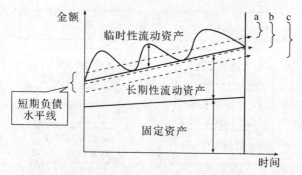

a. 短期负债支持部分临时性流动资产(保守型)

b. 短期负债匹配临时性流动资产(配合型)

c. 短期负债支持部分长期性流动资产(激进型)

图 7 - 15 营运资本筹资政策图

二、短期负债筹资

任何都是企业的资金来源,短期负债所筹资金的可使用时间较短,一般不超过 1 年,又称为流动负债筹资。短期负债的主要项目是自发性负债项目、商业信用和短期银行借款三种。短期负债筹资特点如表 7 - 22 所示。

表 7 - 22 短期负债筹资特点

特点	说明
筹资速度快	短期负债在较短时间内即可归还,故债权人顾虑较少,容易取得
筹资富有弹性	短期负债限制较少,使筹资企业的资金使用较为灵活、富有弹性
筹资成本低	一般来说,短期负债的利率低于长期负债,筹资的成本也较低
筹资风险高	短期负债需在短期内偿还,若企业资金安排不当,会陷入财务危机。此外,短期负债利率波动较大,因此筹资风险较高

短期负债筹资中自发性负债项目是指应付职工薪酬、应付税金等随着经营活动扩张而自动增长的流动负债。它们不需要支付利息,是"无息负债"。这些项目企业通常不能按自己的愿望进行控制,也就不需要专门的管理。因此,商业信用和短期银行借款是两个最主要的短期筹资来源,成为短期负债日常管理的重点。

(一)商业信用

商业信用是指在商品交易中由于延期付款或预收货款所形成的企业间的借贷关系。商业信用运用广泛,在短期负债筹资中占有相当大的比重。商业信用筹资的优缺点见图 7 - 16。商业信用的具体形式有应付账款、应付票据、预收账款等。

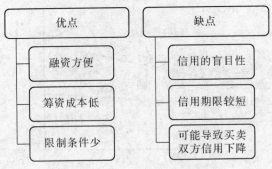

图 7 - 16　商业信用筹资的优缺点

1. 应付账款

【任务 7 - 16】　大龙公司计划向宇乐公司购入 A 型原材料一批,总价 100 000 元,宇乐公司给出的信用条件为"2/20,N/60"。

(1) 若大龙公司现金不足,需从银行借入资金支付购货款,此时银行借款利率为 12%;

(2) 若大龙公司有支付能力,但现有一短期投资机会,预计投资酬率为 20%。请为大龙公司是否应享受现金折扣提供决策依据。

应付账款是指企业因购买材料、商品或接受劳务供应等应付而未付的款项。企业在支付款项前,相当于筹措到了一笔短期借入资金。与应收账款相对应,应付账款也有付款期、现金折扣等信用条件。应付账款筹资信用条件如表 7 - 23 所示。

表 7 - 23　应付账款筹资信用条件

卖方的信用条件	买方选择	应付账款信用分类	信用额	信用期限	代价
现金折扣率、折扣期、信用期	折扣期内	免费信用	贷款额×(1-现金折扣率)	折扣期	0
	折扣期后信用期内	有代价信用	贷款额	信用期	放弃折扣的隐含利息成本
	信用期后	展期信用	贷款额	展延的期间	丧失信用的损失

倘若买方企业放弃现金折扣,该企业便要承受因放弃折扣而造成的隐含利息成本。一般而言,放弃现金折扣的成本可由下式求得:

$$放弃现金折扣成本 = \frac{折扣百分比}{1-折扣百分比} \times \frac{360}{信用期-折扣期}$$

公式表明,放弃现金折扣的成本与折扣百分比的大小、折扣期的长短同方向变化,与信用期的长短反方向变化。在附有信用条件的情况下,因为获得不同信用要负担不同的代价,买方企业便要在不同信用之间做出决策。一般说来:

①如果筹资成本低于现金折扣的成本,企业可以借入资金支付货款,享受现金折扣;②如果投资收益率高于现金折扣的成本,应进行短期投资,放弃现金折扣,至信用期末再付款;③如果企业因缺乏资金而欲展延付款期,则需在降低了的放弃折扣成本与展延付款造成的损失之间进行权衡;④如果面对两家以上提供不同信用条件的卖方,应通过衡量放弃

折扣成本的大小,选择信用成本最小(或所获利益最大)的一家。即:如享受折扣,则选择信用收益最高的一家;如放弃折扣,则选择信用成本最小的一家。

【任务 7-16 解析】

(1) 放弃现金折扣的成本 $=\dfrac{2\%}{(1-2\%)}\times\dfrac{360}{60-20}\times100\%=18.37\%$

由于放弃现金折扣成本 18.37% 大于银行借款利率 12%,因此大龙公司应从银行借入资金支付货款,以享受现金折扣。

(2) 放弃现金折扣的成本 $=\dfrac{2\%}{(1-2\%)}\times\dfrac{360}{60-20}\times100\%=18.37\%$

由于放弃现金折扣成本 18.37% 小于预计短期投资报酬率 20%,因此大龙公司应放弃现金折扣获取短期投资收益。

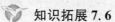 知识拓展7.6

展期信用决策

若大龙公司因支付一笔赔偿金而使现金短缺,暂时又无法向银行取得借款,但大龙公司预计信用期后 30 天能收到一笔款项,故大龙公司拟展延付款期至 90 天,大龙公司一贯重合同、守信用。请为大龙公司是否应享受现金折扣提供决策依据。

解析:展延付款期放弃现金折扣的成本 $=\dfrac{2\%}{(1-2\%)}\times\dfrac{360}{90-20}\times100\%=10.50\%$

展延付款期后,企业需在降低了的放弃折扣成本与展延付款造成的损失之间进行权衡。展延付款造成的损失主要是指因企业信用恶化而丧失供应商乃至其他贷款人的信用,或日后招致苛刻的信用条件。此例中,放弃现金折扣的成本由 18.37% 降低至 10.50%,这意味着企业的损失不太大。另外,大龙公司的信誉一向比较好,此时不能按信用期支付货款属于特殊情况。大龙公司若能事先与销货方沟通,取得谅解,则对公司不会产生不利影响。

2. 应付票据

应付票据是指企业根据购销合同,因赊销交易向卖方开出并承兑的商业汇票,从而延期付款而形成的商业利用。商业汇票的付款期限通常为 1 至 3 个月,最长不得超过 6 个月。应付账款与应付票据都是由于交易而引起的短期负债,但应付账款是尚未结清的债务,而应付票据是延期付款的证明。

3. 预收账款

预收账款是卖方企业在交付货物之前向买方预先收取部分或全部货款的信用形式。对于卖方来讲,预收账款相当于向买方借用资金后用货物抵偿。预收账款一般用于生产周期长、资金需要量大的货物销售。

(二) 短期银行借款

【任务 7-17】　大龙公司按年利率 8% 向银行借款 100 万元,银行要求其保留 20% 的补偿性余额。若大龙公司同意银行的要求,试问这笔借款的实际利率还是 8% 吗?

1. 短期借款的种类

短期借款是指企业向银行和其他非银行金融机构借入的期限在 1 年以内的借款。短期借款的种类见图 7-17:

```
按偿还方式        • 一次性偿还借款
不同分类          • 分期偿还借款

按利息支付方法    • 收款法借款
不同分类          • 贴现法借款
                  • 加息法借款

按有无担保分类    • 抵押借款
                  • 信用借款
```

图 7-17 短期银行借款种类

2. 短期借款的信用条件

听说银行发放贷款还提些条件，是这样吗？我想知道的具体点！

按照国际惯例，银行发放短期贷款时，通常向借款申请人提出相应的条件，即信用条件。常见的信用条件见表 7-24。

表 7-24 短期借款的信用条件

信用条件	含 义	说 明
1. 信贷额度	银行规定无担保的贷款最高限	无法律效应，银行并不承担必须提供信贷限额的义务。
2. 周转信贷协定	银行具有法律义务的承诺，提供不超过某一最高限额的贷款协定	有法律效应，银行必须满足企业不超过最高限额的借款，贷款限额未使用的部分，企业需要支付承诺费
3. 补偿性余额	银行要求借款企业保持按贷款限额或实际借款额一定百分比的最低存款额	补偿性余额提高了借款的实际利率 实际利率＝名义利率/(1－补偿性余额比率) 注：上式未考虑补偿性余额的利息
4. 借款抵押	银行发放贷款时要求企业有低押品担保	一种风险贷款，手续比较复杂，贷款利率较高
5. 偿还条件	到期一次偿还、定期等额偿还	企业希望一次偿还，银行希望定期等额偿还；另外，逾期加收罚息
6. 以实际交易为贷款条件	银行以企业实际交易为贷款基础，单独立项，单独审批	为满足企业经营性临时资金需求

【任务 7-17 解析】 实际利率＝名义利率/(1－补偿性余额比率)

$$= \frac{8\%}{1-20\%} \times 100\% = 10\% > 名义利率$$

也就是说,如果大龙公司需要资金 80 万元,为了保持 20% 的补偿性余额,必须向银行提出借款 100 万元。即:

$$借款金额 = \frac{80}{1-20\%} \times 100\% = 100(万元)$$

3. 短期借款利息支付方式

【任务 7-18】　杨青是辰涵公司的财务主管,辰涵公司需筹集一笔短期资金以满足企业业务需要,杨青负债这项筹资任务。经过分析杨青测算确定需要筹资 60 万元,并决定采取银行借款的筹资方式。通过与银行协商,有以下几种支付银行贷款利息的方式可供选择。

①如采用收款法,年利息率为 8%;

②如采用贴现法,年利息率为 6.5%;

③如采用补偿性余额,年利息率为 6%,银行要求的补偿性余额比例为 15%。

杨青应选择哪种支付方式呢? 并说明理由。

短期借款利息支付方式主要以下三种,①收款法,又称利随本清法,是在借款到期时间银行支付利息的方法。②贴现法,是指银行向企业发放贷款时,先从本金中扣除利息部分,在贷款到期时借款企业再偿还全部本金的一种计息方法。③加息法,是银行发放分期等额偿还贷款时采用的利息收取方法。不同支付方式下,实际利率与名义利率的关不同,见表 7-25。

表 7-25　不同支付方式下名义利率与实际利率关系表

方式	计算:实际利率 $=\dfrac{实际利息}{实际可用贷款额}$	名义利率和实际利率关系
收款法(利随本清)	实际利率 $=\dfrac{贷款额 \times 名义利率}{贷款额} = 名义利率$	实际利率 $=$ 名义利率
贴现法	实际利率 $=\dfrac{贷款额 \times 名义利率}{贷款额 \times (1-名义利率)} = \dfrac{名义利率}{1-名义利率}$	实际利率 $>$ 名义利率
加息法	实际利率 $=\dfrac{贷款额 \times 名义利率}{贷款额/2} = 2 \times 名义利率$	实际利率 $>$ 名义利率

【任务 7-18 解析】　收款法下名义利率 8% $=$ 实际利率 8%

贴现法下实际利率 $= 6.5\%/(1-6.5\%) = 6.95\%$

存在补偿性余额下实际利率 $= 6\%/(1-15\%) = 7.06\%$

因此,杨青应选择贴现法付息,这种情况下实际利率最低。

短期借款筹资的优缺点,参见图 7-18:

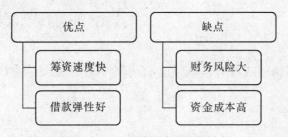

图 7-18　短期借款筹资的优缺点

知识拓展 7.7

应收账款转让

应收账款转让,是指企业将应收账款出让给银行等金融机构以获取资金的一种筹资方式。应收账款转让筹资数额一般为应收账款金额扣减允许客户在付款时扣除的现金折扣和贷款机构扣除的准备金、利息费和手续费。其中,准备金是指因在应收账款收回过程中可能发生销货退回和折让等而保留的扣存款。

应收账款转让主要有应收账款质押和应收账款转售两种方式。在质押情形下,贷款人对应收账款有留置权,并且对借款人即应收账款的所有者享有债务追索权。在转售情形下,由贷款人收购应收账款,而对借款人无法行驶追索权。

应收账款转让筹资的优点主要有:①及时回笼资金,避免企业因赊销造成的现金流量不足;②节省收账成本,降低坏账损失风险,有利于改善企业的财务状况、提高资产的流动性。应收账款转让筹资的缺点主要有:①筹资成本较高,应收账款转让手续费和利息都很高;②限制条件较多,不符合贷款机构限制条件的不接受转让。

练习 7.5.1

【单项选择题】 甲企业向银行借款 1 000 万元,期限 1 年,年利率为 10%,按照贴现法付息,该项贷款的实际利率是( )。

    A. 11.11%　　　　　　B. 10%　　　　　　C. 9%　　　　　　　　D. 12.11%

练习 7.5.2

【单项选择题】 乙企业拟以"2/10,N/30"的信用条件购进原料 2 000 万元,则乙企业放弃现金折扣的机会成本为( )。

    A. 25%　　　　　　　　　　　　　　B. 36%

    C. 36.73%　　　　　　　　　　　　D. 73.47%

练习 7.5.3

【单项选择题】 以下营运资本筹集政策中,临时性负债占全部资金来源比重最大的是( )。

    A. 配合型筹资政策　　　　　　　　B. 激进型筹资政策

    C. 稳健型筹资政策　　　　　　　　D. 紧缩型筹资政策

练习 7.5.4

【多项选择题】 企业在持续经营过程中,会自发地、直接地产生一些资金来源,部分的满足企业的经营需要,如( )。

    A. 预收账款　　　　　　　　　　　B. 应付工资

    C. 应付票据　　　　　　　　　　　D. 根据周转信贷协定取得的限额内借款

练习 7.5.5

【活动题】 通过网络或者书籍等渠道,了解个人小额银行贷款的信用条件包括哪些内容。

练习 7.5.6

【任务训练】 就近选择一家商业企业,了解该企业的短期融资方案,并写出调查报告。

本学习单元主要框架图

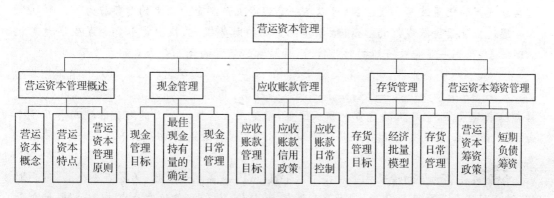

本学习单元关键术语中英文对照

1. 营运资本　　　　　　　Working capital
2. 流动资产　　　　　　　Current Assets
3. 现金　　　　　　　　　Cash
4. 应收账款　　　　　　　Accounts Receivable
5. 存货　　　　　　　　　Inventory
6. 最佳现金持有量　　　　Optimal Cash Holdings
7. 商业信用　　　　　　　Business Credit
8. 经济批量　　　　　　　Economical Batch
9. 流动负债　　　　　　　Current Liabilities
10. 筹资政策　　　　　　　Financing policy

本学习单元案例讨论

1. 申能股份1992年6月经上海市人民政府批准改制为申能股份有限公司,并向社会公开发行股票,成为全国电力能源行业第一家股份制上市企业。公司设立于1993年2月,同年4月在上海证券交易所上市,是上证30指数样本股之一。申能股份自成立以来,一直保持着良好的经营业绩,每年都给股东派发现金红利,1996年公司实施配股,每10股配8股,配股后1997、1998年业绩更是大增,每股分别达到0.349元和0.591高收益。利润一年高于一年,给公司股东以较丰厚的回报。1999年12月24日,申能股份发布公告,宣布成功回购其大股东——申能(集团)有限公司的法人股10亿股。这是我国证券市场中第二起回购交易。25.1亿元的回购现金不是一个小数目,但申能股份早有准备,全部使用公司自有资金并采取分期付款的方式以现金支付,2000年6月30日前分三笔付清。看一看1994—2001年的资产负债表,1994年、1995年、1996年、1997年12月31日的货币资金分别是1.5亿元、2.3亿元、2.6亿元、5.7亿元,到了1998年12月31日的货币资金达到14.7亿元,随后1999年、2000年、2001年12月31日的货币资金分别是9.2亿元、5亿元、8.3亿元,1994—2001年各年12月31日的总资产分别是71.4亿元、85.6亿元、99.1亿元、98.7亿元、107亿元、124亿元、99.2亿元、99.1亿元。从1994年到1997年年末货币资金占总资产的比例是2.2%～5.8%,1998年年末此比例为13.8%,1999—2003年降为5.1%～

197

9.0%。也就是说,在1998年年底的货币资金绝对数额及其占总资产比重显著超过满足正常交易的比例,申能股份的超额储备现金正是为了股份回购。因此,通过分析企业货币资金占总资产的比重及其变化趋势,可以在一定程度上预测企业未来的财务行为。

通过申能股份给我们的启示,结合其他企业的财务报表,找出货币资金发生巨大变化的时间点,预测一下企业可能的财务行为,再看看后来你的预测是否真的发生了。

(资料来源:财务管理.李延喜等.北京:清华大学出版社,2010.6(稍作修改))

2. 小王、小李和小张一起创立了一家服饰公司,开办三年来虽然年年赢利,但现金周转却越来越紧张,仓库里的存货也积压严重,于是三人召集本公司的财务管理人员开了个会,要求改变目前的状况,财务人员认为现在问题的根源就是存货管理不善,但如何管理却无从下手。

该公司存货的详细情况见下表,其中,①H、S、F、N类属于纸张、油墨等办公品,可用时买;②公司资金收益率为20%;③J为主要布料,单价100元,单位储存成本2元,每批订货成本1 000元,预计全年需求量16 000件;④E为西装产成品,库存数量2 000件,单位成本155元,近3年销售量为3 578件、3 774件、3 670件,未来预计基本稳定。

存货资料表

存货品种	占用资金(元)	存货品种	占用资金(元)
D	20 000	M	9 500
E	310 000	N	3 000
F	2 000	O	30 000
G	60 000	P	5 000
H	500	Q	7 000
I	6 000	R	70 000
J	400 000	S	1 000
K	15 000	T	50 000
L	11 000	合计	1 000 000

(资料来源:财务管理.李延喜等.北京:清华大学出版社,2010.6(稍作修改))

在这个案例中,你认为财务人员说得对吗?你能否帮助该公司的财务人员改变一下目前的存货管理状况?

本学习单元讨论题

1. B公司经常性地向A公司供应原材料,B公司开出的付款条件为"2/10,n/30"。某天,A公司的财务经理查阅公司会计账目,发现会计人员对此项交易的处理方式是:一般在收到货物后15天支付款项。当询问做账的会计人员为什么不取得现金折扣时,会计人员不假思索地回答"这一交易的资金成本仅为2%,而银行贷款成本却为10%,因此根本没有必要接受现金折扣。"

请思考:

（1）会计人员在财务概念上混淆了什么？

（2）丧失现金折扣的实际成本有多大？

（3）如果 A 公司无法获得银行贷款，而被迫使用商业信用资金，那么，为降低年利息成本，你应向财务经理提出何种建议？

2. 某企业专门销售家庭娱乐产品，经过了多年努力，目前处于稳定发展阶段，这类家庭娱乐产品的特性是品种较少，但利润空间较大，如果你是该企业的财务主管，请你为该企业制定一套信用政策方案。

本学习单元技能实训

一、实训目的

通过实践调查活动，使学生了解营运资本在企业财务管理中的重要地位，明确企业主要流动资产和流动负债的主要内容及管理重点，增强学生对营运资本管理的感性认识。

二、实训内容

结合本学习单元内容，对身边具体企业进行调研，对其日常经营活动的主要内容进行综合分析，尤其关注企业如何对现金、应收账款及存货进行管理以及如何确定短期筹资政策；能够找出流动资产管理存在的问题，并能分析其对企业的经营绩效产生的影响。把调研结果形成书面材料，做成 PPT 在班级公开汇报，其他同学组成答辩小组公开答辩。

三、实训要求

1. 对学生进行分组，指定小组负责人，联系合作单位或学生合理利用社会关系自主联系实训（践）单位。

2. 根据本实训（践）教学的目的，拟定调查题目，列出调查提纲，制定调查表格。

3. 实地调查和采访时要注意自己的形象，能准确流利地表达自己的目的和愿望，以便得到对方的配合。

4. 对调查采访资料进行整理和总结，写出一份调查报告（字数 1 500 左右），做成 PPT 在班级公开汇报。

四、评分标准

评分项目	比重	评分标准
课堂参与	20％	课堂参与分主要取决于出勤率、上课提问及回答问题的质量
任务训练	25％	我们分别在每个主题学习单元后面设计了 1 个任务训练，共 5 个，每个占 1/5
案例及讨论题	40％	此部分主要针对学习单元后面的案例和讨论题，每个占 1/4
小组分析报告与讨论	15％	此部分主要针对技能训练部分，通过团队合作（小组）分析一个企业营运资本如何运作
本单元总分	100	（小组互评分数＋教师评分分数）×70％＋个人成绩分数×30％
总成绩比重	5％	

学习单元八

收益分配的管理

学习单元名称:收益分配的管理	课时安排:5

8-1 典型工作任务

利润分配概述 → 股利分配方案的制定 → 股票分割与股票回购

8-2 学习单元目标

通过本学习单元的学习,使学生能在掌握利润分配基础知识和股利理论的含义、特点基础上,掌握四种股利分配政策,并能够根据企业的经营情况提出合理的利润分配方案。同时具备信息的提取处理能力和撰写股利分配方案的能力

8-3 学习单元整体设计

主题学习单元	拟实现的能力目标	须掌握的知识内容	建议学时
8.1 利润分配概述	能够掌握利润的内涵、利润分配的顺序及分配的原则	(1) 利润分配的顺序 (2) 利润分配的原则	1
8.2 股利分配方案的制定	能在正确分析影响利润分配政策的因素的基础上,掌握四种具体的股利分配政策和股利支付的四种方式,并学会区分股利支付的四个重要日期	(1) 影响股利政策的因素 (2) 股利分配的政策 (3) 股利分配方案的制定	2
8.3 股票分割与股票回购	掌握股票分割给企业、股东带来的影响以及股票回购产生的负效应	(1) 股票分割 (2) 股票回购	1
工作任务/技能训练	自选一家公司,对其股利分配方案进行综合分析		1

☞【案例引入】

盐田港的高额派现路

深圳市港田集团有限公司于 1997 年 7 月 21 日独立发起成立了深圳市盐田港股份有

限公司,公司股票"盐田港 A"在深圳证券交易所挂牌上市。主要业务包括码头的开发与经营,货物装卸与运输,港口配套交通设施建设与经营,港口配套仓储及工业设施建设与经营,集装箱修理,转口贸易,货物及技术进出口。

近年来,"盐田港 A"股价走势稳步上升,连创新高,已成为沪深 300 指数、深证成分股指数、深证综合指数等主要综合指数的样本股,这也树立了公司在中国证券市场的绩优蓝筹股形象。2006 年 8 月,盐田港股份有限公司入选"2006 最佳成长上市公司"五十强。

自 1997 年上市到 2006 年间,公司一直实施现金股利政策。这十年不间断股利派现,践行着公司对投资者的承诺,给投资者以百倍的信心,从而在市场上树立了良好的形象。2005 年,公司被全国著名媒体新浪网等评选为"中国十佳最重分红回报上市公司"。那么,盐田港股份对投资者的回报到底怎样呢?

自上市以来,公司董事会一直坚持派现的股利政策,下面列出盐田港股份有限公司十年间的税后利润分配方案:

表 8-1　盐田港股份有限公司十年间的税后利润分配

分红年度	分红方案	股权登记日	除权基准日	红股上市日
2006 年度	10 派 3 元(含税)	20070711	20070712	
2005 年度	10 派 6.5 元(含税)	20060713	20060714	
2004 年度	10 派 6.5 元(含税)	20050812	20050815	
2003 年度	10 转增 10 股派 10 元(含税)	20040719	20040720	20040720
2002 年度	10 股派 1 元(含税)	20030725	20030728	
2001 年度	10 派 5 元(含税)	20020620	20020621	
2000 年度	10 派 1.3 元(含税)	20010628	20010629	
1999 年度	10 派 1.26 元(含税)	20000823	20000824	
1998 年度	10 派 1.9 元(含税)	19990825	19990826	
1997 年度	10 派 2 元(含税)	19980821	19980824	

由上可以看出,公司自 1997 年上市以来,一直采用了稳定的股利政策。其股利主要是以现金红利的方式回报给投资者;其特点是基本维持高派现,且具有一定的持续性。而类似盐田港这样高派现的公司在中国股市上并不多见,其股利政策是否具有合理性? 存在超能力派现么?

请同学们根据上述案例思考这个问题:你认为该企业还可以有哪几种股利分配方案?

(资料来源:王棣华.财务管理案例分析.北京:中国市场出版社,2009)

主题学习单元 8.1　利润分配概述

【任务 8-1】　大龙公司 2004 年发生年度亏损 100 万元,假设该公司 2004~2010 年度应纳所得数额分别为:-100 万元、20 万元、10 万元、20 万元、20 万元、10 万元、60 万元,所得税税率为 25%。

该企业在进行利润分配时的顺序是什么?

一、利润分配顺序

按照我国《公司法》等法律、法规的规定,公司向投资者分配利润应按一定的顺序进行。

(一) 弥补以前年度亏损

根据企业所得税法规定,企业纳税年度发生的亏损准予向以后年度结转,用以后年度所得弥补,但弥补亏损期限最长不得超过 5 年。如【任务 8-1】中,根据税法规定,该企业 2004 年亏损的 100 万元,可分别用 2005～2009 年的 20 万元、10 万元、20 万元、20 万元和 10 万元来弥补,在 2010 年,该企业的应纳税所得只能弥补 5 年以内的亏损,也就是说,不能弥补 2004 年度的亏损。

(二) 提取法定盈余公积金

法定盈余公积金按照当年净利润扣除弥补以前年度亏损后的 10％提取,当年法定盈余公积金累积额达到注册资本的 50％时,不再提取(即法定盈余公积金＝(本年净利润－年初未弥补亏损)×10％)。提取法定盈余公积金的目的是为了增加企业内部积累,以利于企业扩大再生产。由于 2005 年以来该企业一直没有亏损,因此,2010 年度应当缴纳企业所得税为 15 万元(60 万元×25％)。缴纳所得税之后,剩余利润 45 万元(60－15＝45 万元)。其次,提取法定盈余公积金 4.5 万元(45×10％＝4.5 万元)。

(三) 向股东(投资者)分配股利(利润)

根据公司法的规定,公司弥补亏损和提取公积金后所余税后利润,可以向股东(投资者)分配股利(利润)。企业按照投资者的出资比例或按股东的持股比例分配。另外企业向股东分配多少利润,还取决于企业的利润分配政策。最后,向股东(投资者)分配股利(利润)。可向投资者分配的利润为 40.5 万元(45－4.5＝40.5 万元)。

二、利润分配的基本原则

(一) 依法分配原则

企业的利润分配必须依法进行,这是正确处理企业各项财务关系的关键。

(二) 资本保全原则

这是企业收益分配的前提,它是对投资者投入资本的增值部分进行分配,而不是投资者资本金的返还。

(三) 兼顾各方面利益原则

即指兼顾投资者、企业与职工的合法权益。比如企业必须按照国家法律的规定缴纳各项税金,履行社会责任;投资者作为企业的所有者,依法享有净收益的分配权;企业的债权人,在将资金借给企业时,不仅承担了一定的风险,而且也失去了将这部分资金用于其他投资的机会,因此,当企业进行收益分配时,必须体现出对债权人利益的充分保护;企业的内部员工是企业收益的直接创造者,为企业的发展做出了重要的贡献,当企业进行收益分配时,必须充分考虑企业员工的切身利益。

(四) 分配与积累并重原则

企业的利润分配,要正确处理长期利益和近期利益这两者的关系,坚持分配与积累并重。

（五）投资与收益对等原则

企业分配收益应当体现"谁投资,谁收益",收益大小与投资比例相适应的原则,这是正确处理投资者利益关系的关键。

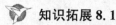知识拓展 8.1

广义收益分配

企业的收益分配有广义和狭义两种概念。广义的收益分配是指对企业的收入和净利润进行分配,包括两个层次的内容:第一层次是对企业收入的分配,是先对成本费用进行补偿形成利润的过程,是一种初次分配;第二层次是对企业(净)利润的分配,是一种再分配。其主要内容可概括为收入管理、成本费用管理和利润分配管理。其中:收入管理中收入是企业收益分配的首要对象。销售收入是指企业在日常经营活动中,由于销售产品、提供劳务等所形成的货币收入。这是企业收入的主要构成部分,是企业能够持续经营的基本条件。销售收入的制约因素主要是销量与价格。销售预测分析与销售定价管理构成了收入管理的主要内容;成本费用管理中成本费用是商品价值中所耗费的生产资料的价值和劳动者必要劳动所创造的价值之和,在数量上表现为企业的资金耗费。主要的成本费用管理模式包括成本归口分级管理、成本性态分析、标准成本管理、作业成本管理、责任成本管理等;利润分配管理中利润是收入弥补成本费用后的余额。若成本费用不包括利息和所得税,则利润表现为息税前利润;若成本费用包括利息而不包括所得税,则利润表现为利润总额;若成本费用包括了利息和所得税,则利润表现为净利润。而狭义的收益分配则仅仅是指对企业净利润的分配。这也是本书的观点。

◆ 练习 8.1.1

【单项选择题】 以下对股利分配的说法不正确的有(　　)。

A. 法定公积金必须按照本年净利润的 10% 提取

B. 法定公积金达到注册资本的 50% 时,就不能再提取

C. 企业提取的法定公积金可以全部转增资本

D. 公司当年无盈利不能分配股利

◆ 练习 8.1.2

【多项选择题】 某企业 2008 年实现销售收入 2 500 万元,全年固定成本 800 万元(含利息),变动成本率 60%,所得税率 25%。年初已超过 5 年的尚未弥补亏损 80 万元,按 10% 提取法定盈余公积金,不提取任意盈余公积金,向投资者分配利润的比率为可供投资者分配利润的 60%,不存在纳税调整事项。下列说法正确的是(　　)

A. 2008 年的税后利润为 150 万元

B. 2008 年提取的法定盈余公积金 7 万元

C. 2008 年提取的法定盈余公积金 15 万元

D. 2008 年应向投资者分配的利润为 63 万元

◆ 练习 8.1.3

【任务训练】 各小组核算虚拟企业的收益情况,并思考虚拟企业的收益如何分配。

主题学习单元8.2 股利分配方案的制定

【任务8-2】 一个公司的股利分配方案主要包括哪些内容?

企业的股利分配方案既取决于企业的股利政策,也取决于决策者对股利分配的理解和认识,即股利分配理论。

股利政策是关于股份公司是否发放股利、发放多少股利、何时发放股利以及以何种形式发放股利等方面的方针和策略,其最终目标是使公司价值最大化。一个成功的股利政策有利于提高公司的市场价值。

股利分配理论是指人们对股利分配的客观规律的科学认识与总结,其核心问题是股利政策与公司价值的关系问题。人们对股利分配与财务目标之间关系的认识存在不同的流派与观念,其中有股利相关论和股利无关论被认为是两种较流行的观念。所谓股利无关论者认为股利分配对公司的市场价值(或股票价格)不会产生影响,因而又被称为完全市场理论或 MM 理论;而股利相关论者认为由于股利无关论的基本假设是建立在一种简单而又完全的市场之上,但现实环境却不可能完全满足这种情况,所以他们认为股利政策不可能不影响公司的市场价值。市场经济条件下,股利分配要符合财务管理的目标。

 知识拓展8.2

股利分配理论

表8-2 股利分配理论对照表

股利理论		要点说明
(1) 股利无关理论(MM 理论)		在一定假设条件限定下,股利政策不会对公司的价值或股票的价格产生任何影响。一个公司的股票价格完全由公司的投资决策的获利能力和风险组合决定,而与公司的收益分配政策无关
(2) 股利相关论	①股利重要论("手中鸟"理论)	用留存收益再次投资从而给投资者带来收益,这具有很大的不确定性,且投资风险会随着时间的推移而进一步增大,因此投资者喜欢现金股利,所以公司分配股利越多,企业价值越大
	②信号传递理论	在信息不对称的情况下,公司可以通过股利政策向市场传递有关公司未来盈利能力的信息,从而会影响公司的股价。一般来讲,预期未来盈利能力强的公司往往愿意通过相对较高的股利支付水平,把自己同预期盈利能力差的公司区别开来,以吸引更多的投资者
	③所得税差异理论	由于税赋对股利和资本收益征收的税率不同,公司选择不同的股利支付方式,从而对公司市场价值、公司的税收负担产生不同影响。若考虑纳税影响,企业应采用低股利政策
	④代理理论	股利政策相当于是协调股东和管理者之间代理关系的一种约束机制。高水平股利一方面降低了企业代理成本,另一方面又增加了外部融资成本。因此最佳的股利政策应当使两种成本之和最小

一、影响股利政策的因素

在现实生活中,公司的股利政策是在种种制约因素下制定的,公司不可能摆脱这些因素的影响,所以在具体制定股利政策时,应充分考虑以下这些限制因素。

(一)法律因素

为了保护债权人和股东的权益,《公司法》和《证券法》及相关法规对公司的股利分配在资本保全、企业积累、净利润和超额累积利润等方面进行了限制。例如,公司不能用资本(包括股本和资本公积)发放股利,公司必须按净利润的一定比例提取法定公积金。公司年度累积净利润必须为正数时才能发放股利,以前年度亏损必须足额弥补等。

(二)股东因素

如从避税方面考虑,即一些高股利收入的股东出于避税的考虑(股利收入的所得税往往高于股票交易的资本利得税),往往反对公司发放较多的股利;股权控制权的要求,即如果公司大量支付现金股利,使得内部留用利润减少,而通过增发新的普通股形式以融通所需资金,那么现有股东的控股权就有可能被稀释,从而其控制权也可能被稀释。另外,随着新股的发行,流通在外的普通股股数必将增加,最终会导致普通股的每股盈利和每股市价下降,从而影响现有股东的利益;低税负与稳定收入的要求(公司股东大致有两类:一类是希望公司能够支付稳定的股利来维持日常生活;另一类是希望公司多留利而少发放股利,以求少缴个人所得税)。因此,公司到底采取什么样的股利政策,还应分析研究本公司股东的构成,了解他们的利益愿望。

(三)公司因素

1. 变现能力

公司资金的灵活周转是企业经营得以正常进行的必要条件。公司现金股利的分配自然也应以不危及企业经营资金的流动性为前提。如果公司的现金充足,资产有较强的变现能力,则支付股利的能力也较强。如果公司因扩充或偿债已消耗大量现金,资产的变现能力较差,大幅度支付现金股利则非明智之举。

2. 筹资能力

公司如果有较强的筹资能力,则考虑发放较高现金股利,并可以使用再筹集资金来满足企业经营对货币资金的需求;反之,则要考虑保留更多的资金用于内部周转或偿还将要到期的债务。一般而言,规模大、获利丰厚的大公司能较容易筹集到所需资金,因此,它们较倾向于多支付现金股利;而创办时间短、规模小、风险大的中小企业,通常需要经营一段时间以后,才能较顺利地取得外部资金,因而往往在某一阶段要限制现金股利的支付。

3. 投资机会的制约

一般地,如果公司有较多的好的投资机会,往往采用低股利政策。反之,如果它的投资机会较少,就可采用高股利政策。

4. 盈利能力的限制

一般而言,盈利能力较强的公司,通常采取较高的股利政策,而盈利能力较弱或不稳定的公司,通常采取较低的股利政策。

5. 资产流动性

较多地支付现金股利,会减少公司的现金持有量,使资产的流动性降低;而维持一定的资产流动性是公司经营所必需的。

(四) 其他因素

其他因素主要有债务合同约束和通货膨胀影响。尤其是长期债务合同,往往有限制公司现金支付程度的条款,这使公司只得采取低股利政策。同时,通货膨胀时,公司为考虑重置固定资产,其股利政策也会偏紧。

总的来说,一个良好的股利政策能保证公司的长期发展需要,实现公司价值最大化;能够保障股东权益,平衡公司与股东以及股东与股东之间的利益关系;能够稳定股票价格,维持良好的市场形象。

二、股利分配政策

【任务 8-3】　大龙公司成立于 2008 年 1 月 1 日,2008 年度实现的净利润为 1 000 万元,分配现金股利 550 万元,提取盈余公积 450 万元(所提盈余公积均已指定用途)。2009 年实现的净利润为 900 万元(不考虑计提法定盈余公积的因素)。2010 年计划增加投资,所需资金为 700 万元。假定公司目标资本结构为自有资金占 60%,借入资金占 40%。

(一) 剩余股利政策

所谓剩余股利政策就是在公司有着良好的投资机会时,根据一定的目标资本结构(最佳资本结构),测算出投资所需的权益资本先从盈余当中留用,然后将剩余的盈余作为股利予以分配。剩余股利政策依据是股利无关论,一般适用于公司的初创阶段。

公司若要采用剩余股利政策,需遵循以下几个步骤:

(1) 设定目标资本结构,在此结构下,公司的加权平均资本成本达最低水平;

(2) 确定公司的最佳资本预算,并根据公司的目标资本结构预计资金需求中所需增加的权益资本数额;

(3) 最大限度地使用留存收益来满足资金需求中所需的权益资本数额;

(4) 留存收益在满足公司权益资本增加后,若还有剩余再用来发放股利。

【任务 8-3-1 解析】　在保持目标资本结构的前提下,计算 2010 年投资方案所需的自有资金额和需要从外部借入的资金额。

2010 年投资方案所需的自有资金额＝700×60%＝420(万元)

2010 年投资方案需要从外部借入的资金额＝700×40%＝280(万元)

在保持目标资本结构的前提下,如果公司执行剩余股利政策。

2009 年度可用以分配的现金股利

＝2009 年净利润－2010 年投资方案所需的自有资金额

＝900－420＝480(万元)

(二) 固定或稳定增长的股利政策

所谓固定或稳定增长的股利政策是指公司将每年派发的股利额固定在某一特定水平或是在此基础上维持某一固定比率逐年稳定增长。只有在确信公司未来的盈利增长不会发生逆转时,才会宣布实施固定或稳定增长的股利政策。在固定或稳定增长的股利政策下,首先确定的是股利分配额,而且该分配额一般不随资金需求的波动而波动。该政策通常适用于经营比较稳定或正处于成长期的企业,且很难被长期使用。如案例引入中盐田港公司自 1997 年上市以来,一直采用了稳定增长的股利政策。

固定或稳定增长的股利政策的优点:

(1) 稳定的股利向市场传递公司正常发展的信息,有利于树立公司的良好形象,增强投资者信心,稳定股票的价格;

(2) 稳定的股利额有利于投资者安排股利收入与支出,有利于吸引那些打算进行长期投资并对股利有很高依赖性的股东;

(3) 稳定的股利政策可能会不符合剩余股利理论,但考虑到股票市场会受多种因素影响(包括股东的心理状态和其他要求),为了将股利维持在稳定的水平上,即使推迟某些投资方案或暂时偏离目标资本结构,也可能比降低股利或股利增长率更为有利。

固定或稳定增长的股利政策的缺点:

(1) 股利的支付与企业的盈利相脱节;

(2) 在企业无利可分时,若依然实施该政策,也是违反公司法的行为。

【任务 8-3-2 解析】 在不考虑目标资本结构的前提下,如果公司执行固定或稳定增长的股利政策。

2009 年度应分配的现金股利=上年分配的现金股利=550(万元)

可用于 2010 年投资的留存收益=900-550=350(万元)

2010 年投资需要额外筹集的资金额=700-350=350(万元)

(三) 固定股利支付率政策

所谓固定股利支付率政策是指公司确定一个股利占盈余的比例,长期按此比例支付股利的政策。这一股利政策下,各年股利额随公司经营的好坏而上下波动,获得较多盈余的年份股利额高,获盈余少的年份股利额低。该政策比较适用于那些处于稳定发展且财务状况也较稳定的公司。

主张实行固定股利支付率者认为,这样做能使股利与公司盈余紧密地配合,以体现多盈多分,少盈少分,无盈不分的原则,才算真正公平地对待了每一位股东。但是这种政策下,各年的股利变动较大极易造成公司不稳定的感觉,对于稳定股票价格不利。

【任务 8-3-3 解析】 在不考虑目标资本结构的前提下,如果公司执行固定股利支付率政策,则该公司的股利支付率$=\dfrac{550}{1\ 000}\times100\%=55\%$

2009 年度应分配的现金股利=55%×900=495(万元)

(四) 低正常股利加额外股利政策

所谓低正常股利加额外股利政策是指公司一般情况下每年只支付固定的、数额较低的股利,在盈余较多的年份,再根据实际情况向股东发放额外股利。低正常股利加额外股利政策适用于那些盈利随着经济周期而波动较大的公司或者盈利与现金流量很不稳定的企业。

额外股利的不固定化特征,使公司的股利政策具有较大的灵活性。当公司盈余较少或投资需要较多资金时,可维持设定的较低但正常的股利,股东不会有失落感;而当盈余有较大幅度增加时,则可适度增发股利,把经济繁荣的部分利益分配给股东,使他们增强对公司的信心,这有利于稳定股票的价格。这种股利决策对于那些依靠股利度日的股东而言,虽然每年可以得到的收益较低,但比较稳定从而可以吸引住这部分股东。这种政策的股利发放额可以用以下公式表示：

$y=a+bx$（其中：$y=$每股股利；$x=$每股收益；$a=$低正常股利；$b=$股利支付率）

【任务8-3-4解析】 若大龙公司维持的最低股利分配额每股0.55元，2009年每股收益为0.5元，股利支付率为10%，采用低正常股利加额外股利政策，公司2010年应向投资者发放股利的数额为520万元（900×(0.55+0.5%×10%)=540万元）。

公司处于不同的发展阶段与其所适应的股利政策总结可参见表8-3。

表8-3　股利政策总结

公司发展阶段	适应的股利政策
初创阶段	剩余股利政策
高速成长阶段	低正常股利加额外股利政策
稳定成长阶段	固定或稳定增长政策
成熟阶段	固定或稳定增长政策
衰退阶段	剩余股利政策

三、股利分配方案的确定

股利分配方案的确定，主要考虑确定以下四个方面的内容：第一，选择股利政策类型；第二，确定股利支付水平的高低；第三，确定股利支付形式，即确定合适的股利分配形式；第四，确定股利发放的日期。

对于股份有限公司而言，股利分配方案的确定与变更决策权都在董事会。要完成股利政策的制定与决策，通常需要经过三个阶段：一是公司的财务部门；二是董事会；三是股东大会。其中，财务部门为董事会提供制定股利政策与方案的各种财务数据；董事会拟定企业的股利政策的草案与分配方案；股东大会主要是依据公司财务报告，审核批准董事会制定的股利政策与分配方案等的预案。

（一）股利支付的方式

【任务8-4】 大龙公司目前发行在外的普通股为5 000股，每股面值1元，每股市价为15元。假设现有7 500元的留存收益可供分配，不同股利支付方式下的每股股利各是多少？

股利的支付方式有多种，最常见的主要有以下四种：

1. 现金股利

这是股利支付最常见的方式，也是我们常说的用现金来支付红利的方式。由于支付现金股利往往是一笔较大的现金流出，因此，支付现金股利除了要有留存收益外还要有足够的现金，我们会发现现金的充足与否往往会成为公司发放现金股利的主要制约因素。

【任务8-4-1解析】 发放现金股利7 500元，每股股利1.5元（7 500/5 000=1.5元）。应纳个人所得税是750元（7 500×50%×20%）。根据个人所得税法及实施条例规定，利息、股息、红利所得适用税率20%，并由支付所得单位按照规定履行扣缴义务。另外，根据《财政部、国家税务总局关于股利红利个人所得税有关通知》（财税〔2005〕102号）及《财政部、国家税务总局关于股息红利有关个人所得税政策的补充通知》（财税〔2005〕107号）规定，上市公司自2005年6月13日起，对个人投资者从上市公司取得的股息红利所得按 50%计入个人应纳税所得额,依照现行税法规定计征个人所得税。现金股利按 20%缴纳个人所得税,股票股利以派发红利的股票票面金额为收入额,按利息、股息、红利项目计征个人所得税。

2. 股票股利

这是公司以增发股票来支付股利的方式,我国实务中通常也称其为"红股"。股票股利通常以现有股票的百分率来表示,习惯上我们称之为股利发放率。比如,某公司宣布发放 10%的股票股利,则股东每拥有 100 股股票就会获得 10 股新股。股票股利对公司来说,并没有现金流出企业,也不会导致公司的财产减少或负债增加,而只是将公司的留存收益转化为股本和资本公积。但股票股利会增加流通在外的股票数量,同时降低股票的每股价值,它不会改变公司股东权益总额,但会影响所有者权益项目的结构发生变化。

【任务 8-4-2 解析】 若大龙公司宣布发放 10%股票股利,每 10 股转增 1 股,股票面值 1 元,共 500 股,除权价约等于每股 13.64 元〔15/(1+0.1)=13.64〕。应纳个人所得税是 50 万元(500×50%×20%=50)。

3. 财产股利

这是除现金以外的其他资产支付股利的方式,主要是指公司以其所拥有的其他公司的有价证券作为股利支付给股东,如债券、股票等。

4. 负债股利

这是公司以负债的方式支付股利的方式,通常以公司的应付票据支付给股东,或者发行公司债券抵付股利。财产股利和负债股利实际上是现金股利的替代。这两种股利支付方式在我国公司实务中较少使用,但并非法律所禁止。

【任务拓展】 股票股利的发放对所有者权益的影响

大龙公司在 2009 年发放股票股利前,其资产负债表上的股东权益账户情况如下:发行在外的普通股股数为 5 000 股,每股面额 10 元(现实生活中股票面值一般为 1 元,这里面额为 10 元方便计算),资本公积为 40 000 元,未分配利润为 200 000 元,股东权益合计额为 290 000 元。若公司计划发放 10%的股票股利,则该公司的股东权益内部结构是否会发生变化?如何发生变化?发放股票股利对股东的影响是什么?

【解析】 如果大龙公司计划发放 10%的股票股利,则公司将发放 500 万股新股,发放股票股利后,由于该股票当时的市场价格是 15 元,那么随着股票股利的发放,大龙公司应从"未分配利润"项目中划转出(15×500)万元=7 500 万元;而由于股票面额不变,则 500 万新股只能使"普通股"项目增加 5 000 万元,其余的 2 500 元(7 500-5 000)应作为股票溢价转至"资本公积"项目。所以,公司发放股票股利后,股东权益各项目变成如表 8-4、表 8-5 所示。

表 8-4 发放股票股利后股东权益项目表

金额单位:万元

普通股(面额 10 元,5500 股)	55 000
资本公积	42 500
未分配利润	192 500
股东权益合计	290 000

表 8-5　股东财富变动表

项目	股票股利发放前	股票股利发放后
每股收益	4 400/200＝22(元/股)	4 400/220＝20(元/股)
每股市价	15(元/股)	15/(1＋10％)＝13.64(元/股)
持股比例	200/5 000＝4％	220/5 500＝4％
持股总价值	15×200＝3 000(元)	13.64×220＝3 000(元)

结论:(1) 通过对比以上两个表,我们可以发现:股票股利的发放,不会影响公司股东权益总额,但是会引起资金在各股东权益项目之间的再分配。

(2) 发放股票股利,不会直接增加股东的财富,不会改变股东的持股比例,但是其对公司以及股东有着特殊的意义。(可参见图 8-1)

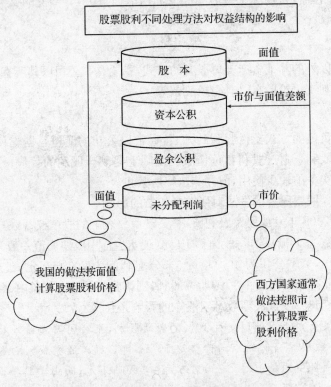

图 8-1　股票股利发放方法对权益影响图

 知识拓展8.3

发放股票股利对于公司和股东的意义分别是什么?

股东	①理论上,派发股票股利后,每股市价会成比例下降,但实务中这并非必然结果。因为市场和投资者普遍认为,发放股票股利往往预示着公司会有较大的发展和成长,这样的信息传递会稳定股价或使股价下降比例减小甚至不降反升,股东便可以获得股票价值相对上升的好处 ②由于股利收入与资本利得税率的差异,如果股东把股票股利出售,还会给他带来资本利得纳税上的好处

公司	①不需要向股东支付现金,在再投资机会较多的情况下,公司可以为再投资提供成本较低的资金,从而有利于公司发展
	②可以降低公司股票价格,有利于促进股票的交易和流通,又有利于吸引更多的投资者成为公司股东,进而使股权更分散,有效地防止公司被恶意控制
	③可以传递公司未来发展前景良好的信息,从而增强投资者的信心,在一定程度上稳定股票价格

(二)股利支付程序

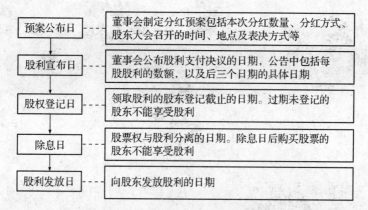

图 8-2　股利支付程序及内容

注:上述案例引入中盐田港 2006 年度发放股利的股权登记日为 2007 年 7 月 11 日;盐田港 2006 年发放股利的除息日为 2007 年 7 月 12 日;而如大龙公司于 2010 年 4 月 10 日公布 2009 年度的最后分红方案,其发布的公告如下:"公司于 2009 年 4 月 9 日在北京召开股东大会,通过了 2009 年 4 月 2 日董事会关于每股分派 1.5 元的 2009 年股息分配方案。股权登记日为 4 月 25 日,除息日是 4 月 26 日,股东可在 5 月 10 日至 25 日之间通过深圳交易所按交易方式领取股息。特此公告。"

那么,该公司的股利支付程序如图 8-3。

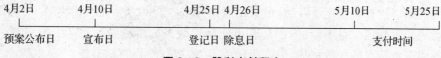

图 8-3　股利支付程序

◆ **练习 8.2.1**

【单项选择题】　下列关于股利分配政策的表述中,正确的是(　　)。

A. 公司盈余的稳定程度与股利支付水平负相关

B. 偿债能力弱的公司一般不应采用高现金股利政策

C. 基于控制权的考虑,股东会倾向于较高的股利支付水平

D. 债权人不会影响公司的股利分配政策

◆ **练习 8.2.2**

【多项选择题】　处于初创阶段的公司,一般不宜采用的股利分配政策有(　　)。

A. 固定股利政策

B. 剩余股利政策

  C. 固定股利支付率政策

  D. 稳定增长股利政策

◆ **练习 8.2.3**

【单项选择题】 如果上市公司以其应付票据作为股利支付给股东,则这种股利的方式称为( )。

  A. 现金股利　　　　　　　　　　B. 股票股利

  C. 财产股利　　　　　　　　　　D. 负债股利

◆ **练习 8.2.4**

【技能训练】 请同学们结合一个具体的公司运用所学知识,协助公司管理层选择合适的股利政策,并制定收益分配方案。

主题学习单元 8.3　股票分割与股票回购

【任务 8-3-1】 大龙公司发行面额 5 元的普通股 400 000 股,若按 1 股换成 2 股的比例进行股票分割。则公司采用股票分割后的股东权益会发生什么变化?

一、股票分割

股票分割又称为拆股,是指通过成比例地降低股票面值来增加普通股的数量。例如,1比 2 的股票分割将使股票数量增加为原来股票的两倍。股票分割产生的效果与发放股票股利近似,因此,1 比 2 的股票分割相当于 100％的股票股利发放率。一般来说,当企业希望自己的股票市价有大幅度下降时,可采用股票分割(或者大比例股票股利)。股票分割前后的每股现金股利很少是不变的,但是有可能增加股东的实际股利。对于股东来说,股票分割后各股东所持有的股数增加,但持股比例不变,持有股票的总价值不变。表 8-5 为大龙公司 1 比 2 股票分割表。

表 8-5　大龙公司 1 比 2 股票分割

金额单位:万元

股票分割前		股票分割后		发放股票股利(10％的股票股利)	
普通股	50 000	普通股	50 000	普通股	55 000
(每股面值 10 元,共 5 000 股)		(每股面值 5 元,共 10 000 股)		(每股面值 10 元,共 55 00 股)	
资本公积	40 000	资本公积	40 000	资本公积	42 500
未分配利润	200 000	未分配利润	200 000	未分配利润	192 500
股东权益总额	290 000	股东权益总额	290 000	股东权益总额	290 000

股票分割的作用:

(1) 降低股票价格。由于股票分割是在不增加股东权益的情况下增加流通中的股票数量,分割后每股股票所代表的股东权益的价值将降低,每股股票的市场价格也会相应降低。当股票的市场价格过高时,股票交易会因每手交易所需的资金量太大而受到影响,特别是许多小户、散户,因为资金实力有限难以入市交易,使这类股票的流通性降低,股东人数减少。因此,许多公司在其股票价格过高时,采用股票分割的方法,降低股票的交易价格,提高公司股票的流通性,使公司的股东更为广泛。

(2) 向股票市场和广大投资者传递"公司正处于发展之中"的信息,这种信息有利于吸引投资者,从而对公司有所帮助。有时,公司希望通过股票分割向股市传递公司不但业绩好,利润高,而且还有增长潜力的信息,股票的价格在目前的高价位上有进一步提升的空间。因此,股票分割往往是成长中公司的行为。

股票股利和股票分割对财务的影响归纳如表 8-6 所示。

表 8-6 股票股利和股票分割对财务的影响

项目	股票股利	股票分割
(1) 资产总额	不变	不变
(2) 负债总额	不变	不变
(3) 所有者权益总额	不变	不变
(4) 所有者权益内部结构	变化	不变
(5) 流通股数	增加	大量增加
(6) 每股收益	下降	下降
(7) 每股净资产	下降	下降
(8) 每股市价	可能下降	下降
(9) 股东持股比例	不变	不变
(10) 股东所持股份的市场价值总额	不变	不变

二、股票回购

所谓股票回购是指上市公司出资将其发行的流通在外的股票以一定价格购买回来予以注销或作为库存股的一种资本运作方式。股票回购的方式主要有公开市场回购、要约回购和协议回购。很多情况下,只有在满足相关法律规定的情形下才允许股票回购,也可以认为是公司对股东支付现金股利的一种替代方式。

 知识拓展8.4

股票回购方式

(1) 公开市场回购(Open Market Repurchase)指公司在股票的公开交易市场上以等同于任何潜在投资者的地位,按照公司股票当前市场价格回购股票。这种方式的缺点是在公开市场回购时很容易推高股价,从而增加回购成本,另外交易税和交易佣金也是不可忽视的成本。公司通常在股票市场表现欠佳时小规模回购有特殊用途(如股票期权、雇员福利计划和可转换证券执行转换权)的股票时采用这种方式。据统计,美国公司 90% 以上的股票回购采用的是公开市场回购方式。

（2）要约回购（Tend Offer Repurchase）指公司在特定期间向市场发出的以高出股票当前市场价格的某一价格,回购既定数量股票的要约。这种方式赋予所有股东向公司出售其所持股票的均等机会。通常情况下公司享有在回购数量不足时取消回购计划或延长要约有效期的权利。而如果愿意出售的股票数量多于要约数量,公司会按一定的配购比例向股东配购。

与公开市场回购相比,要约回购通常被市场认为是更积极的信号,原因在于要约价格存在高出股票当前价格的溢价。但是,溢价的存在也使得回购要约的执行成本较高。

（3）协议回购（Negotitated Repurchase ）是指公司以协议价格直接向一个或几个主要股东回购股票。协议价格一般低于当前的股票市场价格,尤其是在卖方首先提出的情况下。但是有时公司也会以超常溢价向其认为有潜在威胁的非控股股东回购股票,显然这种过高的回购价格将损害继续持有股票股东的利益,公司有可能为此涉及法律诉讼。

（一）股票回购的动机

公司实施股票回购的目的是多方面的,同时股票回购对上市公司的市场价值也有着复杂的影响。在成熟的证券市场上,股票回购的动机主要有以下几种:

（1）现金股利的替代。股票回购属于非正常股利政策,需要现金可出售股票。

（2）提高每股收益。减少股票的供应,相应地提高每股收益及每股市价。

（3）改变公司的资本结构。可以改变公司的资本结构,提高财务杠杆水平,降低公司整体资金成本。

（4）传递公司的信息以稳定或提高公司的股价。传递公司真实投资价值的信息,是传递内部信息的一种手段。

（5）巩固既定控制权或转移公司控制权。采取直接或间接的方式回购股票,从而巩固既有的控制权。

（6）防止敌意收购。收购可以使公司流通在外的股份数变少,股价上升,从而使收购方要获得控制公司的法定股份比例变得更为困难。

（7）满足认股权的行使。在企业发放认股权证的情况下,认股权证持有人行使认股权时企业必须提高股票,回购的股票可以满足认股权行使的要求。

（8）满足企业兼并与收购的需要。回购的股票可以在并购时换取被并购企业股东的股票,从而使企业以较小的代价取得对被并购企业的控股权。

（二）股票回购影响

1. 对股东的影响

对于投资者来说,与现金股利相比,股票回购不仅可以节约个人税收,而且具有更大的灵活性。因为股东派发的现金股利没有是否接受的可选择性,而对股票回购则具有可选择性,需要现金的股东可选择卖出股票,而不需要现金的股东则可继续持有股票。

2. 对上市公司的影响

（1）股票回购需要大量资金支付回购的成本,易造成资金紧缺,资产流动性变差,影响公司的发展。

（2）回购股票可能使公司的发起人股东更注重创业利润的兑现,在一定程度上削弱了对债权人利益的保护,而忽视公司长远的发展,损害公司的根本利益。

（3）股票回购容易导致内部操纵股价,甚至有可能出现公司借回购之名行炒作本公司股票之实。

◆ **练习8.3.1**

【单项选择题】 在下列各项中,能够增加普通股股票发行在外股数,但不改变公司资本结构的行为是(   )。

A. 支付现金股利   B. 增发普通股   C. 股票分割   D. 股票回购

◆ **练习8.3.2**

【多项选择题】 发放股票股利和股票分割都会导致(   )。

A. 普通股股数增加   B. 股东持股比例上升

C. 资产总额增加   D. 每股收益下降

◆ **练习8.3.3**

【任务训练】 股票回购的目的是为了改善企业资本结构、满足企业兼并与收购的需要等,所以股票回购对企业是有利而无害的,对吗?

本学习单元主要框架图

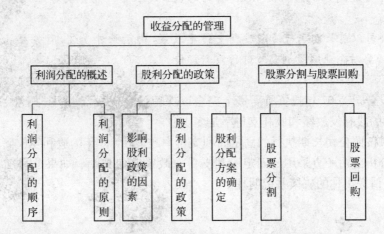

本学习单元关键术语中英文对照

股利政策	Dividend Policy
股利宣告日	Dividend Declared Date
股利支付日	Dividend Payout Day
股票股利	Stock Dividend
股票分割	Stock Split
股票回购	Stock Buyback

本学习单元案例讨论

1. A公司决定为其面值为1元的100万股流通在外的普通股派发10%的股票股利,公开市场的股票价格为每股20元,派发股利前的股东权益构成情况为:

普通股,1 000 000 股,每股面值1元	1 000 000
资本公积	15 000 000
留存收益	50 000 000
股东权益总计	66 000 000

要求:

(1) 公司发放股票股利会对股东权益部分产生怎样的影响?

(2) 如果下一年度的净收益为 11 000 000 元,在考虑股票股利影响前后,每股收益各为多少? 每股收益是否发生了变化? 为什么?

(3) 每股市价可能会发生怎样的变化? 为什么?

2. 某股份公司的有关资料如下:

(1) 该公司长期发展良好,但 2005 年末由于突发事件使公司受到严重创伤,其盈余的成长率从以往每年的 12% 下降到 2006 年的 5%。

(2) 2005 年公司税收盈利为 1 000 万元,当年发放现金股利共计 250 万元。

(3) 2007 年公司面临一项投资机会,投资项目需要资金总额为 900 万元,预计 2007 年的盈余增长率会达到 8%,2007 年以后,公司的盈余增长率可能会恢复到 12%,并预计能长期保持。

(4) 该公司以前长期实行固定股利支付率政策,由于意外受创,财务人员和经营管理人员感到有必要对企业的股利政策进行重新评价。

要求:

(1) 假设公司 2007 年投资所需资金完全以保留盈余来融资,请按照剩余股利政策计算出 2006 年的股利发放额和股利支付率是多少。

(2) 如果按照公司长期执行的固定股利支付率政策,2006 年的股利发放额应是多少?

(3) 试分析公司一直采用的固定股利支付率政策有何弊端。如果公司准备采取其他的股利政策,请提出你的决策并说明理由。

本学习单元讨论题

1. 通过本学习单元的学习,联系实际分析股票股利、股票分割的异同点。现金股利与股票回购的异同点有哪些?

2. 通过本学习单元的学习,试讨论分析作为企业财务主管,企业如何确定合适的分红比例? 如何确定合适的分红形式? 长期来说,企业是否必须实行一个稳定的股利政策?

本学习单元技能实训

一、实训目的

通过本部分的实训,使学生对企业不同股利政策形式及其优缺点有进一步的了解,把握股利政策与企业筹资、投资和其股票市场价值之间的关系,对企业股票股利的利弊进行论证和把握。

二、实训内容

1. 分析影响企业股利政策相关的因素;
2. 企业股利政策的类型;
3. 各种股利政策的比较;
4. 股票股利的利弊。

三、实训要求

使学生能在掌握知识的基础上,灵活运用四种股利分配政策,能够根据企业的经营情况提出合理的利润分配方案。同时具备信息的提取处理能力和撰写股利分配方案的能力。

四、评分标准

评分项目	比重	评分标准
课堂参与	40%	我们将通过你的出勤、提问和回答问题的参与度给出你的参与分
任务训练	30%	我们在每个主题学习单元后面分别设计了 1 个任务训练,每个占 1/3
案例分析讨论	30%	自由组成讨论小组,选择一个企业,分析企业不同股利政策形式及其优缺点。对企业股票股利的利弊进行讨论
本单元总分	100	(小组互评分数＋教师评分分数)×70%＋个人成绩分数×30%
总成绩比重	5%	

学习单元九

财务报表分析

学习单元名称:财务报表分析	课时安排:7

9-1 典型工作任务

财务报表分析概述 ——→ 基本财务指标分析 ——→ 财务综合分析

9-2 学习单元目标

通过本学习单元的学习,学生能在了解财务分析方法和意义的基础上,对企业偿债能力、获利能力、营运能力等进行单项财务指标的分析和一定财务综合分析;能够剖析财务管理过程中存在的问题,将大量会计报表核算信息转换为对决策有用的财务信息,同时培养学生具有一定的撰写财务分析报告的能力

9-3 学习单元的整体设计

主题学习单元	拟实现的能力目标	须掌握的知识内容	建议学时
9.1 财务报表分析概述	能够掌握比较分析法、比率分析法和因素分析法	(1) 财务报表分析的意义 (2) 财务报表分析的方法	1
9.2 财务指标分析	能够结合企业的具体报表,对企业的偿债能力、获利能力、营运能力和发展能力的主要财务指标进行计算,并根据同行业的标准进行简单的讨论与分析	(1) 偿债能力指标 (2) 获利能力指标(一般企业和上市公司) (3) 营运能力指标 (4) 发展能力指标	3
9.3 杜邦分析法和沃尔评分法	能够使用杜邦分析体系和沃尔评分法对企业的业绩进行综合评价	(1) 杜邦分析法 (2) 沃尔评分法	2
工作任务/技能训练	自选一家公司,在报表解读的基础上,对其进行单项能力指标分析和综合分析		1

☞ 【案例引入】

操纵现金流量表

利润表上反映的利润可以通过折旧方式或存货价值评估程序等的变化而被操纵,但是,"现金就是现金",公司管理人员无法干预现金流量表,对吗? 答案是否定的——错误。《华尔街日报》近期刊登的一篇文章描述了福特公司、通用汽车公司和其他一些公司如何高估了他们的经营现金流量——现金流量表中最有趣的部分。的确,通用汽车公司将经营现金流量高估了两倍多,报表上反映的现金流量为76亿美元,但是公司实际经营的现金流量只有35亿美元。当通用汽车公司将汽车赊销给交易商时,公司应将此项目列为应收账款,在现金流量表中这属于经营活动里的"现金运用"。但是,通用汽车公司将这笔应收账款记为向交易商的借款,并将其列入融资活动中。这种分类直接导致公司公布的经营现金流量被高估了两倍。虽然这不会影响公司年末的现金金额,但是,这使公司的经营活动看起来比实际要繁荣。

通用汽车公司的伎俩被佐治亚洲理工大学(Georgia Institute of Technology)的查尔斯·马尔福德教授(Charles Mulford)揭穿;随后,美国证券交易委员会以电子邮件的形式要求通用汽车公司改变记账方法。后来,通用汽车公司发表声明,认为公司当时是按照GAAP的要求记账的,但是公司未来会对会计科目重新分类。当然,通用汽车公司的行为与世通和安然公司不同,但这的确说明公司会做一些手脚以使财务报表看起来更好。

(资料来源:Diya Gullapalli. Little Campus Lab Shakes Big Firms. The Wall Street Journal,2005,3:p. C3.

资料来源:尤金·F布里格姆 乔尔·F休斯顿. 财务管理基础. 北京:中国人民大学出版社,2005)

在本单元学习内容中,我们将带领大家一起学习财务报表分析的一些基本方法,教大家如何根据报表进行财务指标的单项能力分析和综合分析。

主题学习单元9.1 财务报表分析概述

【任务9-1】 利用大龙公司的资产负债表(表9-1)、利润表(表9-2),诠释财务报表分析方法。

表9-1 大龙公司资产负债表

2010 年 12 月 31 日 　　　　　　　　　　　　　　　　　　　　　　　　单位:万元

	2010 年	2009 年
资产		
货币资金	72.6	57.6
交易性金融资产	13.6	10.2
应收账款	100.6	73
存货	57.8	60

续表 9-1

	2010 年	2009 年
流动资产总计	244.6	200.8
固定资产	474.8	453.2
总资产	719.4	654
负债和所有者权益		
应付账款	76.4	54
应付票据	15.8	19.8
其他应付款	31.8	22.8
流动负债总计	124	96.6
长期负债	204.6	193.4
总负债	328.6	290
实收资本	40	40
资本公积	38.2	38
盈余公积	85.6	83.6
未分配利润	227	202.4
普通股东权益总计	390.8	364
负债和所有者权益总计	719.4	654

表 9-2　大龙公司利润表

2010 年 12 月 31 日　　　　　　　　　　　　　　　　　　　　单位:万元

	2010 年	2009 年
一、营业收入	614.8	513.4
减:营业成本	417.6	342.2
销售费用	74.8	73.2
管理费用	38.8	37.4
财务费用	18.6	18.2
二、营业利润	65	42.4
三、利润总额	65	42.4
减:所得税	18.8	12.8
四、净利润	46.2	29.6

一、财务报表分析的意义和内容

所谓的财务报表分析是根据企业财务报表等信息资料,采用专门的科学方法,系统分析和评价企业的财务状况、经营成果以及未来发展趋势的过程。

财务报表分析可以判断企业的财务实力;可以评价和考核企业的经营业绩,揭示财务活动存在的问题;可以挖掘企业潜力,寻求提高企业经营管理水平和经济效益的途径;也可以评价企业的发展趋势,预测生产经营的前景和偿债能力。

虽然不同企业的经营状况、经营规模和经营特点有所不同,但财务分析的内容是差不多的。因为财务分析信息的需求者主要包括企业所有者、企业债权人、企业经营决策者和其他利益相关者等,不同主体出于不同的利益考虑,对财务分析信息有着各自不同的要求(图 9 - 1)。

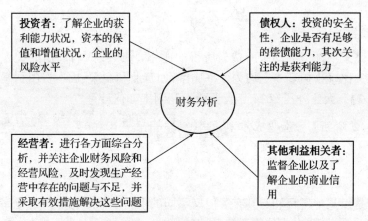

图 9 - 1　不同报表使用者的目的

综上所述,财务分析的内容可以概括为:偿债能力分析、营运能力分析、获利能力分析、发展能力分析和综合能力分析等五个方面。本书将主要围绕除发展能力以外的部分展开阐述。

二、财务分析的方法

如果把财务分析比作体检,那么财务分析的方法就好比是体检的手段,比如 CT、验血等项目(图 9 - 2)。

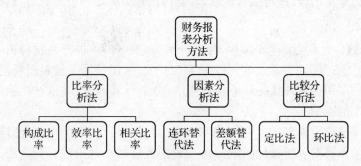

图 9 - 2　财务报表分析方法

(一)比率分析法

比率分析法是通过计算某些彼此相关联的项目比率指标来确定财务活动变动程度的分析方法。通常来说,财务比率分析的信息来源是企业的资产负债表和利润表。比率指标的类型包括构成比率、效率比率和相关比率。

1. 构成比率

构成比率又称结构比率,它是某项财务指标的各组成部分数值占总体数值的百分比,

主要反映部分与整体的关系。例如,资产负债率、资产构成比率等。其计算公式如下:

$$构成比率 = \frac{某个组成部分数额}{总体数额} \times 100\%$$

【任务 9-1】　大龙公司的 2010 年的流动资产构成比率是多少?

【任务 9-1 解析】　$流动资产构成比率 = \dfrac{流动资产}{总资产} \times 100\% = \dfrac{244.6 \text{ 万元}}{719.4 \text{ 万元}} \times 100\%$ $= 34\%$

2. 效率比率

效率比率是某项经济活动中所费与所得的比率,反映投入与产出的关系。一般而言,涉及利润的有关比率指标基本上均为效率比率,如营业利润率、成本费用利润率等。

【任务 9-2】　大龙公司 2010 年营业成本利润率如何计算?

【任务 9-2 解析】　$营业成本利润率 = \dfrac{营业利润}{营业成本} \times 100\% = \dfrac{65 \text{ 万元}}{417.6 \text{ 万元}} \times 100\% = 15.57\%$

3. 相关比率

相关比率是以某个项目和与其有关但又不同的项目加以对比所得的比率,反映有关经济活动的相互关系。例如,速动比率等。

采用比率分析法时应该注意以下几点:

(1) 对比项目的相关性。如果失去了相关性,则计算出的数据不具备分析的意义。

(2) 对比口径的一致性。一般来说,用来比较的比率,应该具有可比性。即应使用同一时点上的使用同一种会计方法计算出的数据。

(3) 衡量标准的科学性。比率分析揭示的信息只是提示报表使用者该关注哪个方面,而不是提供问题存在的结论。

(4) 综合使用的必要性。仅靠一个财务比率往往很难反映企业全面的财务状况,只有将某些相关的比率相结合,进行综合比较,才能得出较为客观和公正的财务状况。

(二) 因素分析法

【任务 9-3】　大龙公司生产零件,计划产量为 500 件,单位产品材料消耗量为 2.5 公斤,材料单价为 4.5 元;而该企业实际产量为 750 公斤,单位产品材料消耗量为 2 公斤,材料单价为 6 元。采用连环替代法和差额分析法,分别计算产量、单位材料消耗量和单价的变动对材料成本的影响。

因素分析法又称为因素替换法、连环替代法,它是依据分析指标与其影响因素的关系,从数量上确定各因素对分析指标影响方向和影响程度的一种方法。此方法的实质在于当分析某一因素变化时,假定其他因素不变,分别测定各个因素变化对分析指标的影响程度。

因素分析法具体有两种:一为连环替代法;二为差额分析法。

1. 连环替代法

设某一财务指标 N 是由相互联系的 A、B、C 三个因素组成,计划(标准)指标和实际指标的公式是:

$$计划(标准)指标 \quad N_0 = A_0 \times B_0 \times C_0$$
$$实际指标 \quad N_1 = A_1 \times B_1 \times C_1$$

则计划指标同实际指标之间的差异为($N_1-N_0=D$),可能同时是上列三因素变动的影响。在测定各个因素的变动对指标N的影响程度时可顺序计算如下:

计划(标准)指标 $N_0=A_0 \times B_0 \times C_0$ ①

第一次替代实际指标 $N_2=A_1 \times B_0 \times C_0$ ②

第二次替代实际指标 $N_3=A_1 \times B_1 \times C_0$ ③

第三次替代实际指标 $N_1=A_1 \times B_1 \times C_1$ ④

据此测定的结果:

②－① N_2-N_0············为A因素变动的影响

③－② N_3-N_2············为B因素变动的影响

④－③ N_1-N_3············为C因素变动的影响

那么,三因素影响合计为:

$$(N_2-N_0)+(N_3-N_2)+(N_1-N_3)=N_1-N_0$$

【任务 9-3-1 解析】 材料费用总额＝产量×单位产品材料消耗量×材料单价

计划指标:$500 \times 2.5 \times 4.5=5\ 625$(元)   ①

第一次替代:$750 \times 2.5 \times 4.5=8\ 437.5$(元)   ②

第二次替代:$750 \times 2 \times 4.5=6\ 750$(元)   ③

第三次替代:$750 \times 2 \times 6=9\ 000$(元)   ④

(实际指标)

②－①＝$8\ 437.5-5\ 625=2\ 812.5$(元)   产量增加的影响

③－②＝$6\ 750-8\ 437.5=-1\ 687.5$(元)   材料节约的影响

④－③＝$9\ 000-6\ 750=2\ 250$(元)   价格提高的影响

$2\ 812.5-1\ 687.5+2\ 250=3\ 375$(元)   全部因素的影响

2. 差额分析法

A因素变动的影响＝$(A_1-A_0) \times B_0 \times C_0$

B因素变动的影响＝$A_1 \times (B_1-B_0) \times C_0$

C因素变动的影响＝$A_1 \times B_1 \times (C_1-C_0)$

【任务 9-3-2 解析】 材料费用总额＝产量×单位产品材料消耗量×材料单价

(1)产量变化对材料成本的影响:$(750-500) \times 2.5 \times 4.5=2812.5$(元)

(2)单耗变化对材料成本的影响:$750 \times (2-2.5) \times 4.5=-1687.5$(元)

(3)单价变化对材料成本的影响:$750 \times 2 \times (6-4.5)=2250$(元)

(三) 比较分析法

【任务 9-4】 若大龙公司 2008 年资产总额为 500 万元,2009 年为 654 万元,2010 年为 719.4 万元,要求使用定比法和环比法分析大龙公司资产总额的变动情况。

比较分析法是通过将两期或连续数期财务报表中的相同指标相比较,确定其增减变动的方向、数额和幅度来说明企业财务状况和经营成果的变动趋势的一种财务分析方法。

比较分析法的具体运用主要有三种方式:一是重要财务指标的比较;二是财务报表的金额比较;三是财务报表项目构成的比较。

对不同时期的财务指标、金额比较和报表项目的构成比较都可以采用以下两种方法:

1. 定比法

是以某一时期的数额为固定的基期数额而计算出来的动态比率的方法。

【任务 9-4-1 解析】

项目	2008 年	2009 年	2010 年
资产总额(百分比)	100	130.8	143.88

2. 环比法

是以每一分析期的前期数额为基期数额而计算出来的动态比率的方法。

【任务 9-4-2 解析】

项目	2008 年	2009 年	2010 年
资产总额(百分比)	100	130.8	110

在使用比较分析方法进行财务分析时,应注意的事项:

(1)用于进行对比的各个时期的指标,在计算口径上必须一致;

(2)为了能够反映企业正常的经营状况,分析数据中应该去除偶发性项目的影响;

(3)应用例外原则,即对有着显著变动的指标作为重点分析对象,寻其原因,采取解决之道。

◆ 练习 9.1.1

【单项选择题】 在下列财务分析主体中,必须对企业营运能力、偿债能力、获利能力及发展能力的全部信息予以详尽了解和掌握的是(   )。

A. 短期投资者　　B. 企业债权人　　C. 企业经营者　　D. 金融机构

◆ 练习 9.1.2

【多项选择题】 采用比较分析法时,应注意的问题包括(   )。

A. 指标的计算口径必须一致　　　　B. 衡量标准的科学性

C. 剔除偶发性项目的影响　　　　　D. 运用例外原则

◆ 练习 9.1.3

【判断题】 财务分析中的效率指标,是某项财务活动中所费与所得之间的比率,反映投入与产出的关系。　　　　　　　　　　　　　　　　　　　　　　　　(   )

◆ 练习 9.1.4

【任务训练题】 在做报表分析时,各种分析方法的适用范围不同,如何选择最有效率的分析方法?

主题学习单元 9.2　财务指标分析

【任务 9-5】 根据大龙公司的资产负债表、利润表和行业部分平均值指标(表 9-3),

请对大龙公司进行相关基本财务指标的分析。

表 9-3　大龙公司部分财务指标概况

	比率	2010 年大龙公司财务指标	行业平均值	比较结果
偿债能力指标	流动比率	1.97	2.05	尚可
	速动比率	1.51	1.43	尚可
	资产负债率	45.67%	40.00%	尚可
	利息保障倍数	4.49	4.3	好
盈利能力指标	营业毛利率	32.08%	30%	好
	营业利润率	10.57%	11%	尚可
	每股收益(元)	1.105	0.9	好
	资产收益率	12.24%	8.50%	好
	市盈率	11.07	12.5	尚可
营运能力指标	存货周转率	7.1	6.6	好
	应收账款周转率	7.08	8.24	稍差
	总资产周转率	0.895	0.75	尚可

一、偿债能力

偿债能力是指企业偿付到期债务的能力,是反映企业财务状况的一项重要能力。企业有无支付现金的能力和偿还债务能力,是企业能否健康生存和发展的关键。因此,企业的偿债能力是实现企业财务目标的稳健保证,同时也是在于确保经营的稳定和投资(债务)的安全。对企业偿债能力进行分析,可以考察企业持续经营的能力和风险,有助于对企业未来收益进行预测,所以对于企业投资者、经营者和债权者都有着十分重要的作用。一般来说,偿债能力的分析通常分为短期偿债能力和长期偿债能力。

(一)短期偿债能力

短期偿债能力是指企业偿还流动负债(在一年内或者超过一年的一个营业周期内必须偿还的债务)的能力。它衡量了一个企业偿债方面的财务状况,即到期付款能力的大小。由于一个企业经济不振、濒临破产时其比率都会呈现下降的趋势,所以从短期偿债能力方面可以分析一个企业的现金流量情况和企业运转情况。短期偿债能力的主要指标是:流动比率和速动比率、现金比率。

1. 流动比率

流动比率是流动资产和流动负债的比率,是衡量一个企业短期偿债能力的指标,它表明企业每一元流动负债由多少流动资产作为偿还的保证。一般来说,流动比率越大,企业流动性越强,企业的短期偿债能力越强,则债权人的利益越有保证。

【任务 9-5-1 解析】　大龙公司的流动比率是多少?

$$流动比率 = \frac{流动资产}{流动负债} = \frac{2\ 446\ 000}{1\ 240\ 000} = 1.97$$

按照长期积累的实践经验,流动比率为2时比较适宜。它表明企业财务状况稳定可靠,除了满足日常生产经营的流动资金需要外,还有足够的资金偿付到期债务。另一方面,不同的企业以及同一企业不同时期的评价标准都不尽相同。比如,流动比率为1,在公共事业单位是可以接受的,而在生产企业却不可接受。因此,我们建议,流动比率的数值应由企业的性质决定。只有和同行业平均流动比率或者同企业历史的流动比率相比较,比较才具有可比性。在同行业的比较下,该公司为1.97的流动比率还是好过行业平均值的,该公司的经营情况较为理想,偿还短期债务的能力较强。

2. 速动比率

速动比率是指速动资产与流动负债的比率。所谓速动资产是指流动资产扣除存货之后的数额。速动比率与流动比率相似,它提供给债权人比流动比率更进一步的有关变现能力的财务信息,因此它也被称为酸性测试比率,说明每一元流动负债有多少元速动资产作保障。

之所以要将存货从流动资产中剔除的主要原因是:(1)在流动资产中,存货的流动性相对最差。而造成其流动性差的主要原因是有部分的存货采取的赊销方式进行销售的,因而从应收账款到现金需要一定的时间;再者部分的存货是半成品,不容易出售。(2)由于某种原因,部分存货可能已损失报废或是出现了盘亏现象但还没作处理。(3)可能出现存货已经抵押给债权人的情况。

【任务9-5-2解析】　大龙公司的速动比率是多少?

$$速动比率 = \frac{流动资产 - 存货}{流动负债} = \frac{1\,868\,000}{1\,240\,000} = 1.51$$

正常的速动比率为1,低于1的速动比率被认为是短期偿债能力偏低的。当然,这仅仅是一般看法,具体情况下可接受的数值应视企业所属行业而定。例如:采用大量现金销售的商店,应收账款数额几乎没有,因此,它所产生的速动比率将远远低于1,在这种情况下,它的速动比率是很正常的。

【活动题9-1】　虽然速动比率考虑了存货的流动性,但是速动比率仍然存在一定的局限性。速动比率的局限性有哪些?

(1)速动比率只揭示了速动资产和流动负债的关系。(2)速动资产中的各种预付款项和预付费用的变现能力也很差。(3)速动资产中包含了流动性较差的应收账款,影响了企业实际的偿债能力。账面上的应收账款不一定都能收回并转化为现金,应收账款中的坏账损失往往会大于估计值。

3. 现金比率

现金比率是指企业现金与流动负债的比率。

这里的现金不仅包括现金,还包括现金等价物及有价证券。现金比率是最保守的流动性比率,它显示企业立即偿还到期债务的能力。当企业已将应收账款和存货作为抵押品的情况下,或者分析者怀疑企业的应收账款和存货存在流动性问题时,以该指标评价企业短期偿债能力是最为适当的选择。

【任务9-5-3解析】　大龙公司的现金比率如何计算?

$$现金比率 = \frac{现金及现金等价物 + 有价证券}{流动负债} = \frac{726\,000 + 136\,000}{1\,240\,000} = 0.70$$

通常情况下,现金比率越高,资产的流动性越强,企业的偿债能力也越强。但是,现金比率并不是越高越好,如果数值过高,则说明企业拥有大量闲置资金,存在没有充分利用现金资源的问题,可能会使得企业的获利能力降低。

（二）长期偿债能力

长期偿债能力是指企业偿还长期债务的能力。一个企业的经营资金中或多或少都有通过借债筹得的。而长期的负债则更需要企业在长期经营中定期的偿付本金。负债越多,不能偿债而破产的风险也越大。涉及长期偿债能力指标分析的财务指标主要有:资产负债率、产权比率、利息保障倍数。

1.资产负债率

资产负债率也被称为举债经营比率,反映的是总资产中负债所占的比率。这个指标反映债权人所提供的资本占全部资本的比例。此比例越大,负债越大。因此它可以用来衡量企业利用债权人提供资金进行经营活动的能力。也可以衡量企业在清算时保护债权人利益的程度。

【任务9－5－4解析】　如何计算大龙公司的资产负债率?

$$资产负债率 = \frac{负债总额}{资产总额} \times 100\% = \frac{3\ 286\ 000}{7\ 194\ 000} \times 100\% = 45.67\%$$

一般来说,企业的资产总额应大于负债总额,资产负债率应小于1。如果企业的资产负债率较高,说明企业有较差的偿债能力和负债经营能力。比如,大龙公司的资产负债率为45.67%,即负债占总资产的45.67%,虽然高于行业平均值40%,但是尚未超过50%,如果大龙公司的盈利能力情况较强,利润水平可以覆盖利息水平,大龙公司可以利用负债的正向杠杆效应;否则公司过度地举债,可能会加重企业的偿债风险。

【活动题9－2】　资产负债率对于不同的报表使用者,呈现的分析结果是否有所区别?

从债权人的立场看,资产负债率表明贷给企业的款项的安全程度,也就是能否按期收回本金和利息。他们希望债务比例越低越好,因为在企业清算时,债务比例低,企业偿债有保证,债权人得到的保障就越大,贷款不会有太大的风险。

从投资人的角度看,由于企业通过举债筹措的资金与投资人提供的资金,在经营中发挥同样的作用。所以,在资产负债率较大的情况下,如果可以利用较少的自有资金投资,形成较多的生产经营用资产,不仅扩大了生产经营规模,而且在财务杠杆的作用下,还可以得到较多的利润。所以他们认为在全部资本利润率高于借款利息率时,负债比例越大越好。

从经营者的立场看,高资产负债率显得企业活力充沛,同时会给企业带来较高的杠杆收益,但如果举债过大,超出了债权人心理承受程度,则带来的财务风险也会随之增加;反之,如果企业不举债,或负债比例很小,说明企业畏缩不前,对前途信心不足,利用债权人资本进行经营活动的能力很差。因此经营者必须全面考虑,在利用资产负债率制定借入资本决策时,必须充分估计预期的利润和增加的风险,在二者之间找到一个恰当的平衡点,适合企业的发展。

2.产权比率

产权比率也称为资本负债率,是负债总额与所有者权益总额之间的比率。该项指标还反映由债权人提供的资本与投资人提供的资本的相对关系,反映企业基本财务结构是否稳定。

【任务 9-5-5 解析】 如何理解产权比率体现该公司的长期偿债能力？

$$产权比率=\frac{负债总额}{所有者权益总额}=\frac{3\,286\,000}{3\,908\,000}=0.84$$

大龙公司的产权比率为 0.84,即:所有者提供的资本大于借入资本,表明企业的长期偿债能力强,债权人权益的保障程度高,承担的风险并不大。

根据国家规定,债权人的索偿权在投资人前面。所以,相较资产负债率,产权比率可以更加直观的确定债权人在企业破产时的被保护程度。

从投资人角度来看,在通货膨胀加剧时期,企业多借债可以把损失和风险转嫁给债权人;在经济繁荣时期,多借债可以获得额外的利润;在经济萎缩时期,少借债可以减少利息负担和财务风险。产权比率高,是高风险、高报酬的财务结构;产权比率低,是低风险、低报酬的财务结构。

3. 利息保障倍数

利息保障倍数,又称已获利息倍数(或者叫做企业利息支付能力),是指企业生产经营所获得的息税前利润与利息费用的比率,即企业息税前利润与利息费用之比。倍数越大,说明企业支付利息费用的能力越强。

【任务 9-5-6 解析】 为何利息保障倍数可以衡量长期偿债能力？

$$利息保障倍数=\frac{利润总额+利息费用}{利息费用}=\frac{836\,000}{186\,000}=4.49$$

在公式中,"利息费用"是指本期发生的全部应付利息,不仅包括财务费用中的利息费用,还应包括计入固定资产成本的资本化利息。之所以将利息费用放入其中,即使用息税前利润来作为分子计算,就是考虑到利息是在税前支付的,企业的支付利息能力不会受到税收的影响。

既然利息保障倍数指标反映企业经营收益为所需支付的债务利息的多少倍,那么只要利息保障倍数足够大,企业就有充足的能力支付利息,反之相反。在此例中,大龙公司的利息保障倍数稍高于平均值的 4.3,因此说明大龙公司的利息支付的保障程度较好。

利息保障倍数的重点是衡量企业支付利息的能力,没有足够大的息税前利润,利息的支付就会发生困难。要维持正常偿债能力,利息保障倍数至少应大于 1,且比值越高,企业长期偿债能力越强。如果利息保障倍数过低,企业将面临亏损、偿债的安全性与稳定性下降的风险。

它既是企业举债经营的前提依据,也是衡量企业长期偿债能力大小的重要标志。所以此比率的稳定性就变得尤为重要,为了考察企业偿付利息能力的稳定性,一般应计算 5 年或 5 年以上的利息保障倍数,并应选择 5 年中最低的利息保障倍数值作为基本的利息偿付能力指标。

二、获利能力

顾名思义,获利能力就是指企业获取利润的能力。利润是投资者取得投资收益、债权人收取本息的资金来源,是经营者经营业绩和管理效能的集中表现。无论是企业的经营者、债权人,还是投资人都非常关心企业的获利能力,并重视对利润率及其变动趋势的分析与预测。因此,企业获利能力分析十分重要。

获利能力的大小又是一个相对的概念,这主要是因为获利能力的分析主要是借助于利润率的分析。而利润本身就具有一定的相对性。利润是相对于一定的资源投入、一定的收入而言的。由于企业不同性质,投入的资源不同,投入的资本也有所差异,不同企业的利润率之间存在着较大的差异。则对于其利润率的分析也就有所差异。在这里,我们将获利能力的分析转化为普遍性分析(一般企业的获利能力分析)和特殊分析(针对上市公司获利能力分析)。

（一）一般企业获利能力分析

1. 营业利润率

从广义上讲,营业利润率是企业利润与企业营业收入的比率。它反映企业营业收入转化为企业利润的水平。由于分子、分母理解不同,该指标经常有不同的表现形式,较为常见的并经常讨论的是营业毛利率和营业利润率。

（1）营业毛利率

营业毛利率是指营业毛利与营业收入净额之比。其中,营业收入净额是指营业收入减去销售退回、销售折扣、折让之后的差额。

【任务9-5-7解析】　则大龙公司的营业毛利率是多少?

$$营业毛利率=\frac{营业收入-营业成本}{营业收入净额}\times100\%=\frac{1\ 972\ 000}{6\ 148\ 000}\times100\%=32.1\%$$

营业毛利率反映了企业营业的初始获利能力,在大龙公司中,营业毛利率为32.1%,高于同行业的30%,说明其同等条件下,营业成本较低,并为可供开支的期间费用提供了更多的空间,说明该公司的获利能力较好。

（2）营业利润率

营业利润率是指企业的营业利润与营业收入净额的比率。

【任务9-5-8解析】　营业利润率与营业毛利率相比,有何区别?

$$营业利润率=\frac{营业利润}{营业收入净额}\times100\%=\frac{650\ 000}{6\ 148\ 000}\times100\%=10.57\%$$

与营业毛利率相比,营业利润率不仅考虑了营业成本,更重要的考虑了期间费用对利润的影响。此指标将会在杜邦分析法中进行运用。

2. 总资产收益率

总资产收益率即总资产报酬率,是反映企业资产综合利用效果的指标,也是衡量企业利用债权人和所有者权益总额所取得获利的重要指标。

【任务9-5-9解析】　总资产收益率如何体现企业的获利能力?

$$总资产收益率=\frac{利润总额+利息费用}{平均资产总额}\times100\%=\frac{836\ 000}{6\ 867\ 000}\times100\%=15.42\%$$

其中,资产平均总额为年初资产总额与年末资产总额的平均数。大龙公司的总资产利润率为15.24%,意味着每一元的资产可赚取0.15元的利润。所以,此项比率越高,表明资产利用的效益越好,企业获利能力越强。

3. 净资产收益率

净资产收益率也叫做权益净利率。它衡量的是企业一定时期内企业投资人的投资收益率。

【任务 9-5-10 解析】 大龙公司的净资产收益率。

$$净资产收益率 = \frac{净利润}{平均净资产} \times 100\% = \frac{462\,000}{3\,774\,000} \times 100\% = 12.24\%$$

一般来说,该数值也是越高越好,因为它表示企业的投资人可以获得利润的程度,它集中体现了投资和报酬的直接关系。即大龙公司的投资者每投资一元,就能产生 0.12 元的收益回报。因此,由净资产收益率引入关于上市公司的一系列的特殊财务指标。

4. 总资产净利率

与净资产收益率紧密相连的一个指标,运用在杜邦分析法中。

【任务 9-5-11 解析】 $总资产净利率 = \dfrac{净利润}{平均资产总额} \times 100\% = \dfrac{462\,000}{6\,867\,000} \times 100\%$
$= 6.72\%$

(二)上市公司主要财务指标分析

1. 每股收益

每股收益是用来衡量企业普通股股票的获利情况,是综合反映上市公司获利能力的重要指标,并且可以用于不同行业、不同规模的上市公司之间的比较,所以它的使用率相当高。

在分析每股收益时,有基本每股收益(原始每股收益)和稀释每股收益,这主要取决于企业的资本结构情况。

【任务 9-5-12 解析】 大龙公司 2010 年无新增股份发行,也无股份回购,每股面值 1元,优先股股利为 2 万元,计算大龙公司的基本每股收益。

$$基本每股收益 = \frac{普通股股东收益}{平均普通股股数} = \frac{462\,000 - 20\,000}{400\,000} = 1.105$$

分子中普通股股东收益,是指可用于分配给普通股东的净利润。可用于分配给普通股东的净利润则是用公司的净利润减去优先股股利后的利润。

大龙公司的基本每股收益高于行业平均值(0.9 元),说明该公司获利能力好,股利分配来源较充足,资产增值能力较强,公司股票价格上升的可能性较大。

【活动题 9-3】 假设大龙公司某年实现净收益为 120 000 元,优先股股利为 20 000 元,该年年初流通在外的普通股有 20 000 股,并分别于 7 月 1 日和 9 月 1 日新增发行普通股4 000 股和 3 000 股,那么,该公司当年普通股每股收益为:

流通在外的普通股的加权平均数即为

20 000 + 4 000 × 6/12 + 3 000 × 4/12 = 23 000(股)

每股收益 = (120 000 − 20 000) / 23 000 = 4.35(元)

知识拓展9.1

稀释每股收益

以上的讨论的资本结构中,除普通股之外,只有一般的优先股,没有其他更多的股东权益内容。而在有些企业,资本结构相对要"复杂"些,即在普通股和一般优先股之外,还包括:可转换债券、可转换优先股、股份期权、股票选购权、认股权证。以上这些资本形式都是潜在普通股,因此可能增加流通在外的普通股股数。因此,这些证券的存在,就意味着导致普通股每股收益的稀释,应当计算稀释每股收益。

①可转换公司债券。对于可转换公司债券,计算稀释每股收益时,分子的调整项目为可转换公司债券当期已确认为费用的利息等的税后影响额;分母的调整项目为增加的潜在普通股数,即为假定可转换公司债券当期期初或发行日转换为普通股的股数加权平均数。

②认股权证和股份期权。认股权证和股份期权只需对分母进行调整。则分母的调整项目为增加的普通股股数,同时还应考虑时间权数。本任务中,大龙公司 2010 年度归属于普通股股东的净利润为 44.2 万元,发行在外普通股加权平均数为 400 000 股,该普通股平均市场价格为 2.5 元。年初,该公司对外发行 30 000 份认股权证,行权日为该年年末,每份认股权证可以在行权日以 2 元的价格认购本公司 1 股新发的股份。问大龙公司 2010 年基本每股收益和稀释每股收益分别是多少?我们可得基本每股收益=442 000÷400 000=1.105(元);增加的普通股股数=30 000−30 000×2÷2.5=6 000(股);稀释的每股收益=442 000÷(400 000+6 000)=1.089(元),从计算的结果看,认股权证行权后,导致股份增加,每股收益从 1.105 元/股降到 1.089 元/股。

2. 每股股利

每股收益是表示每股普通股所能获得收益的指标。然而,各企业的获利能力有所不同,且利润往往不会全部用于派发股利,再加上各企业派发股利的政策也不尽相同。所以,对于投资者来讲,每股股利的分析就与他们的切身利益相关。

每股股利是企业股利总额与企业流通股数的比值。股利总额是用于对普通股分配现金股利的总额,流通股数是企业发行在外的普通股股份平均数。

【任务 9 - 5 - 13 解析】 大龙公司 2010 年发放普通股股利 6 万元,年末发行在外的普通股股数为 40 万股,则大龙公司的每股股利是多少?

$$每股股利 = \frac{股利总额}{普通股股数} = \frac{60\ 000}{40\ 000} = 0.15(元)$$

每股股利反映的是上市公司普通股股东获取股利的多少。每股股利越大,则普通股股东获利能力就越强;反之,亦然。

3. 市盈率

市盈率是普通股每股市价与每股收益的比率。市盈率通常用来衡量投资者对企业股票价值的评估,反映了企业的投资者对企业未来运转经营的信任度。

【任务 9 - 5 - 14 解析】 假设 2010 年大龙公司的股票价格为 12.23 元,则大龙公司的市盈率是多少?

$$市盈率 = \frac{普通股每股市价}{普通股每股收益} = \frac{12.23}{1.105} = 11.07$$

一方面,市盈率越高,意味着企业未来成长的潜力越大,发展前景良好,投资者对该股票的评价越高,反之,投资者对该股票评价越低。同时,另一方面,市盈率越高,说明投资于该股票的风险越大,市盈率越低,说明投资于该股票的风险越小。

因此,市盈率是一把双刃剑,在分析次数据时,不能一味地认为数值越大越好。企业正常的市盈率应维持在 10~20。

应当注意的是,在某些特殊情况下该比率的计算要重新考虑。该比率分析时应该排除一次性项目的影响。并且,当企业的资产利润率非常低时,或者公司发生亏损时,此比率的计算也失去意义。

三、营运能力

营运能力是指一个企业各类资产出售或变现效率的指标。它表明企业管理人员对其有限的资源进行配置及利用的能力,具体包括经营管理、运用资金的能力、企业生产经营资金周转等方面的能力。如果上述几方面的周转速度越快,表明企业资金利用的效率越高,企业管理人员的经营能力越强。

营运能力分析包括流动资产周转情况分析、固定资产周转情况分析和总资产周转情况分析。

(一) 流动资产周转情况分析

1. 存货周转率

存货周转率是一定时期内企业销货成本与存货平均余额间的比率。它是反映企业销售能力和流动资产流动性的一个指标,也是衡量企业生产经营各个环节中存货运营效率的一个综合性指标。存货周转率通常由存货周转次数和存货周转天数两个指标表示。

【任务 9-5-15 解析】 大龙公司的存货周转率如何计算?

$$存货周转次数 = \frac{销售成本}{存货平均余额} = \frac{417.6}{58.9} = 7.1(次)$$

$$存货周转天数 = \frac{360 天}{存货周转次数} = \frac{360}{7.1} \approx 51(天)$$

该公司的存货周转率高于行业平均值的 6.6,说明该公司的销售能力强,存货的管理水平也高于行业标准,公司的营运能力强。产品的销售成本是与产品的销售数量成正比,因为企业要扩大产品销售数量,就必须在原材料购进、生产成本的投入、产品的销售甚至现金的收回等方面付出更多的成本。所以,一般情况下,如果企业的销货成本数额增多,那么产品销售的数量也在增长,企业的销售能力越强。

存货周转率不仅可以反映企业的销售能力,而且能用以衡量企业生产经营中管理存货的工作水平。存货是流动资产中最重要的组成部分,往往达到流动资产总额的一半以上。它的质量和流动性对企业的流动比率具有举足轻重的影响也直接影响企业的短期偿债能力。因此,存货的管理要求既不能储存过少,造成生产中断或销售紧张,又不能储存过多形成积压。

2. 应收账款周转率

应收账款周转率是反映应收账款周转速度的指标,它同样由应收账款周转次数和应收账款周转天数两个指标表示。

【任务 9-5-16 解析】 大龙公司的应收账款的周转次数和天数分别是多少?

$$应收账款周转次数 = \frac{销售收入净额}{应收账款平均余额} = \frac{614.8}{86.8} = 7.08$$

$$应收账款周转天数 = \frac{360 天}{应收账款周转次数} = \frac{360}{7.08} \approx 51(天)$$

而在该任务中,大龙公司的应收账款周转率低于行业平均水平的8.24,说明该公司在一定时期内应收账款周转的次数较少,表明应收账款回收速度较慢,占用的应收账款的时间较长,企业管理工作的效率不高。这样的周转能力可能会影响该公司收回货款和现金的速度,增加发生坏账损失的可能性。更重要的是应收账款作为另一项影响流动资产流动性的资产,它也会影响企业资产的流动性和短期偿债能力。

 知识拓展 9.2

计算基数

为方便计算,我国一般使用 360 天为计算基数,这点与美国用 365 天作计算基数有所差异。另外,存货和应收账款的分母,我国都是使用年初与年末的平均数,而在美国用的是本期数。

(二)固定资产周转率

这是指企业年营业收入净额与固定资产平均占用额的比率。它是反映企业固定资产周转情况,从而衡量固定资产利用效率的一项指标。

【任务 9－5－17 解析】 接上述任务,计算大龙公司的固定资产周转率。

$$固定资产周转率=\frac{营业收入净额}{固定资产平均占用额}=\frac{614.8}{464}=1.325$$

固定资产周转率高,表明企业固定资产利用充分,固定资产结构合理,企业固定资产投资得当能够充分发挥效率;反之,亦然。

在使用固定资产周转率时,需要考虑固定资产净值因计提折旧而逐年减少或因更新购置而突然增加的影响。另外,在不同企业进行分析比较时,还要考虑采用不同会计处理方法对固定资产的折旧影响等。

(三)总资产周转情况的分析

总资产周转率是企业营业收入净额与资产总额的比率。

【任务 9－5－18 解析】 大龙公司的总资产周转率?

$$总资产周转率=\frac{营业收入净额}{平均资产总额}=\frac{614.8}{686.7}=0.895$$

这一比率可用来分析公司使用全部资产的效率。在大龙公司中,数值高于行业平均值,说明大龙公司利用全部资产进行经营的效率较好,不会影响大龙公司的获利能力。当然也要综合考虑大龙公司的资产结构。

表 9－4　要点速记

财务指标			用途
偿债能力	短期偿债能力	流动比率、速动比率、现金比率	1 年内企业还债的能力,现金流量情况和企业运转情况
	长期偿债能力	利息保障倍数、产权比率、资产负债率	1 年以后企业还债的能力
获利能力	生产经营获利能力	销售利润率	企业的生产经营活动赚钱能力的高低
	所有者投资获利能力	市盈率、净资产收益率、每股收益、每股股利、每股净资产	企业的所有者获取利润的程度
	资产获利能力	总资产收益率	企业的资产能给企业带来的收益情况

	财务指标		用途
营运能力	流动资产周转能力	存货周转率、应收账款周转率	企业运用流动资产的效率如何
	固定资产周转能力	固定资产周转率	企业运用固定资产的能力强弱
	总资产周转能力	总资产周转率	企业利用总资产运转的效率高低

 知识拓展 9.3

标杆管理

在本学习单元中,所有的比率都是与同行业的平均水平相比较的。在美国,这种同业比较的分析方法,又叫基准比率分析法或标杆管理。通过此种方法,企业很容易了解其在本行业所处的位置。

然而这种比较只是一种手段,却不是最终目的。因为这些行业的平均值作为一个标杆,并不是所有的企业都应努力保持的最佳水平,比较的结果并不能说明比率为何过低或是过高,而是要通过比较找出偏离行业平均值的原因,分析企业内部资产、负债所包括的内容以及经营上的因素。

练习 9.2.1

【单项选择题】 某上市公司 2010 年度归属于普通股股东的净利润为 25 000 万元。2009 年末的股本为 10 000 万股,2010 年 3 月 1 日新发行 6 000 万股,2010 年 12 月 1 日,回购 1 000 万股,则该上市公司 2010 年基本每股收益为(   )元。

A. 1.65   B. 1.66

C. 1.67   D. 1.68

练习 9.2.2

【单项选择题】 下列关于市盈率指标的说法,正确的是(   )。

A. 一般情况下,市盈率越高,说明企业未来的成长潜力越大

B. 每股收益越低,市盈率越高

C. 当市场利率降低时,市场平均市盈率会随之降低

D. 甲公司市盈率高于乙公司,说明投资甲公司不具有投资价值

练习 9.2.3

【单项选择题】 下列各项展开式中不等于每股收益的是(   )。

A. 股东权益收益率×平均每股净资产

B. 总资产收益率×平均每股净资产

C. 总资产收益率×权益乘数×平均每股净资产

D. 主营业务收入净利率×总资产周转率×权益乘数×平均每股净资产

练习 9.2.4

【多项选择题】 下列各项中,与净资产收益率密切相关的有(   )

A. 销售毛利率   B. 总资产周转率

C. 总资产增长率   D. 权益乘数

◆ **练习 9.2.5**

【判断题】 假设每股收益大,则每股股利也越大,从而股利发放率就越大,反映了公司股利发放比较多的现实。 （ ）

◆ **练习 9.2.6**

【任务训练题】 不同报表使用者,着重研究的三大能力也有所不同,投资者和债权人会着重研究哪方面的企业能力?

主题学习单元 9.3 杜邦分析法和沃尔评分法

在 2007 年年初,玛丽(Caldwell 制造公司的主要财务分析师)收集了一些该企业 2006 年期间的财务数据,计算出了许多财务比率及行业平均水平,她特别关注企业存货周转率,因为此指标反映了一个完整的销售过程的快慢,即企业存货从原材料经过生产到产成品,然后出售给顾客的这个过程。一般来说,数值越大越好。该企业 2006 年度的存货周转率即行业平均水平如表 9-5 所示:

表 9-5 2006 年存货周转率

Caldwell 制造公司	14.8
行业平均水平	9.7

玛丽对此数据的第一感觉是比较满意,因为它高出行业平均水平许多,几乎高出行业平均水平 53%。可是又一分析,她意识到高存货周转率意味着低存货量,存货量不足就不能供应生产。后来和企业其他人员和市场部门一起讨论研究,发现确实存在这样一个问题。本年度存货偏低,导致产品产量偏低,市场上供不应求,订单丢失。最初分析结果是企业有一套良好的存货管理系统,实际上却存在一个严重的问题。

(资料来源:劳伦斯.J.吉特曼.财务管理原理.北京:中国人民大学出版社,2009,11)

单一的财务指标分析往往很难看透事物的本质,局部不能代替整体,某项指标的好坏不能说明整个企业经济效益的高低。因此财务报表的综合分析显得尤为必要。

【任务 9-6】 利用大龙公司的财务报表和计算出的相关财务比率,使用杜邦分析法对大龙公司 2010 年的财务状况进行综合分析。

财务综合分析,是以企业的财务报表和其他财务分析资料为依据,在对财务分析指标综合考核的基础上,对企业财务状况和经营成果情况进行的总结、考核和评价。其意义在于能够全面、正确地评价企业的财务状况和经营成果。企业综合分析方法有很多,主要有杜邦分析法和沃尔评分法等。

一、杜邦分析法

杜邦分析法,又称杜邦财务分析体系,简称杜邦体系,是利用各主要财务比率指标间的内在联系,对企业财务状况及经济效益进行综合系统分析评价的方法。因最初由美国杜邦公司的经理创造而得名。

该体系是以净资产收益率为起点,以总资产净利率和权益乘数为核心,层层分解至企业最基本的成本与费用的构成,重点揭示企业获利能力及权益乘数对净资产收益率的影响,以及各相关指标间的相互影响作用关系。

杜邦分析法将净资产收益率(权益净利率)分解如下:

$$净资产收益率(权益净利率)=总资产净利率×权益乘数$$

其中:

$$总资产净利率=营业净利率×总资产周转率=\frac{净利润}{营业收入}×\frac{营业收入}{平均总资产}$$

将公式代入后得出:

$$\frac{净利润}{所有者权益}=\frac{净利润}{资产总额}×\frac{资产总额}{所有者权益}$$

【任务 9-6-1 解析】

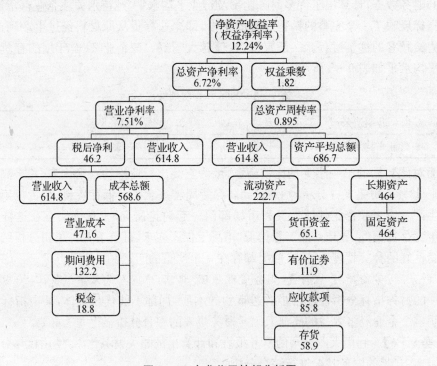

图 9-3　大龙公司杜邦分析图

(一)对净资产收益率的分析

净资产收益率 ＝ 权益乘数 × 总资产净利率

$12.24\%＝1.82×6.72\%$

净资产收益率是杜邦分析法的起点。通过分解可以明显地看出,该企业权益净利率的变动在于资本结构(权益乘数)变动和资产利用效果(资产净利率)变动两方面共同作用的结果。而该企业的权益乘数较低,结合分析资产负债率的结果,说明大龙公司的资本中,负债资本远低于股东权益。

（二）对总资产净利率的分析

$$总资产净利率＝营业净利率×总资产周转率$$
$$6.72\%＝7.51\%×0.895$$

通过分解可以看出该企业的销售利润率很高。另一方面总资产周转率受到营业收入和资产规模的影响。一般来说，企业的销售能力越强，资产使用的效率也就越高。而资产的规模不仅和企业的所在行业有关，还和企业资产的构成情况有关。资产的构成也会直接影响到企业资产的营运状况。大龙公司中、长期资产的占有量达到了全部资产的约2/3，对于企业来说，资产的使用效率相对会差一些。不过在大龙公司所处行业本身来说，它的指标还是不错的。

（三）对权益乘数的分析

$$权益乘数＝\frac{资产总额}{权益总额}＝\frac{1}{1-资产负债率}$$

2010 年　$1.82＝\dfrac{6\,867\,000}{3\,774\,000}$

权益乘数和资产负债率一样，都可以反映一个企业的负债程度。权益乘数越小，企业负债程度越低，偿还债务能力越强，财务风险程度越低。这个指标同时也反映了财务杠杆对利润水平的影响。

【活动题 9 - 4】　如果权益乘数为 3,则资产负债率为多少？

$$资产负债率＝1-\frac{1}{权益乘数}×100\%＝1-33.3\%＝66.7\%$$

（四）对营业净利率的分析

$$营业净利率＝\frac{净利润}{营业收入}$$

2010 年　7.51\% ＝462 000÷6 148 000

和 2009 年相比,大龙公司 2010 年大幅提高了营业收入,约为 19.75%,同时净利润的提高幅度要比营业收入还要大,达到了 56.08%,分析其原因是成本费用增长的幅度较小,使得 2010 年的营业净利率由 2009 年的 5.77% 大幅提高到 7.51%。

（五）对全部成本的分析

$$全部成本＝营业成本＋期间费用＋税金$$
2010 年　5 686 000＝4 176 000＋1 322 000＋188 000

2010 年大龙公司的营业成本和税金上升较多,分别达到了 22.03% 和 46.88%,而期间费用的增长基本维持在 4% 以内。说明该公司在控制固定成本方面,做得较为出色,经营杠杆较为成功,这也使得大龙公司的营业获利的能力升高。虽然成本上升的比例较之营业收入的上升(19.75%)比例要大些,但是由于营业收入的基数要大些,所以净利润的上升比例达到 56.08%。

（六）结论

对于大龙公司,首先要调整资产的构成结构,争取提高资产的利用效率,提高总资产周转率。其次,在保持一定期间费用的同时,要适当控制营业成本的上升,从而进一步提高总资产净利率。

二、沃尔评分法

沃尔评分法是由企业财务综合分析的先驱者之一亚历山大·沃尔在 20 世纪初出版的《信用晴雨表研究》和《财务报表比率分析》等著作中提出的财务分析方法。所谓沃尔评分法是一种信用能力指数,用线性关系将沃尔挑选了七种财务比率指标相结合。具体操作时,在总和为 100 分的范围内,分别给定了这几大指标在总评价中所占的比重,并根据确定的标准比率,与实际比率相比较,评出每项指标的得分,最后求出总评分来评价企业的信用水平。

沃尔评分法的局限性:未能证明选择这七个指标的理由。为何是这七个,不是更多些或更少些,或者选择其他财务比率;未能证明每个指标所占比重的合理性;当某一个指标严重异常时,会对综合指数产生不合逻辑的重大影响。这个缺陷是由相对比率与比重相"乘"而引起的。财务比率提高一倍,其综合指数增加 100%;而财务比率缩小一倍,其综合指数只减少 50%。

现代社会与沃尔的时代相比,已有很大变化。同时,由于沃尔评分法的一些局限性,现代沃尔评分法在此基础上做了一些调整。一般认为企业财务评价的内容首先是获利能力,其次是偿债能力,再次是成长能力,它们之间大致可按 5∶3∶2 的比重来分配。获利能力的主要指标是总资产报酬率、营业净利率和净资产收益率,这三个指标可按 2∶2∶1 的比重来安排。偿债能力有四个常用指标,成长能力有三个常用指标,总分仍以 100 分计。

◆ **练习 9.3.1**

【单项选择题】 在上市公司杜邦财务分析体系中,最具有综合性的财务指标是( )。

A. 市盈率　　　　B. 总资产净利率　　C. 净资产收益率　　D. 总资产周转率

◆ **练习 9.3.2**

【单项选择题】 某企业 2008 年和 2009 年的营业净利率分别为 7% 和 8%,资产周转率分别为 1 和 1.5,两年的资产负债率相同,与 2008 年相比,2009 年的净资产收益率变动趋势为( )。

A. 上升　　　　　B. 下降　　　　　C. 不变　　　　　D. 无法确定

◆ **练习 9.3.3**

【任务训练题】 已知某公司 2009 年会计报表的有关资料如下:

资产金额单位:万元

资产负债表项目	年初数	年末数
资产	4 000	5 000
负债	2 250	3 000
所有者权益	1 750	2 000
利润表项目	上年数	本年数
营业收入净额	(略)	10 000
净利润	(略)	250

要求:(1)计算杜邦财务分析体系中的下列指标(凡计算指标涉及资产负债表项目数据的,均按平均数计算):

① 净资产收益率;

② 总资产净利率(保留三位小数);

③ 主营业务净利率;

④ 总资产周转率(保留三位小数);

⑤ 权益乘数。

(2)用文字列出净资产收益率与上述其他各项指标之间的关系式,并用本题数据加以验证。

◆ **练习9.3.4**

【任务训练题】 杜邦分析图是如何结合资产负债表和利润表进行财务分析的?

本学习单元主要框架图

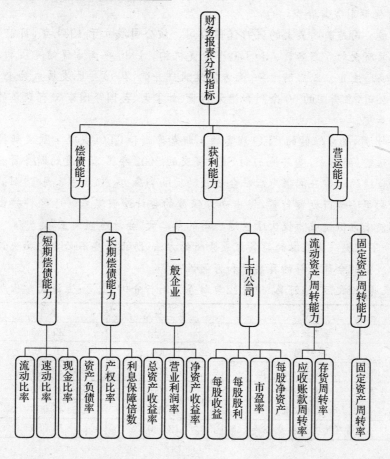

本学习单元关键术语中英文对照

1.	流动性资产	Liquid Asset
2.	流动比率	Current Ratio
3.	速动或酸性测试比率	Quick/ Acid Test Ratio
4.	存货周转率	Inventory Turnover Ratio
5.	应收账款回收天数	Days Sales Outstanding, DSO
6.	固定资产周转率	Fixed Assets Turnover Ratio
7.	总资产周转率	Total Assets Turnover Ratio
8.	资产负债率	Asset Debt Ratio
9.	利息保障倍数比率	Times-Interest-Earned（TIE）Ratio
10.	获利能力比率	Profitability Ratio
11.	销售利润率	Profit Margin On Sales
12.	总资产收益率	Return On total Assets, ROA
13.	普通股股权收益率	Return On Common Equity, ROE
14.	市盈率	Price/Earning(P/E) Ratio
15.	杜邦分析体系等式（杜邦等式）	Du Pont Equation

本学习单元案例讨论

1. 南方保健财务舞弊案

南方保健公司是美国最大的医疗保健公司。该公司成立于 1984 年,目前在美国和其他一些国家共有大约 5 万名员工和 170 个分支机构。1986 年南方保健完成新股发行并在纽约股票交易所上市。以后的十年,南方保健疯狂并购,2002 年已发展成为全美最大的私立保健医疗公司,在美国的 50 个州和澳大利亚、加拿大、英国等国家又有众多的诊所、外科术中心和疗养院。

2002 年 8 月,南方保健的 CEO 理查德·斯克鲁西和 CFO 威廉·欧文斯按照《萨班斯—奥克斯利法案》的要求,宣誓他们向 SEC 提交的 2002 年第二季度的财务资料真实可靠。慑于安然和世通的造假丑闻曝光后社会公众的反响和压力,2003 年 3 月 18 日,不堪重负的欧文斯终于向司法部门投案自首,供出南方保健的会计造假黑幕。已经抖搂出的 25 亿美元虚假利润使南方保健成为仅次于世通公司的第二大"会计造假大王"。

问题:除了掌握一些基本的财务报表分析的方法,防止受些不必要的损失,还有哪些措施可以保障我们的会计资料的真实性和可靠性?

（资料来源:徐文丽,陈可喜.中外经典财务案例与分析.上海:上海大学出版社,2009）

数据	上年	本年
营业收入	10 000	30 000
净利润	1 000	1 200
流动资产	7 500	30 000
固定资产	5 000	30 000
所有者权益	10 000	15 000
负债及所有者权益合计	12 500	60 000

2. F公司经营多种产品，最近两年的财务报表有关数据如下（单位：万元），资产负债表数据为年末数。

要求：进行以下计算、分析和判断（提示：为了简化计算和分析，计算各种财务比率时需要的时点指标如资产、所有者权益等，均使用期末数；一年按360天计算）：（1）净利润变动分析：该公司本年净利润比上年增加了多少？按顺序计算确定所有者权益变动和净资产收益率变动对净利润的影响数额（金额）。（2）净资产收益率变动分析：确定净资产收益率变动的差额，按顺序计算确定总资产净利率和权益乘数变动对净资产收益率的影响数额（百分点）。（3）总资产净利率变动分析：确定总资产净利率变动的差额，按顺序计算确定总资产周转次数和营业净利率变动对总资产净利率的影响数额（百分点）。（4）总资产周转天数分析：确定总资产周转天数变动的差额，按顺序计算确定固定资产周转天数和流动资产周转天数变动对总资产周转天数的影响数额（天数）。

本学习单元讨论题

1. 有人认为，财务报表分析只是会计专业才需要掌握的，其他金融专业不需要学习。对吗？为什么？

2. 假如你去一家审计事务所实习，期间你的实习主管要考察你报表知识，请你列举和分析总资产周转率相关的账户名称。

本学习单元技能实训

一、实训目的

为了从实务出发更好地了解财务报表的编报和分析过程，并在此过程中启发团队精神和实际操作能力。

二、实训要求

（1）以小组为单位完成整个实训过程，人数控制在3～4人。培养相互协作的团队精神，并要求填报个人在小组中的贡献份额。

（2）将整个过程完整记录，并撰写实训报告，主要是实训内容的记录和分析过程。

三、实训内容

（1）利用Google、百度、Sogou等搜索引擎，在互联网上随机搜索一家企业或公司作为研究对象，将其年报的有关数据加以记录，报表数据至少要有两年。

（2）将年报的数据下载后，使用Excel编制资产负债表和利润表。

（3）编制完成后，对这两张报表的主要财务指标进行趋势分析。然后，根据合理的假设，对该企业下一年度的财务状况进行数据上的预测。

（4）利用杜邦分析法对编制的两张报表进行企业的综合分析及评价。

四、评分标准

评分项目	比重	评分标准
课堂参与	25％	我们将在整个过程中记录你的参与度。参与分取决于你通过考勤、提问和回答问题的情况
任务训练	15％	我们分别在主题学习单元后面设计了 3 个任务训练,每个占 5％
案例及讨论题	40％	此部分主要针对学习单元后面的案例和讨论题,每个占 10％
小组分析报告与讨论	20％	此部分主要针对技能训练部分,你加入一个学习小组分析一个企业的公司财务的案例。根据在团队中的参与程度,给予相应的贡献分值
本单元总分	100％	(小组互评分数＋教师评分分数)×70％＋个人成绩分数×30％
总成绩比重	5％	

参考答案

学习单元一 财务管理的认知

练习 1.1.1

【答案】 D

【解析】 甲公司和乙公司、丙公司是债权债务关系,和丁公司是投资与受资的关系,和戊公司是债务债权关系。

练习 1.1.2

【答案】 D

【解析】 企业财务是指企业在生产经营活动过程中客观存在的资金运动及其所体现的经济利益关系。

练习 1.1.3 略

练习 1.2.1

【答案】 B

【解析】 本题主要考核的是财务管理目标的基本知识。企业价值最大化目标的缺点是过于理论化,难以操作;对于非上市公司,只有对企业进行专门的评估才能确定其价值。因此将企业价值最大化作为财务管理目标存在的问题是不利于量化考核和评价。所以选 B。

练习 1.2.2

【答案】 BCD

【解析】 利润最大化目标可能导致企业短期财务决策倾向,而且没有考虑风险因素,其他三个目标都能不同程度地避免企业短期行为,并考虑了风险因素。

练习 1.2.3

【答案】 A

【解析】 本题主要考核的是所有者与经营者利益冲突的协调。协调所有者与经营者的矛盾通常可采取以下方式解决:(1)解聘;(2)接收;(3)激励。选项 B、C 属于解聘方式;选项 D 属于激励方式。

练习 1.2.4 略

练习 1.3.1

【答案】 D

【解析】 本题主要考核的是为了减轻通货膨胀对企业造成的不利影响,企业应当采取措施予以防范。在通货膨胀初期,货币面临着贬值的风险,这时企业进行长期投资可以避免风险,实现资本保值,因此选项 A 是正确的;与客户应签订长期购货合同,以减少物价上涨造成的损失,因此选项 B 是正确的;取得长期借款,保持资本成本的稳定,因此选项 C 是正确的。而选项 D 签订长期销货合同,在通货膨胀时期会减少企业的收入,所以不利于应对通货膨胀风险,所以 D 选项错误。

练习 1.3.2

【答案】 ABCD

【解析】 本题的主要考核点是影响无风险报酬率的因素。通常以国库券的收益率作为无风险报酬(收益)率,国库券的收益率等于纯粹利率和预期通货膨胀附加率之和。其中,纯粹利率是指无通货膨胀、无风险情况下的平均利率,它的高低受平均资金利润率、资金供求关系、国家调节等因素的影响,故 ABC 和 D 选项均正确,但不少学生漏选了选项 D。

练习 1.3.3

【答案】 √

【解析】 此题主要考核知识点经济周期中的财务管理战略。在经济衰退期,公司一般应当停止扩张、出售多余设备、停产不利产品、停止长期采购、削减存货、停止扩招雇员。因此本题的说法是正确的。

学习单元二　风险与报酬的认知和衡量

练习 2.1.1

【答案】 D

【解析】 绝对形式(通常以金额表示):资产的收益额＝利息、红利或股息收益＋资本利得 ＝1.2＋30－21＝10.2(元);股息收益率＝股息收益/期初资产价值(格)＝$\frac{1.2}{21}$×100％＝5.71％;

资本利得＝30－21＝9(元);股票收益率＝利(股)息收益/期初资产价值(格)＋资本利得/期初资产价值(格)＝$\frac{10.2}{21}$×100％＝48.57％.

练习 2.1.2

【答案】 B

【解析】 投资者对于某项资产合理要求的最低收益率是必要收益率.

练习 2.1.3

【答案】 12.5％

【解析】 投资期望报酬率 $E(R)=\sum_{i=1}^{n}R_i \times P_i$＝15％×0.35＋25％×0.25＋40％×0.1＋(－10％)×0.3＝12.5％

练习 2.2.1

【答案】 B

【解析】 甲方案的标准离差率为 300/1 000＝0.3,净现值为 1 000 万元;乙方案的标准离差率为 330/1 200＝0.275,净现值为 1 200 万元;显然,方案风险小,收益较优于乙方案.

练习 2.2.2

【答案】 B

【解析】 当预期收益率相同时,风险追求者选择风险大的资产

练习 2.2.3

【答案】 期望值 11％,方差＝0.236％,标准差 4.86％,标准离差率＝46.33％

【解析】 $E(R)=\sum_{i=1}^{n}R_i \times P_i$＝20％×0.2＋10％×0.6 ＋5％×0.2＝11％

$$方差＝0.24\%$$
$$标准差＝4.9\%$$
$$标准离差率＝\frac{4.9\%}{11\%}＝44.55\%$$

练习 2.3.1

【答案】 C

【解析】 风险收益率可以表述为风险价值系数(b)与标准离差率(V)的乘积,即风险收益率＝$b×V$＝$0.2×(10\%/20\%)＝10\%$;必要收益率＝无风险收益率＋风险收益率＝纯粹利率＋通货膨胀补贴＋风险收益率＝17%

练习 2.3.2

【答案】 BD

【解析】 根据资本资产定价模型 $R＝R_f＋\beta(R_m－R_f)$,如果市场风险溢酬提高,则所有的资产的风险收益率都会提高,并且提高的数值不相同。因为各资产的 β 系数不一样,故 A 错;对风险的平均容忍程度越低,市场风险溢酬越小。故 C 错。

练习 2.3.2

【答案】 不一定。

【解析】 这要看投资者的风险态度。如果是风险偏好者可能会追求风险大的项目。

学习单元三　资金时间价值及证券评价

练习 3.1.1

【答案】 C

【解析】 $2\ 000×(F/P,8\%,5)＝2\ 000×1.469\ 3＝2\ 938.6$

练习 3.1.2

【答案】 ×

【解析】 如果通货膨胀率很低,国库券利率可以代表资金时间价值。

练习 3.1.3

【解析】 选复利计息的投资方式可获得更高的投资回报。

练习 3.2.1

【答案】 A

【解析】 $1\ 000×(F/A,9\%,5)＝1\ 000×5.984\ 7≈5\ 985$

练习 3.2.2

【答案】 A

【解析】 $F_甲＝100×(F/A,10\%,3)＝331$
$F_乙＝100(F/A,10\%,3)(1＋10\%)＝331×1.1＝364.1$

练习 3.2.3

【答案】 AB

【解析】 普通年金的款项收付发生在每期期末,即付年金的款项收付发生在每期期初。

练习 3.2.4

【答案】 B

245

【解析】 折现率与年金现值系数呈反方向变化。

练习 3.2.5

【解析】 第一种是即付年金,第二种是普通年金,第三种是递延年金。

练习 3.3.1

【答案】 C

【解析】 $50 \times 10\% (P/A, 8\%, 3) + 50(P/F, 8\%, 3)$

$= 5 \times 2.577\ 1 + 50 \times 0.793\ 8 = 12.885\ 5 + 39.69 \approx 52.58$

练习 3.3.2

【答案】 B

【解析】 $1\ 000 \times (P/F, 5\%, 10) = 613.9$

练习 3.3.3

【答案】 √

【解析】 对于到期一次还本付息的债券而言,债券的价值=到期值×复利现值系数,随着时间的推移,折现期间越来越短,复利现值系数越来越大,所以债券价值逐渐增加。

练习 3.3.4 略

练习 3.4.1

【答案】 A

【解析】 $R = R_f + \beta(R_m - R_f) = 13\% + 1.2 \times (18\% - 13\%) = 19\%, P = 4/(19\% - 3\%) = 25(元)$

练习 3.4.2

【答案】 B

【解析】 该股票价值$= 0.9 \times (P/F, 10\%, 1) + 1.0 \times (P/F, 10\%, 2) + 1.05/(10\% - 5\%) \times (P/F, 10\%, 2) = 0.818\ 2 + 0.826\ 4 + 17.354\ 4 = 19(元)$

练习 3.4.3

【答案】 CD

【解析】 零增长股票内在价值 $P = D/K$,由公式看出,固定发放的股利 D 与股票价值呈同方向变化,必要收益率与股票价值呈反向变化,而 β 系数与必要收益率呈同向变化,因此 β 系数同股票内在价值亦成反方向变化。

练习 3.4.4 略

学习单元四 预算管理

练习 4.1.1

【答案】 B

【解析】 专门决策预算能够直接反映相关决策的结果,它实际上是中选方案的进一步规划。

练习 4.1.2

【答案】 B

【解析】 企业董事会应当对企业预算的管理工作负总责;预算委员会主要拟定预算目标、政策,制定预算管理的具体措施和办法,审议、平衡预算方案,组织下达预算,协调解决预算编制和执行中的问题,组织审计,考核预算的执行情况,督促企业完成预算目标;企业财务部门具体负责企业预算的跟踪管理,监督预算的执行情况,分析预算与实际执行的差异及原因,提出改进管理的意见与建议;企业所属基层单位是企业预算的基本单位。

练习4.1.3

【答案】 AC

【解析】 日常业务预算包括销售预算,生产预算,直接材料耗用量及采购预算,直接人工预算,制造费用预算,产品生产成本预算,销售及管理费用预算。现金预算、预计利润表预算和预计资产负债表预算属于财务预算的内容。新增固定资产投资决策预算属于专门决策预算的内容。

练习4.1.4

【答案】 √

【解析】 全面预算包括日常业务预算、特种决策预算和财务预算三大类。

练习4.1.5 略

练习4.2.1

【答案】 C

练习4.2.2

【答案】 ABC

练习4.2.3

【答案】 B

【解析】 弹性成本预算编制的方法主要有公式法、列表法,其中列表法可以直接从表中查得各种业务量下的成本费用预算,不用另行计算,直接、简便。

练习4.2.4

【答案】 A

【解析】 $1\,100 - 1\,100 \times 60\% - 300 = 140$ 万元。

练习4.2.5

【答案】 BD

【解析】 弹性预算法主要用于各种间接费用预算,也可以用于利润预算;在列表法中评价和考核实际成本需要使用内插法计算实物量的预算成本。

练习4.2.6

【答案】 C

【解析】 与传统的定期预算方法相比,按滚动预算方法编制的预算具有透明度高、及时性强、连续性好,以及完整性和稳定性突出等优点。没有完整预算这一定义。

练习4.2.7

【答案】 ABCD

练习4.2.8

【答案】 √

【解析】 定期预算能够使预算期间与会计年度相配合,便于考核预算的执行结果。而滚动预算,又称连续预算或永续预算,是指在编制预算时,将预算期与会计年度脱离。

练习 4.2.9

【答案】 √

【解析】 受国家宏观经济政策影响,产品产销量变化大的行业和企业在年初编制预算时,虽然收入、成本、利润及现金流量等已经事先确定,然而在执行的过程中仍然调整。应当滚动预算法编制预算,把计划分成两个部分,一部分是首先必须保证实施的计划,另一部分带有准备性的机动计划,可以根据外部条件及时调整,以此循环,保证组织生产过程中的协调和衔接。

练习 4.2.10 略

练习 4.3.1

【答案】 C

【解析】 $40\,000\times20\times60\%+30\,000\times20\times30\%+20\,000\times20\times8\%=692\,000$(元)。

练习 4.3.2

【答案】 B

【解析】 现金预算只能以价值量指标反映企业经营收入和相关现金收支,不能以实物量指标反映企业经营收入和相关现金收支;生产预算只反映实物量预算,不反映价值量预算;产品成本预算只能反映现金支出,不能反映现金收入;只有销售预算能够同时以实物量指标和价值量指标分别反映企业经营收入和相关现金收支。

练习 4.3.3

【答案】 BC

【解析】 预计利润表的依据是各业务预算、专门决策预算和现金预算。预计资产负债表编制的依据是各业务预算、专门决策预算、现金预算和预计利润表。

练习 4.3.4

【答案】 BD

【解析】 某种产品预计生产量=预计销量+预计期末存货量-预计期初存货量,可见预计生产量不需考虑材料采购量。

练习 4.3.5

【答案】 ×

【解析】 生产预算是业务预算中唯一仅以数量形式反映预算期内有关产品生产数量和品种结构的一种预算。

本学习单元案例讨论

1.【答案】 (1)预计3月商品采购量=当月预计销售量+该种商品期末结存量-该种材料期初结存量=$40\,000+(25\,000\times14\%)-4\,000=39\,500$(件)

(2)3月采购现金支出合计=$77\,500+39\,500\times5\times50\%=176\,250$(元)

注:

①平均在15天付款的意思即当月采购的货款50%当月付,其余50%的部分于下月支付。

②商贸流通企业商品销售成本就是进价成本,不同于制造企业的直接材料、直接人工和制造费用构成产品的成本。

2.【答案】 (1)年初现金余额: 8 000(万元)

加:现金收入 =(当年现销+收回上年应收)4 000×80%+50 000×50%=28 200(万元)

等于:可供使用现金　　　　　　　　　　　　　　　36 200(万元)

减:各项支出现金合计:　　　　　　　　　　　　　48 750(万元)

材料采购支出 =(当年现购+支付上年应付)= 8 000×70%+5 000

　　　　　　　　　　　　　　　　　　　　　　　=10 600(万元)

工资及福利费支出　　　　　　　　　　　　　　　8 400(万元)

间接费用支出=(5 000-4 000非付现的折旧费用)　=1 000(万元)

应交增值税　　　　　　　　　　　　　　　　　7 850(万元)

所得税支出　　　　　　　　　　　　　　　　　　900(万元)

购买固定资产支出 =(16 000+4 000)　　　　　=20 000(万元)

等于:现金多余或不足　　　　　　　　　　　　(12 550)(万元)

加:向银行借款　　　　　　　　　　　　　　　13 000(万元)

(题设当现金不足时,向银行借款,借款金额为 100 万元的倍数。现金余额最低为 400 万元)

期末现金余额　　　　　　　　　　　　　　　　450(万元)

(2) 预计销售收入　　　50 000(万元)

减:销售成本　　　30 000(万元)=50 000×60%

减:销售税金及附加　　2 800(万元)=50 000×5.6%

减:经营成本　　　13 400(万元)=8 400(工资及福利费)+5 000(含折旧的间接费用)

等于:税前利润　　　3 800(万元)

减:企业所得税　　　950(万元)

等于:净利润　　　2 850(万元)

(3) 2×11 年末应收账款=50 000×50%+4 000×20%=25 800(万元)

2×11 年末应付账款=8 000×30%=2 400(万元)

学习单元五　筹资管理

练习 5.1.1

【答案】　B

【解析】　外部筹资是指向企业外部筹措资金而形成的筹资来源,利用留存收益属内部筹资。权益筹资包括:①吸收直接投资;②发行股票;③利用留存收益。利用商业信用属债务资金。

练习 5.1.2

【答案】　D

【解析】　按是否借助于银行或非银行金融机构等中介获取社会资金,分为直接筹资和间接筹资。

练习 5.1.3

【答案】　×

【解析】 一定的筹资方式可能只适用于某一特定筹资渠道,但同一渠道的资金往往可采用不同方式取得,同一筹资渠道的资金往往可采用不同方式取得。

练习 5.1.4

【解析】 企业在筹资时应考虑筹资数量、筹资时间、筹资成本、筹资渠道和筹资风险等。

练习 5.2.1

【答案】 B

【解析】 经营性资产占销售收入百分比＝500/1 000＝50％,经营性负债占销售收入百分比＝200/1 000＝20％,外部筹集的资金＝增加收入×经营资产销售百分比－增加收入×经营负债销售百分比－增加的留存收益＝500×50％－500×20％－1 000×(1＋50％)×10％×(1－40％)＝60(万元)

练习 5.2.2

【解析】 企业提前预测资金需要量既能保证满足生产经营需要,又不会造成太多闲置,减少浪费。

练习 5.3.1

【答案】 A

【解析】 留存收益资本成本＝2×(1＋2％)/10×100％＋2％＝22.40％

练习 5.3.2

【答案】 B

【解析】 长期借款筹资总额＝长期借款筹资净额/(1－长期借款筹资费率)

＝95/(1－5％)＝100(万元)

$$长期借款筹资成本＝\frac{筹资总额×利率×(1－所得税率)}{筹资净额}×100％＝\frac{100×4％×(1－25％)}{95}×$$

100％＝3.16％

练习 5.3.3

【答案】 C

【解析】 用贴现模式计算资本成本,有:1 000×(1＋10％)×(1－5％)＝1 000×8％×(1－30％)×$(P/A,K_b,5)$＋1 000×$(P/F,K_b,5)$＝1 045

当 K_b 为4％时,1 000×8％×(1－30％)×$(P/A,4％,5)$＋1 000×$(P/F,4％,5)$＝1 071.20

当 K_b 为5％时,1 000×8％×(1－30％)×$(P/A,5％,5)$＋1 000×$(P/F,5％,5)$＝1 025.95

$$\frac{K_b－5％}{4％－5％}＝\frac{1\ 045－1\ 025.95}{1\ 071.20－1\ 025.95}$$

解之得 K_b＝4.58％

练习 5.3.4

【答案】 AB

【解析】 平均资本成本是由个别资本成本和各种资本所占的比例这两个因素所决定的。

练习 5.3.5 略

练习 5.4.1

【答案】 D

【解析】 $DOL=$基期边际贡献/基期息税前利润$=M/EBIT=M/(M-F)=(EBIT+F)/EBIT$

练习 5.4.2

【答案】 √

【解析】 引起企业经营风险的主要原因是市场需求和生产成本等因素的不确定性,经营杠杆本身并不是资产报酬不确定的根源,只是资产报酬波动的表现。但是,经营杠杆放大了市场和生产等因素变化对利润波动的影响。

练习 5.4.3

【答案】 B

【解析】 财务杠杆系数$=EBIT/(EBIT-I)$,当I为0时,$DFL=1$。

练习 5.4.4

【答案】 ACD

【解析】 根据财务杠杆系数的计算公式,$DFL=EBIT/(EBIT-I)$,且$EBIT=M-F$,由公式可以看出影响财务杠杆系数的因素。

练习 5.4.5

【答案】 D

【解析】 由息税前利润变动后的$EPS=$变动前的$EPS(1+DFL\times$息税前利润变动百分比$)$,可知选项 D 为正确答案。

练习 5.4.6

【答案】 C

【解析】 总杠杆系数反映了经营杠杆与财务杠杆之间的关系,用以评价企业的整体风险水平。

练习 5.4.7

【答案】 D

【解析】 总杠杆系数$=$每股收益变动率/销量变动率,即$5=$每股收益增长率$/10\%$,所以每股收益增长率$=50\%$。

练习 5.4.8

【答案】 ABD

【解析】 衡量企业整体风险的指标是总杠杆系数,总杠杆系数$=$经营杠杆系数$\times$财务杠杆系数,在边际贡献大于固定成本的情况下,选项 A、B、D 均可以导致经营杠杆系数和财务杠杆系数降低,总杠杆系数降低,从而降低企业整体风险;选项 C 会导致财务杠杆系数增加,总杠杆系数变大,从而提高企业整体风险。

练习 5.5.1

【答案】 ABC

【解析】 选项 D 技术人员学历结构与资本结构无关。

练习 5.5.2

【答案】 A

【解析】　每股收益无差别点法是指不同筹资方式下每股收益都相等时,息税前利润或业务量水平。业务量通常可以是销售收入或销量。

练习5.5.3

【答案】　BCD

【解析】　可用于确定企业最优资本结构的方法包括平均资本成本比较法、每股收益分析法和公司价值分析法。

本学习单元案例讨论

【答案及解析】

(1) 2009年:

边际贡献=35 000×(60-42)=630 000(元)

息税前利润=630 000-200 000=430 000(元)

净利润=(430 000-50 000)×(1-25%)=285 000(元)

每股收益=285 000÷1 000 000=0.29(元)

2010年:

边际贡献=40 000×(60-42)=720 000(元)

息税前利润=720 000-200 000=520 000(元)

净利润=(520 000-50 000)×(1-25%)=352 500(元)

每股收益=352 500÷1 000 000=0.35(元)。

(2) 2010年:

经营杠杆系数=630 000÷430 000=1.47

财务杠杆系数=430 000÷(430 000-50 000)=1.13

总杠杆系数=1.47×1.13=1.66

2011年:

经营杠杆系数=720 000÷520 000=1.38

财务杠杆系数=520 000÷(520 000-50 000)=1.11

总杠杆系数=1.38×1.11=1.53。

(3) 2011年与2010年的总杠杆系数的差额=1.53-1.66=-0.13

2010年的三个杠杆系数关系:

1.47×1.13=1.66　　　　　　　　　①

第一次替代:1.38×1.13=1.56　②

第二次替代:1.38×1.11=1.53　③

②-①=1.56-1.66=-0.1,经营杠杆系数下降引起的总杠杆系数降低0.1;

③-②=1.53-1.56=-0.03,财务杠杆系数下降引起的总杠杆系数降低0.03。

学习单元六　项目投资决策

案例导入

【答案及解析】

(1) 计算得力电器制造厂投资项目的净现值:

该项目的净现值=(-500)+(-100)×(P/F,10%,1)+(-50)×(P/F,10%,2)+

$210 \times (P/A,10\%,4) \times (P/F,10\%,2) + 310 \times (P/F,10\%,7) = 76.98$(万元)

(2) 分析结果:净现值为 76.98 万元,为正值,基本具备财务可行性。

(3) 通货膨胀条件下的折现率$=(1+10\%) \times (1+10\%) - 1 = 21\%$。

练习 6.2.1

【答案】 D

【解析】 原始投资是反映企业为使项目完全达到设计生产能力、开展正常经营而投入的全部现实资金。

练习 6.2.2

【答案】 错

【解析】 在各类投资项目中,建设期现金流出量中都包含固定资产投资。

练习 6.2.3

【答案】 D

【解析】 第二年新增的流动资金投资额$=(190-100)-(100-40)=30$万元。

练习 6.2.4

【答案】 B

【解析】 经营成本$=$不含财务费用的总成本费用$-$折旧$=1100-200=900$ 万元$=$外购原材料$+$燃料和动力$+$工资和福利费$+$其他费用$=500+300+100=900$ 万元。

练习 6.2.5

【答案】 ABD

【解析】 本题考查的是项目的效益产出类财务可行性要素的构成。

练习 6.3.1

【答案】 B

【解析】 A、B 为非折现指标,A 静态投资回收期是反指标。

练习 6.3.2

【答案】 BCD

【解析】 静态投资回收期是静态评价指标,反指标、次要指标;净现值是动态评价指标,正指标、主要指标。

练习 6.3.3

【答案】 错

【解析】 在项目投资决策中,净现金流量是指在项目计算期内每年现金流入量与同年现金流出量之间的差额所形成的序列指标,项目计算期还包括建设期。

练习 6.3.4

【答案】 D

【解析】 由所得税后净现金流量$=$所得税前净现金流量$-$所得税;所得税$=$息税前利润($EBIT$)$\times$所得税税率;可得到:所得税前净现金流量$=200+100\times30\%=230$万元。

练习 6.3.5

【答案】 B

【解析】 由总投资收益率$=$年息税前利润或年均息税前利润/项目总投资,息税前利润不受现金流量大小影响,可知选项 B 符合要求。

练习6.3.6

【答案】 D

【解析】 包括建设期的静态回收期是累计净现金流量为零时的年限。

练习6.3.7

【答案】 ABC

【解析】 本题考查的是财务可行性评价中折现率的确定,选项D不符合。

练习6.3.8

【答案】 AC

【解析】 可用于计算单一方案净现值指标的方法有一般方法(公式法、列表法)、特殊方法和插入函数法;B是用于计算多个互斥方案净现值指标的方法;D是计算内部收益率指标的方法。

练习6.3.9

【答案】 A

【解析】 内部收益率是能使投资项目的净现值等于零时的折现率,由插值法的原理可知选项A符合题意。

练习6.3.10

【答案】 D

【解析】 内部收益率是指项目投资实际可望达到的报酬率,与设定的折现率无关。

练习6.3.11

【答案】 C

【解析】 由于净现值＞0,可知获利指数＞1,内部收益率＞15％,应当进行该项目投资。所以选项A、B、D错误;期望投资收益率＝无风险收益率(资金时间价值)＋风险收益率,可知风险收益率为7％,C正确。

练习6.3.12

【答案】 A

【解析】 主要指标处于可行区间,次要指标处于不可行区间,可以判定该项目基本具备财务可行性。

练习6.3.13

【答案】 AC

【解析】 如果某投资项目完全具备财务可行性,且其净现值指标大于零,则可以断定该项目净现值率大于零,包括建设期的静态投资回收期小于项目计算期的一半。

练习6.3.14

【答案】 (1)(A)＝－1 900＋1 000＝－900

(B)＝900－(－900)＝1 800

(2) ①静态回收期:

$$静态回收期＝3＋\frac{|-900|}{1\ 800}＝3.5(年)$$

②总投资报酬率$＝\frac{2\ 900/5}{2\ 000}＝29\%$

③净现值为1 863.3万元

④现值指数＝(89＋839.6＋1 425.8＋747.3＋705－1 943.4)/1 943.4＝95.88%

⑤内含报酬率

设利率28%

年限	0	1	2	3	4	5	6	合计
净现金流量	－1 000	－1 000	100	1 000	1 800	1 000	1 000	2 900
折现系数(28%)	1	0.7813	0.6104	0.4768	0.3725	0.291	0.2274	
折现净现金流量	－1 000	－781.3	61.04	476.8	670.5	291	227.4	－54.56

设利率26%

年限	0	1	2	3	4	5	6	合计
净现金流量	－1 000	－1 000	100	1 000	1 800	1 000	1 000	2 900
折现系数(26%)	1	0.7937	0.6299	0.4999	0.3968	0.3149	0.2499	
折现净现金流量	－1 000	－793.7	62.99	499.9	714.24	314.9	249.9	48.23

$$\frac{i-26\%}{28\%-26\%}=\frac{0-48.23}{-54.56-48.23}$$

$$i=26.94\%$$

练习 6.4.1

【答案】 B

【解析】 独立投资是指在决策过程，一组互相分离、互不排斥的方案或单一的方案。

练习 6.4.2

【答案】 A

【解析】 净现值法适用于原始投资相同且项目计算期相等的多方案比较决策。

本学习单元案例讨论

1.【答案及解析】

(1) 购买设备投资＝100(万元)

每年增加折旧＝(100－10)/10＝9 (万元)

每年增加的税前利润＝50＋5－(30＋9)＝16 (万元)

增加的净利润＝16×(1－25%)＝12 (万元)

自购方案税后净现金流量为

$NCF_0＝－100$(万元)

$NCF_{1-9}＝12＋9＝21$ (万元)

$NCF_{10}＝21＋10＝31$ (万元)

租入设备每年增加的税前利润＝50＋5－(30＋14.33)＝10.67 元)

租入设备每年增加的净利润＝10.67×(1－25%)＝8(万元)

租赁方案税后净现金流量为

$NCF_0＝0$ (万元)

$NCF_{1-10}＝8$(万元)

购买和租入设备差额净现金流量为：

$\Delta NCF_0 = -100$（万元）

$\Delta NCF_{1\sim9} = 21 - 8 = 13$（万元）

$\Delta NCF_{10} = 31 - 8 = 23$（万元）

有：

$100 = 13 \times (P/A, \Delta IRR, 9) + 23 \times (P/F, \Delta IRR, 10)$

设 $\Delta IRR = 6\%$，$13 \times (P/A, \Delta IRR, 9) + 23 \times (P/F, \Delta IRR, 10) = 101.27$

设 $\Delta IRR = 7\%$，$13 \times (P/A, \Delta IRR, 9) + 23 \times (P/F, \Delta IRR, 10) = 96.39$

有等式$(7\% - 6\%)/(96.39 - 101.27) = (7\% - \Delta IRR)/(96.39 - 100)$成立

解得：$\Delta IRR = 6.26\%$

由于差额投资内部收益率小于基准折现率10%，所以应该采取租赁方案。

2.【答案及解析】

(1) 国内标准设备购置费$= 3\ 000 \times (1 + 1\%) = 3\ 030$(万元)。

进口设备购置费$= 230 \times (1 + 5\%) \times (1 + 4\%) \times 7.6 \times (1 + 15\%) \times (1 + 1\%) = 2\ 217.09$(万元)

固定资产投资总额$=$该项目的广义设备购置费$= (3\ 030 + 2\ 217.09) \times (1 + 10\%) = 5\ 771.80$(万元)。

(2) 投产第一年流动资金投资额$= 60 - 40 = 20$(万元)；

投产第二年流动资金需用额$= 90 - 30 = 60$(万元)；

投产第二年流动资金投资额$= 60 - 20 = 40$(万元)；

流动资金投资合计$= 40 + 20 = 60$(万元)；

原始投资$= 5\ 771.80 + 25 + 60 = 5\ 856.8$(万元)。

(3) 计算投产后各年的经营成本$= 500 + 200 + 100 = 800$(万元)。

(4) 固定资产年折旧$= 5\ 771.80 \times (1 - 10\%)/5 = 1\ 038.92$(万元)；

无形资产年摊销额$= 25/5 = 5$(万元)；

投产后各年不包括财务费用的总成本$= 800 + 1\ 038.92 + 5 = 1\ 843.92$(万元)。

(5) 投产后各年的营业税金及附加$= 834.36 \times (7\% + 3\%) = 83.44$(万元)。

(6) 投产后各年的息税前利润$= 2\ 100 - 1\ 843.92 - 83.44 = 172.64$(万元)。

(7) 计算该项目各年所得税前净现金流量

$NCF_0 = -5\ 771.8 - 25 = -5\ 796.8$(万元)

$NCF_1 = 0$(万元)

$NCF_2 = -20$(万元)

$NCF_3 = 172.64 + 1\ 038.92 + 5 - 40 = 1\ 176.56$(万元)

$NCF_{4\sim6} = 172.64 + 1\ 038.92 + 5 = 1\ 216.56$(万元)

终结点回收额$= 5\ 771.80 \times 10\% + 60 = 637.18$(万元)

$NCF_7 = 1\ 216.56 + 637.18 = 1\ 853.74$(万元)

(8) 计算该项目各年所得税后净现金流量

$NCF_0 = -5\ 771.8 - 25 = 5\ 796.8$(万元)

$NCF_1 = 0$(万元)

$NCF_2 = -20$(万元)

$NCF_3 = 1\ 176.56 - 172.64 \times 25\% = 1\ 133.4(万元)$

$NCF_{4-6} = 1\ 216.56 - 172.64 \times 25\% = 1\ 173.4(万元)$

$NCF_7 = 1\ 853.74 - 172.64 \times 25\% = 1\ 810.58(万元)$

学习单元七　营运资本管理

练习 7.1.1

【答案】　A

【解析】　营运资本是流动资产减去流动负债后的余额。

练习 7.1.2

【答案】　ABC

【解析】　营运资本具有易变现性、周转的短期性、并存性和波动性等特征。

练习 7.1.3　略

练习 7.2.1

【答案】　A

【解析】　每月转换次数＝现金需要量/每次转换金额＝250 000/50 000＝5(次),每月转换成本＝每月转换次数×每次转换成本＝5×40＝200(元)

练习 7.2.2

【答案】　ABD

【解析】　银行业务集中法是为了加速收账,并不能达到延迟支付的目的。

练习 7.2.3

【答案】　在现金管理的过程中,不相容职务主要包括:①现金支付的审批与执行;②现金的会计记录与审计监督;③现金保管与现金的记帐,总分类账的记录。

练习 7.2.4　略

练习 7.3.1

【答案】　D

【解析】　维持赊销业务所需要的资金＝2000/360×45×60%＝150(万元)应收账款机会成本＝150×8%＝12(万元)

练习 7.3.2

【答案】　B

【解析】　信用期间是企业允许顾客从购货到付款之间的时间,或者说是企业给予顾客的付款期限。信用期越长,给予顾客的信用条件越优惠,销售额增长的幅度也便越大,与此同时,应收账款、收账费用和坏账损失也会增加。

练习 7.3.3

【答案】　ABCD

【解析】　现金折扣政策属于信用条件,具有多重目的。

练习 7.3.4

【答案】　√

【解析】　企业在应收账款投放的资金多少,与应收账款周转速度成反向变动,与赊销额成同向变动。

练习 7.3.5 略

练习 7.4.1

【答案】 B

【解析】 对存货采用 ABC 法进行控制时,分类的标准主要有两个,一是金额标准,二是品种数量标准。其中金额标准是最基本的,品种数量标准仅作为参考。所以,存货管理主要针对占用资金大而数量少的 A 类存货。

练习 7.4.2

【答案】 C

【解析】 参见经济进货批量公式。

练习 7.4.3

【答案】 X

【解析】 一般而言,企业存货需要量与企业生产及销售的规模和存货周转一次所需天数都呈同方向变化。

练习 7.4.4

【答案】 现金折扣是指企业为了鼓励客户在一定期限内早日偿还货款而给予客户的折扣优惠。现金折扣一般表示为"2/10,1/20,n/30"等;商业折扣是指对商品价目单中所列的商品价格,根据批发、零售、特约经销等不同销售对象,给予一定的折扣优惠。商业折扣通常用百分数来表示,如 5％、10％、15％,5 折、7 折等也是商业折扣的表现形式。扣减商业折扣后的价格才是商品的实际销售价格。商业折扣通常作为促销的手段,目的是扩大销路,增加销量;销售折扣是指企业的商品发运后中,由于商品的品种、质量等不符合合同规定的要求或因其他原因应退而未退的商品,对购买方在价格上给予的额外折扣。发生的销售折扣会抵减销售产品当月的销售收入。

练习 7.4.5 略

练习 7.5.1

【答案】 A

【解析】 贴现法下的实际利率＝10％/(1−10％)＝11.11％。因此选 A。

练习 7.5.2

【答案】 C

【解析】 放弃现金折扣的机会成本＝2％/(1−2％)×360/(30−10)×100％＝36.73％

练习 7.5.3

【答案】 B

【解析】 参见激进型筹资政策的特点。

练习 7.5.4

【答案】 ABC

【解析】 自发性负债包括商业信用融资和日常运营中产生的其他应付款,以及应付工资、应付利息、应付税金等。

练习 7.5.5

【答案】 个人小额银行贷款一般是银行以多年积累的良好信用记录或稳定收入为依据,面向特定优质存量客户群体发放的信用贷款额度。不同银行信用贷款条件不同,现以中国建

设银行为例,贷款条件如下:

1. 年满 20~55 周岁,具有完全民事行为能力的自然人;具有当地常住户口或长期居住证明,有固定的住所。2. 有稳定合法的收入来源,具有按期偿还贷款本息的能力,借款人家庭年收入为 2 万元以上;具备建设银行评定或认可的 BBB 级(含)以上信用等级。3. 信誉良好,在人民银行个人征信系统无不良信用记录。4. 存量优质个人住房贷款/公积金贷款客户,须同时符合以下条件:(1)已正常还款二年以上,且在我行从未出现个人贷款拖欠记录和其他违约情形。(2)当前贷款余额小于贷款所购住房合同金额的 50%;贷款所抵押住房已落实抵押登记并取得他项权利证明。(3)借款人当前住房贷款月支出与月收入比不高于 50%。5. 存量优质公积金缴存客户,须同时符合以下条件:(1)所在单位公积金归集在我行,且该单位已经建行准入。(2)在建行正常足额缴存公积金期限二年(含)以上。6. 在建行从未出现个人贷款拖欠记录和其他违约情形。7. 存量优质代发工资单位员工,须同时符合以下条件:(1)代发工资单位已与建行签订《委托代发工资协议》,且已经建行准入。(2)在该单位工作年限满二年的正式员工。"正式员工"的界定,以与单位签订中长期劳动合同、由所在单位按期发放工资且为在岗员工为基本原则。(3)工资账户有充足、稳定的还款资金。工资账户的月均薪金收入,含个人基本工资、绩效奖金等,根据不同单位员工薪酬支付政策具体界定。8. 建设银行要求的其他贷款条件。具体内容参见中国建设银行网站,也可鼓励学生查阅其他商业银行的贷款条件。

练习 7.5.6 略

本学习单元案例讨论

1. 要点提示:根据申能股份给我们的启示,可以结合云天化(600096)1999 年 5 月前后的财务报表分析,现金数额发生了明显的变化。1999 年 5 月 11 日公司召开了股东会,审议通过关于回购并注销 20 000 万股国有法人股的议案,占本公司总股本 35.2%,协议回购价按 1998 年末每股净资产 2.01 元计算。云天化的本次回购所需资金 4 个多亿,公司董事会决定回购资金来源部分为自有,部分将从银行贷款进行支付,后进行了调整,决定一部分将用原分配预案中用于股利分配的资金,约 2.2 亿元;还有一部分将从募集资金中用项目终止所闲置的资金,约 1.8 亿元进行支付。

2. 要点提示:财务人员说的有一定道理,一般来讲,存货周转速度越快,存货的占用水平越低,流动性越强,存货转换为现金或应收账款的速度也就越快。因此,提高存货周转率可以提高公司的变现能力,从而缓解公司的现金周转紧张问题。

根据企业的实际情况,可以对存货采用 ABC 分类法进行管理。但存货积压只是表面现象,根源还是要分析为什么存货会积压?要与销售部门共同分析市场情况,找出原因。

本学习单元讨论

1. 要点提示

(1) 会计人员混淆了资金的 10 天使用成本与 1 年的使用成本。必须将时间长度转化一致,这两种成本才具有可比性。

(2) 放弃现金折扣成本率为 $2\%/(1-2\%)\times360/(30-10)=36.7\%>10\%$ 应该享受现金折扣。

(3) 假如公司被迫使用推迟付款方式,在第 15 天付款,放弃现金折扣成本率为 $2\%/(1-2\%)\times360/(15-10)=48.98\%>36.7\%$

所以应在购货后 30 天付款,这样年利息成本可下降至 36.7%。

2. 要点提示

(1) 建立与公司目标一致的信用政策与程序。包括适当的客户信用等级评估方法、专业的应收账款收款程序和合理的应收账款考核制度。

(2) 建立完善的信用管理电脑支持系统。可支持信用等级评估,完整的应收账款账龄、销售数据和信用分析报表。

(3) 进行应收账款的日常跟踪管理和定期召开应收账款会议。

(4) 具备足够的专业机构培训与客户信用调查信息。千万不要因为节约成本而拒绝专业公司的培训和信用风险调查,从而忽视了公司未来的风险。

学习单元八　收益分配的管理

练习 8.1.1

【答案】 ABCD

【解析】 法定公积金按照净利润扣除弥补以前年度亏损后的 10% 提取,不一定必须按照本年净利润的 10% 提取,所以 A 不正确。B 的正确说法是"法定盈余公积金已达注册资本的 50% 时可不再提取"。企业提取的法定盈余公积金转增资本股本时,法定盈余公积金的余额不得低于转增前公司注册资本的 25%,选项 C 错误。公司本年净利润扣除公积金后,再加上以前年度的未分配利润,即为可供普通股分配的利润,本年无盈利时,可能还会有以前年度的未分配利润,经过股东大会决议,也可以发放股利,选项 D 错误。

练习 8.1.2

【答案】 AB

【解析】 2008 年税后利润 $=(2\ 500-2\ 500\times60\%-800)\times(1-25\%)=150$(万元)

提取的法定盈余公积金 $=(150-80)\times10\%=7$(万元)

可供投资者分配的利润 $=150-80-7=63$(万元)

应向投资者分配的利润 $=63\times60\%=37.80$(万元)

未分配利润 $=63-37.80=25.20$(万元)

练习 8.1.3 略

练习 8.2.1

【答案】 B

【解析】 本题考核的是是利润分配制约因素。一般来讲,公司的盈余越稳定,其股利支付水平也就越高,所以选项 A 的说法不正确;公司要考虑现金股利分配对偿债能力的影响,确定在分配后仍能保持较强的偿债能力,所以偿债能力弱的公式一般不应采用高现金股利政策,所以选项 B 的说法正确;基于控制权的考虑,股东会倾向于较低的股利支付水平,以便从内部的留存收益中取得所需资金,所以选项 C 的说法不正确;一般来说,股利支付水平越高,留存收益越少,企业的破产风险加大,就越有可能损害到债权人的利益,因此,为了保证自己的利益不受侵害,债权人通常都会在债务契约、租赁合同中加入关于借款企业股利政策的限制条款,所以选项 D 的说法不正确。

练习 8.2.2

【答案】 ACD

【解析】 剩余股利政策不利于投资者安排收入与支出,也不利于公司树立良好的形象,一般适用于公司初创阶段;固定或稳定增长的股利政策通常适用于经营比较稳定或正处于成长期的企业,且很难被长期采用;固定股利支付率政策只是比较适用于那些处于稳定发展并且财务状态也比较稳定的公司。因此本题的正确答案是 ACD。

练习8.2.3

【答案】 D

【解析】 负债股利是以负债方式支付的股利,通常以公司的应付票据作为股利支付给股东,有时也以发放公司债券的方式支付股利。

练习8.2.4 略

练习8.3.1

【答案】 C

【解析】 支付现金股利不能增加发行在外的普通股股数;增发普通股能增加发行在外的普通股股数,但是也会改变公司资本结构;股票分割会增加发行在外的普通股股数,而且不会改变公司资本结构;股票回购会减少发行在外的普通股股数。

练习8.3.2

【答案】 AD

【解析】 发放股票股利和进行股票分割会导致普通股股数增加、每股收益和每股市价下降,但股东持股比例不变,股票市场价值总额不变,资产总额、负债总额、股东权益总额不变。

练习8.3.3 略

本学习单元案例讨论

1.【答案及解析】 (1)公司发放股票股利前后股东权益的情况

项目	10%股票股利前	10%股票股利后
普通股,100 000 0 股		
每股面值1元	1 000 000	1 100 000①
资本公积	15 000 000	16 900 000②
留存收益	50 000 000	48 000 000③
合计	66 000 000	660 000 000

①1 100 000＝1 000 000＋100 000×1

②16 900 000＝15 000 000＋100 000×(20－1)

③48 000 000＝50 000 000－100 000×20

(2) 在股票股利影响前,每股收益为 11 000 000÷1 000 000＝11 元;发放股票股利后,每股收益为11 000 000÷1 100 000＝10。考虑股票股利影响后,每股收益下降,因为发放股票股利增加了公司普通股数量,从而稀释了每股收益。

(3) 公司的每股市价有可能下跌,因为普通股股数的增加会引起每股收益的下降。

2.【答案及解析】 (1)2006 年税后利润＝1 000×(1＋5%)＝1 050(万元)

1 050－900＝150(万元);股利支付率＝150÷1 050≈14.28%

(2) 固定股利支付率＝250÷1 000×100%＝25%,2006 年股利发放额＝1 050×25%＝262.5 (万元)

（3）该公司长期采用的固定股利支付率政策会使公司的股利随公司收益的变动而变动,公司意外受创,盈余大幅度下降造成的股利波动容易使①公司财务压力大;②缺乏财务弹性;③确定合理的固定股利支付率难度很大。因此,此政策只能适用于稳定发展的公司和公司财务状况较稳定的阶段。另外,这种股利政策也不利于公司筹资成本的降低(与剩余股利政策相比)。

若想改变股利支付政策,公司应该选择正常股利加额外增长股利政策,因为这种股利政策比较灵活,既可以满足投资需要,也有利于优化资本结构,使灵活性与稳定性较好的相结合。这一股利政策要求公司的收益必须稳定且能正确地预计其增长率,该公司预计的盈余前景能够满足这一条件。

剩余股利政策首先考虑公司投资需要,能够降低资金成本,但是不利于投资者股利收入的稳定,也不利于树立公司良好的形象。综合分析,应采用正常股利加额外增长股利政策。

学习单元九　财务报表分析

练习9.1.1

【答案】　C

【解析】　为满足不同利益主体的需要,协调各方面的利益关系,企业经营者必须对企业的各个方面予以详尽地了解和掌握。

练习9.1.2

【答案】　ACD

【解析】　采用比较分析法时,应注意的问题包括:用于进行对比的各个时期的指标,在计算口径上必须一致;剔除偶发性项目的影响,使作为分析的数据能反映正常的经营状况;应运用例外原则。衡量标准的科学性是使用比率分析法应注意的问题

练习9.1.3

【答案】　√

【解析】　效率比率,是某项财务活动中所费与所得的比率,反映投入与产出的关系。

练习9.1.4　略

练习9.2.1

【答案】　D

【解析】　基本每股收益 $=\dfrac{25\,000}{10\,000+6\,000\times10/12-1\,000\times1/12}=1.68(元)$

练习9.2.2

【答案】　A

练习9.2.3

【答案】　B

【解析】　每股收益=股东权益收益率×平均每股净资产 =总资产收益率×权益乘数×平均每股净资产 =主营业务收入净利率×总资产周转率×权益乘数×平均每股净资产

练习9.2.4

【答案】　BD

【解析】 净资产收益率＝主营业务净利率×总资产周转率×权益乘数

练习9.2.5

【答案】 ×

【解析】 上市公司每股股利发放多少除了受上市公司获利能力大小影响以外,还取决于企业的股利发放政策,根据股利发放率可以了解一家上市公司的股利发放政策。

练习9.2.6 略

练习9.3.1

【答案】 C

【解析】 净资产收益率是一个综合性最强的财务分析指标,是杜邦分析体系的起点。

练习9.3.2

【答案】 A

【解析】 净资产收益率＝营业净利率×资产周转率×权益乘数,因为资产负债率不变,所以权益乘数不变,假设权益乘数为A,则2008年的净资产收益率＝7％×1×A＝7％×A,2009年的净资产收益率＝8％×1.5×A＝12％×A,所以,与2008年相比,2009年的净资产收益率上升了。

练习9.3.3

【答案及解析】

（1）计算杜邦财务分析体系中的下列指标

①净资产收益率＝2 500/(1 750＋2 000)÷2 ×100％＝13.33％

②总资产净利率＝250/(4 000＋5 000)÷2×100％＝5.556％

③主营业务净利率＝250/10 000×100％＝2.5％

④总资产周转率＝10 000/(4 000＋5 000)÷2 ＝2.222(次)

⑤权益乘数＝(4 000＋5 000)÷2/(2 000＋1750)÷2＝2.4

（2）净资产收益率＝主营业务净利率×总资产周转率×权益乘数＝2.5％×2.222×2.4＝13.33％

练习9.3.4 略

本学习单元案例讨论

2.【答案解析】

（1）净利润变动分析净利润增加:1 200－1 000＝200(万元) 净利润＝所有者权益×净资产收益率 上年的净资产收益率＝1 000/10 000×100％＝10％ 本年的净资产收益率＝1 200/15 000×100％＝8％ 所有者权益增加影响净利润数额＝(15 000－10 000)×10％＝500(万元) 净资产收益率下降影响净利润数额＝15 000×(8％－10％)＝－300(万元) （2）净资产收益率变动分析净资产收益率的变动＝8％－10％＝－2％ 净资产收益率＝总资产净利率×权益乘数上年总资产净利率＝1 000/12 500×100％＝8％ 本年总资产净利率＝1 200/60 000×100％＝2％ 上年权益乘数＝12 500/10 000＝1.25 本年权益乘数＝60 000/15 000＝4 总资产净利率下降对净资产收益率的影响:(2％－8％)×1.25＝－7.5％ 权益乘数上升对净资产收益率的影响＝(4－1.25)×2％＝5.5％ （3）总资产净利率变动分析总资产净利率变动＝2％－8％＝－6％ 总资产净利率＝总资产周转次数×营业净利率上年总资产周转率＝10 000/12 500＝0.8 本年总资产周转率＝

30 000/60 000＝0.5　上年营业净利率＝1 000/10 000×100％＝10％　本年营业净利率＝1 200/30 000×100％＝4％　总资产周转次数变动对总资产净利率的影响＝(0.5－0.8)×10％＝－3％　营业净利率变动对总资产净利率的影响＝0.5×(4％－10％)＝－3％　(4)总资产周转天数分析总资产周转天数变动＝360/0.5－360/0.8＝720－450＝270(天)　上年固定资产周转天数＝360/(10 000/5 000)＝180(天)　本年固定资产周转天数＝360/(30 000/30 000)＝360(天)　固定资产周转天数变动影响＝360－180＝180(天)　上年流动资产周转天数＝360/(10 000/7 500)＝270(天)　本年流动资产周转天数＝360/(30 000/30 000)＝360(天)流动资产周转天数变动影响＝360－270＝90(天)

参考文献

1. 斯蒂芬·A. 罗斯,伦道夫·W. 威斯特菲尔德,布拉德福德·D. 乔丹. 公司理财. 北京:机械工业出版社,2004.10

2. 尤金·F. 布里格姆,乔尔·F. 休斯顿. 财务管理基础. 北京:中国人民大学出版社,2005.12

3. 劳伦斯·J. 吉特曼. 财务管理原理. 北京:中国人民大学出版社,2009.11

4. 詹姆斯·C. 范霍恩,小约翰·M. 瓦霍维奇;刘曙光等译. 财务管理基础. 北京:清华大学出版社,2009

5. 刘正兵,施永霞. 2010 年度注册会计师全国统一考试应试指导－财务成本管理. 北京:中国财政经济出版社,2010.4

6. 戴书松. 财务管理. 北京:经济管理出版社,2006

7. 孙班军. 财务管理. 北京:中国财政经济出版社,2004

8. 王化成. 财务管理. 北京:中国人民大学出版社,2003

9. 袁建国. 财务管理. 大连:东北财经大学出版社,2008

10. 财政部会计资格评价中心. 财务管理. 北京:中国财政经济出版社,2010

11. 盛春林. 企业理财基础. 北京:中国财政经济出版社,2008

12. 徐文丽,陈可喜. 中外经典财务案例与分析. 上海:上海大学出版社,2009

13. 闫书丽,宋靖,许世英. 财务管理. 成都:西南财经大学出版社,2006.7

14. 李艳萍,吕荣华,刘洪云. 财务管理. 北京:经济科学出版社,中国铁道出版社,2006.8

15. 杜晓光. 会计报表分析. 北京:高等教育出版社,2010.5

16. 袁振兴. 经典财务管理案例分析教程. 上海:立信会计出版社,2009

17. 宋献中,吴思明. 中级财务管理(第二版). 大连:东北财经大学出版社,2009

18. 财政部会计资格评价中心. 中级会计资格－财务管理. 北京:中国财政经济出版社,2009

19. 缪启军. 财务管理. 上海:立信会计出版社,2010.1

20. 王棣华. 财务管理案例分析. 北京:中国市场出版社,2009

21. 赵丽生. 财务管理. 北京:中国财政经济出版社,2006

22. 斯科特·贝斯利. 财务管理精要. 北京:机械工业出版社,2003